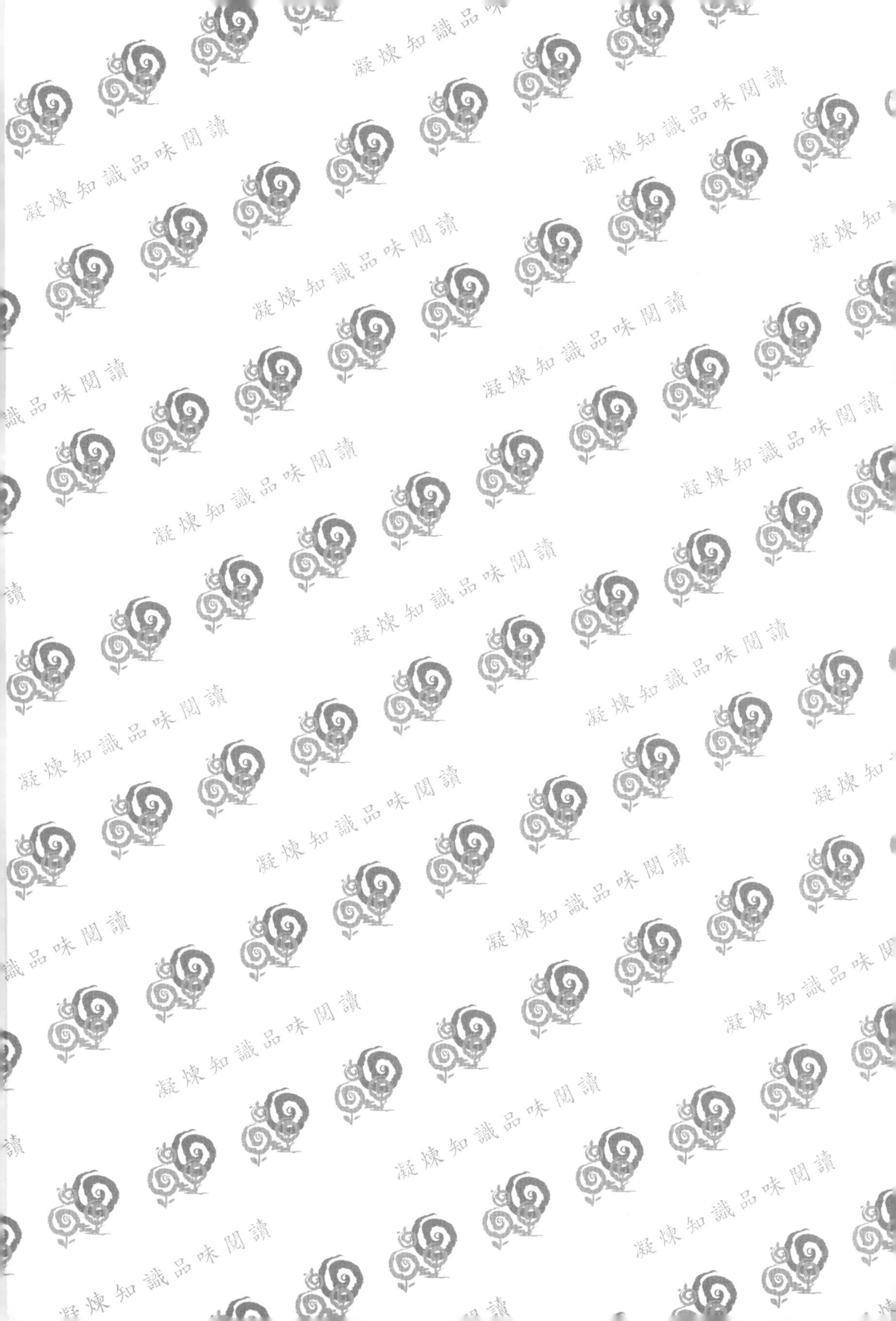

The Practical Art of Suicide Assessment

自殺衡鑑實務

Shawn Christopher Shea —— 著
國家教育研究院 —— 主譯
陳秀卿、梁瑞珊、呂嘉寧 —— 譯

五南圖書出版公司 印行

The Practical Art of Suicide Assessmer

A Guide for Mental Health Professionals and Substance Abuse Counselors

Shawn Christopher Shea

Translated from the English-language original, available from Mental Health Presses, Newbury, N.H., USA.

譯者簡介

陳秀卿

學歷

國立政治大學心理學系諮商與臨床學組碩士

國立政治大學心理學系學士

現職

台灣新竹戒治所臨床心理師

玄奘大學應用心理系兼任講師

經歷

行政院衛生署南投區心理衛生服務中心諮商輔導員

國立政治大學心理系研究助理

譯作

變態心理學（合譯）。2003。五南圖書出版公司。

梁瑞珊

學歷

國立台灣師範大學健康促進與衛生教育學系在職專班碩士

中原大學心理學系臨床心理學組碩士

中原大學心理學系學士

現職

台灣新店戒治所臨床心理師

經歷

台灣新竹戒治所臨床心理師

玄奘大學應用心理系兼任講師

國軍桃園總醫院精神科臨床心理師

中國技術學院兼任輔導老師

呂嘉寧

學歷

國立政治大學心理學系諮商與臨床學組碩士

國立政治大學心理學系學士

證照

教育部審定講師資格

臨床心理師執照民國 91 年專門職業與技術人員高等考試及格

現職

馨培心理治療所院長／臨床心理師

教育部性別平等教育網推薦專業師資

台北市衛生局社區心理門診特約臨床心理師

經歷

馬偕紀念醫院精神科專任臨床心理師

台灣臨床心理師公會全國聯合會監事暨法規諮詢委員

國立政治大學心理學系業界專業教師、心理諮商中心兼任輔導老師

譯作

心理諮商箴言－給實務工作者的 110 個提醒（合譯）。2007。台北：心理出版社。

是情緒糟，不是你很糟：穿透憂鬱的內觀力量（合譯）。2010。台北：心靈工坊。

譯序

對於本書的翻譯，我們儘可能忠於原著，將作者的概念精實地表達出來，但囿於譯者的經驗和能力限制，未能理想地達到上述目標，尚乞讀者不吝賜教。

為使譯文更加清楚、易懂，我們在譯文中插入一些譯註，用「①」式代號註記，以和原著的註釋代號「1」區隔。對於首次出現的專有名詞或專業用語，我們會附上原文，對於會造成誤解或歧義的字彙也是如此。

關於本書翻譯分工部分，第三章以前之內容，由陳秀卿翻譯，第四至六章由梁瑞珊負責，第七章以後則由呂嘉寧負責。

最後，感謝譯作審查委員的意見和責任編輯的校正，以提升本書的翻譯品質，同時感謝我們的家人的包容和體恤，以使翻譯工作得以順利完成。

陳秀卿

梁瑞珊

呂嘉寧

95.6.11

前言

身為讀者，發現自己時常省略一本書的前言，所以請讓我們直接切入正題。隨著本書的出版，目前已經找不到更好的，有關學習以及在臨床上評估自殺狀態現象學的指導。在優雅而有魅力的筆觸之下，《自殺衡鑑實務》（*The Practical Art of Suicide Assessment*）一書充滿著臨床智慧，深具啟發意義的案例，以及令人激盪的悲憫之情。前言的著者通常會宣稱手邊這本書是每位臨床工作者「必讀」的書籍，這一次毫無虛言。

Shea 有一種無與倫比的能力能夠使人了解，引導個人面對他或她自己生命中，生物心理社會和哲學力量之間複雜的交互作用。對初學的臨床工作者而言，乍看之下無意義、陰鬱的、難以理解的線索，變得容易覺察而後現形。Shea 提供實際的、常識性和可使用的方法，以系統性地評估自殺想法、計畫和行為之間的細微差異與要素。他帶領學生一步步檢視這個歷程，並且提供許多有用的問題例子，與吸引人的臨床對話摘錄。

對有經驗的臨床工作者而言，本書的價值並非會比較低。對那些最令人感到怯步並且複雜的臨床情境，從在急診室中對精神病人的評估，到凌晨二點的邊緣性「自殺性談話」，他都以清楚而直截了當的方法來處理。一些爭議性的主題，例如：生命安全契約的有效性或無效性，以及臨床工作者本身的想法和成見在自殺主題中所扮演的角色，都受到直接和坦誠地討論。Shea 絕不會駁斥他的讀者，而是以就事論事的率真，分享自己和他的技術。

他提醒我們，在面對自殺病人的臨床工作中，有關存於生死競技場內的挑戰與獎勵。當有經驗的臨床工作者閱讀下去，舊有的事實會突然能以新觀點來看待。經由多年臨床經驗所獲而看似不同的臨床遭遇，藉由本書闡述的原理而產生關聯，並且可以在下一次會診時應用出來。本書寫作的品質是認真的。Shea 分享他的臨床插曲是要強調：時機、耐心、技術，以及接受我們自己的錯誤和失敗的重要性。

我們還可以從這位作者身上看到更多的期待。他那總是具有熱誠的「初學者心態」，在他第一本書《精神醫學晤談：了解的藝術》（*Psychiatric In-*

terviewing: The Art of Understanding）中出現的令人無法抵抗的特質，同樣也出現在第二版中。那經典的文本，是我第一次介紹 Shea。身為臨床心理學和諮商的研究生教師，當我發現那本書時，感到十分喜悦。這本書充滿了案例敘述、生動的臨床對話、理論折衷主義、實徵基礎、博學的風格、個人風趣、臨床敏鋭度，以及令人難以否認的可讀性。我想不到還能有其他書籍能令我的研究生這麼喜愛，或者充滿熱情地討論。依我的觀點：《精神醫學晤談：了解的藝術》毫無疑問是心理健康專業人員的最佳入門讀本，不論他們的學科領域為何。我也很樂意地說，現在這本書是前述那本書有價值的後繼者。

身為一位以探討自殺為生涯目標的自殺學家，我驚嘆 Shea 那近乎神奇的能力，他可以抓住、掌握和延伸我們對自殺病人所知有效的臨床工作。雖然 Shea 是一位重要的臨床工作者，然而在臨床自殺學的次專業中，他相對算是位新人。他的方法新穎而有活力，帶領我們進入一種新階層的臨床悟解。

他對危機的實務衡鑑最顯著的貢獻，是那引出自殺意念自身的創新晤談策略，一種他稱之為自殺事件的時間衡鑑法（Chronological Assessment of Suicide Events，以下統稱為 CASE 法）。CASE 法是一種非常務實而有系統的晤談策略，使臨床工作者可以有彈性且全面性地評估，不同自殺狀態鮮為人知處與其詳細情況。CASE 法極微妙地促使臨床工作者，進入受自殺意念折磨之病人的靈魂，與其心智的內在秘密運作歷程。從分享對這個現象的探索中，案主立即的危機變得更清楚可見。我相信 CASE 法對自殺學領域具有卓越的概念與臨床貢獻。它應該被常規性地教授給任何一位第一線的臨床工作者。它具有拯救生命的意義性力量。

Shea 的著作補充了最近的其他作品，並且帶領著臨床自殺學家，讓他們逐漸重視去理解，對那些正經歷難以承受的痛苦和絕望的人而言，自殺所具有的力量和誘惑力的重要性。Shea 幫助我們學習一種非評斷式、系統性和考慮周到的方法，並且讓我們理解自殺的吸引力。因為它對結束痛苦而言，確實是有效的解決方法。在這樣的過程中，他幫助我們了解，可以如何幫助一位病人找到其他的解決方法。這種搜尋——雖不總是，卻時常——導致希望、復原，以及選擇生存，而非死亡。

最後要說的是，這是一本非常人性化的書籍，探討那些發現自己站在永恆懸崖邊的人們所做的，凡人皆會有的奮戰。Shea 幫助我們了解他們深刻的痛苦，而此種理解，讓我們有能力向那些身處懸崖邊的人們，伸出我們的雙手。我毫不懷疑讀者在這裡，將會發現一些技能和信心，讓他們得以進入這些，可能會急性自殺的病人的世界，使他們可以敏感，但堅持地在正確的時間，探問正確的問題，以及儘可能不帶預先評價、恐懼和成見的，進入他們的自殺世界。本書具有的仁慈智慧，讓我們得以發現，我們內在的能力與勇氣，以幫助這樣的病人，使他們看似無法生存下去的生命，再次變得有存在的價值，並且讓他們產生新生命與新希望——一種即便不算崇高，至少也具有重要性的追尋。

David A., Jobes, 哲學博士

美國自殺協會會長

華盛頓特區美國天主教大學心理系副教授

平裝版序

生命的目的是服務、展現熱情與助人意志。唯有經由此徑，我們方成為真正的人類。

Albert Schweitzer, 醫學博士

能坐下來為《自殺衡鑑實務》平裝版寫序，令人感到十分愉悅。很高興看到社會大眾，極熱情地接受初版書，和書中所介紹的自殺事件的時間衡鑑法（CASE法），後者是引出自殺意念的晤談策略。藉由平裝版的發行，顯著較低廉的價格，我們希望有更多的臨床工作者可以學習 CASE 法，並且在日常工作中使用它。

本書不是《自殺衡鑑實務》的第二版，因為內文的主要實體，絲毫未曾改變。另一方面，本書也並非只是將精裝版改版成平裝版的格式而已，因為我們增加了三部分全新的附錄，這是初版書所欠缺的。這三部分附錄包含 60 頁的新訊息，主題包括：(1)如何書寫自殺衡鑑紀錄；(2)重返生命安全契約；(3)自殺防治網站快速導覽。

如同初版書一樣，《自殺衡鑑實務》是要提供忙碌的臨床工作者直截了當的原則，以聚焦和評估自殺意念、計畫與意圖。我希望這樣的原則，能夠幫助我們拯救生命——一種正位於我們任務核心的目標——一種恰恰處於我們靈魂中心的使命。

Shawn Christopher Shea, 醫學博士

目前，自殺防治的主要瓶頸不在治療方法，因為已存有可處理許多類型的自殺狀態，而且相當廣為人知以及有效的治療策略，事實上，它的瓶頸在於如何診斷與辨認出來。

Edwin Shneidman, 現代自殺學之父

這本書是特地為第一線的臨床工作者所設計。很少有臨床的挑戰像自殺衡鑑這般令人感到氣餒卻又如此重要。本書的目的是要作為這門藝術的快速實務指引。關於自殺的著作眾多，但這個領域仍缺乏專為在心理健康、物質濫用、校園諮商領域中每日忙碌的臨床工作者所寫的簡要介紹。本書企圖填補這個缺口。

特別令人感到驚訝的是，很少有著作撰寫如何實際誘出自殺意念，然而毫無疑問，依據臨床工作者如何詢問問題以及建立安全感，對不同的臨床工作者而言，案主可能呈現相當不同的樣貌。本書直接聚焦在誘出自殺意念。它介紹一種創新的晤談策略，自殺事件的時間衡鑑法（CASE方法），它最初是在美國賓州匹茲堡的西方精神醫學機構與診所（Western Psychiatric Institute and clinic），忙碌的城區急診室「臨床壕溝」中發展出來，之後在南新罕布夏的鄉村環境執行社區心理健康工作時被修正的更精緻。

此外，本書也企圖幫助讀者更了解盤算自殺的案主以及試圖防範自殺的臨床工作者二者複雜的內心世界。這二種世界毫無疑問會相互影響並且改變彼此。不論案主和臨床工作者是否選擇承認這個現象，這二者都會因分享這種私密題材的動作而被改變。為了達到這個目的，我們會詳細探討自殺病因學和現象學的眩人世界。我們會大力加強舉例說明，從進行中的治療到急診室環境的自殺衡鑑中，令人十分感到困惑的臨床實例。

本書的第一部分，自殺的經驗：病因學、現象學和危險因子，包含三章。第一章強調自殺的衝擊，以及說明我們目前預測上的一些限制，同時也指出我們的預測能力是有希望改善的。第二章我們將檢驗自殺的病因學和盤算自

殺者的現象學。了解自殺病因基礎的多樣性可以幫助臨床工作者辨認它的多元樣貌。藉由探討實際自殺案主的內心世界的現象學，我相信可以增加臨床工作者的「直覺耳朵」，讓他或她可以聽到其他訓練不足的臨床工作者可能會遺漏的危險訊息。在第三章我們會看到二個臨床實例以凸顯自殺的危險因子。

第二部分，發現自殺意念：原理、技巧與策略中，我們會說明日常衡鑑中晤談問題的核心。在第四章，我們會探討案主和臨床工作者二者存有的、會干擾我們發現自殺意圖的抗拒與偏誤。第五章會舉六種讀者可以立即使用的有效技巧，這些技巧是 CASE 方法的基石。在第六章我們會更詳細地介紹 CASE方法。第五章和第六章著重藉由仔細設計的晤談範本和許多特定問題的例子，直接示範本書說明的技巧。我們在第六章會檢視從頭到尾使用 CASE方法的實際衡鑑紀錄副本，以說明和舉例這些技巧使用時的細微差別。

第三部分，危機的實際衡鑑：彈性的策略與有效的個案概念形構（Formulation），只包含第七章。在本章我們將探討會使達到有效臨床危機判斷成為令人氣餒事件的複雜變項。本章探討臨床議題，諸如矛盾的資料、案主的欺騙、實證訊息來源的角色，以及總是令人感到厭煩的法律責任議題。所有這些會使自殺衡鑑中的困難更加複雜的變項，會經由七個在不同場所的臨床案例呈現來了解。

請注意所有案主的名字已做過變更，有時一些可供區辨的特徵或事實也被修正，以進一步保護他們的身分。

在結束時，我要強調本書不是企圖要回顧自殺的大量文獻。我的希望是刺激讀者自己去探索這些吸引人的著作。本書的焦點著重在對臨床工作者而言有價值的自殺衡鑑方法。Edward Shneidman，在一開頭的警語，強調的是自殺預防的瓶頸。我真心的希望在接下來的章節所描述的原則會成為解開這個瓶頸的第一步驟，並且最終可以幫助我們拯救生命。

Shawn Christopher Shea, 醫學博士

新罕布夏州漢諾威市

達特茅斯醫學院

平裝版致謝

首先，我想要感謝我的編輯，Tracey Belmont，全力的協助；沒有她的幫忙，不會有平裝版的誕生，我無法再期待有比她更好的編輯了。我也想要感謝 Judi Knott，我的行銷經理，對平裝版的協助與信任。

接下來要感謝出版發展公司的 Nancy Marcus 與 Land Maryan Malone，他們以和對原始精裝版同樣精良的技巧，明顯地改進新附錄的內文。

我還想特別感謝 Phillip J. Resnick 醫學博士對附錄 B 的有用回饋，以及他這些年來的所有協助；感謝 Skip Simpson 法學博士對附錄 A 和 B 所做，小心、謹慎且令人感激的投入，以及他溫暖的友誼。

一如以往，要特別感謝我的太太 Susan 全心的愛、協助，以及對《自殺衡鑑實務》這本書，和它的任務抱持的全然信任。

再次感謝所有的人。

致謝

我想先感謝達特茅斯醫學院（Dartmouth Medical School）的精神醫學系，及其系主任 Peter Silberfarb 醫學博士，過去十年來，一直支持我的晤談訓練理念。我特別想感謝住院訓練執行長，Ron Green 醫學博士，全力支持我們的晤談顧問指導計畫。經由他的協助，我感覺在達特茅斯找到我學術的家。

我也想感謝所有在撰寫本書期間，作為晤談顧問指導的所有達特茅斯同仁——所謂「幽魂柵欄俱樂部」（Phantome Gate Club）。除了 Ron Green 之外，這團體還包括 Bruce Baker 哲學博士、Christine Barney 醫學博士、Stephen Cole 哲學博士，以及 Suzanne Brooks 醫學博士。他們是 CASE 法的熱心協助者，並且幫助住院醫師了解它的細微差異。他們同時是我真心欣賞的好同事和朋友，也是最好的一組老師，能與他們結交，令我內心感到愉悅。

我也想感謝多年前，在賓州匹茲堡西部精神醫學機構和診所的同事。就是在那診斷與評估中心的臨床陣地，CASE 法首先開始發展。下列所有的同事，對 CASE 模式的早期發展，提供了不屈不撓的協助，與可靠的回饋。我非常感激他們，不只是在他們的想法上，也包括我們相處時的歡樂：Juan Mezzich 醫學與哲學博士、Karen Evanczuk 註冊護士與哲學博士、Scott Bohon 醫學博士、Anita Zeiders 理學碩士，以及 Patty McHugh 社會福利學碩士。

要特別感謝我的好朋友 Barnes Peterson 教育學碩士，他在愉快的復活節下午，和我一起在 Keene State 自助餐館時，針對原稿提供給我許多絕佳的建議。另外也要感謝另一個朋友，Tom Ellis 哲學博士，多年來熱忱地協助 CASE 法。

個人也很感謝能認識 David Jobes 哲學博士，我虧欠他許多感謝，感謝他熱心地協助我的工作，以及在忙碌的行程中，肯花時間為本書寫序。

最後要感謝 John Wiley & Sons 編輯團隊的 Kelly Franklin 和 Dorothy

Lin，以及出版發展公司的 Nancy Marcus Land 和 Maryan Malone 的傑出編輯工作，使得原稿改正許多。

一如以往，要特別感謝我的太太 Susan 全心的愛，以及對編輯的敏銳度；特別是她對本書的任務和 CASE 法的信念，一直是我無止盡的支持來源。

再次感謝所有的人。

S.C.S.

目 錄

第一部分

自殺的經驗：

病因學、現象學和危險因子

第一章
自殺：終極的兩難困境

對生命而言，死亡並不困難，困難的是如何活著。

Vladimir Mayakovsky，俄國的革命家[1]（1931 年自殺身亡）

一個星期日下午的序曲

我對自殺的探索始於一個星期日，在一個最不可能發生的地方：位於南新罕布夏一個小鎮的市郊，一間通風良好的舊書店。迎面而來的木質火爐的熱氣，在清新的秋天氣息中形成了強烈的對比。我是一個愛書者，在那一個特別的星期日，我將早上最好的時間花於瀏覽架上書籍以及和亨利聊天。亨利，永遠是那麼和藹可親的書店主人。

我在通道中閒逛，希望能偶然發現一些別人不經意錯過的秘密寶藏。當我走到心理學分類時，我發現一本看起來很有可能滿足我希望的書。我把那本書拿下來，輕輕翻到書名頁，我頓住。有好一會兒，我的身體沒有動過一塊肌肉，我的眼睛專注地盯著上面的名字，然後才眨了一下，再看一次那個名字。

吸引我的並非作者的名字，而是潦草地寫在書名頁上緣，先前收藏者的名字。Jackie，我在書中將如此稱呼她，曾是我們心理健康專業人員小社群的一員。Jackie 在數月前自殺身亡了。

我將書本放回松木質的書櫃上。也許因為病態的好奇心促使我將它旁邊的書本拿下來，看到在不同的書、不同的頁數、不同的書緣上，留下相同的名字。下一本書，同樣的名字，再下一本書，仍是相同的名字。那時候我領悟到，若不是Jackie在酒癮吞噬掉她的夢想而感到絕望時賣掉她的藏書，就是這些書是在處理她死後財產時被便宜地買進。我沉靜地離開書店，然後駕車回家。

臨床工作者（clinician）和他們對自殺的情緒反應

我以這個事件作為開始，因為我相信它當時在我心中產生的寒顫（chill）——在我寫這故事的此刻仍有如此感受，扮演了一個顯著的意義。它點出了自殺具有的、能引起所有人強烈情緒的力量。對心理健康專業人員（mental health professionals）而言，了解這個反應是有效評估和處理自殺病人（suicidal patient）的基石。許多情緒潮流在這寒顫底下奔流：害怕、哀傷、生氣、困惑，甚至是譴責。當這些情緒沒被辨認出來時，這些感覺可能會拉著粗心的臨床工作者掉入反移情反應和無效處理的大海中。在這大海下，潛藏著危險的逆流，可能會拉著我們遠離那些最需要我們幫助而有急性自殺危險性的病人。

當臨床工作者開始了解到他或她對自殺的態度、偏見和反應時，他或她即可成為一位能在心理與情緒上對自殺案主比較有幫助的專業人員。同時也希望，閱讀這本書能激勵臨床工作者和同儕治療者、督導和受訓者，更深入地討論自殺議題，因為唯有藉由此種親密的對話，我們才能更清楚地看到在我們的個人海域中的下層逆流。在這裡我們面臨的正是自殺的第一個矛盾議題。臨床工作者時常會避開討論自殺這個議題，然而對它的討論卻能提供我們一個最好的管道之一，以進入個人的、精神層次的，以及專業上的成長。

開頭對Jackie的簡略描述，提醒我們自殺是無所不在的。自殺行為不是哪一群人的專利，不論是富人或窮人、名人或無名小卒、男人或女人、老人或小孩，四處可見自殺的痕跡，心理健康專業人員也不能倖免。我們許多人都曾因朋友、家人和同事而與自殺接觸過，嘗試自殺的企圖甚至可能是我們自己過去或未來歷史中的一部分。

很重要的一點是，我們需要了解自殺在某個層面而言是「有用處的」，它是個人強烈痛苦的一個解決方法。當生命結束時，痛苦也即告結束。接受自殺的有效性是臨床工作者了解為何自殺那麼普遍的重要第一步。我們人類天生是一個解決方法取向（solution-oriented）的物種。

但這並不意味臨床工作者必須同意或接受這種解決方式。我們都有權利選擇個人的道德信念，但只有不帶著價值判斷，臨床工作者才能了解為何自殺對許多人而言，是一個很自然的解決方式。當案主感覺他們並沒有因為選擇了一種解決方式而被批評，以及臨床工作者是要尋找一個比較有效而且能促進生活的解決方法時，他們也許比較願意去探索其他的可能性。臨床工作者能夠傳達他們對案主將自殺視為合理解決方式且非批判性理解，將能建立幫助案主選擇另一種解決方式所需的投契關係（rapport）①。這個觀點只是自殺的許多矛盾元素之一。

自殺的矛盾議題

自殺的執行通常是所有人類行動中最私密的行為之一，而且它對死後周遭親友的衝擊十分深遠。自我毀滅的念頭時常閃過許多人的腦海中，但它仍被歸在最禁忌的話題範疇中。心理專業人員鼓勵社會大眾自在地討論自殺想法，然而這群相同的專業人員中，有許多人對詢問家人或同事是否有這種想法仍很猶豫。死亡有時被深切感到孤寂或羞恥，而卻被他人深愛或深受敬重的人視為解決痛苦或問題的唯一途徑。自殺的方式也增加了這個矛盾性。如果一個生意人為了避免讓他的錯誤行止造成家人痛苦或被毀謗而結束自己的生命，他可能因此被視為懦夫；然而一位自願跳上地雷區以解救軍隊同袍者，毫無疑問會被視為一位英雄。

自殺的矛盾特質從未被哲學家遺忘。Arthur Schopenhauer ②很中肯地擷取到最諷刺、矛盾的自殺行動本質：

> 自殺也可能被視為一種實驗——一個人類拋向大自然，試著強迫大自然回答的問題。這個問題是：死亡對人的存在和對事物本質的領悟，能產生什麼變化？毫無疑問這是最笨拙的實驗，因為它破壞了提出問題的那個意識卻又等待回答。[2]

自殺的矛盾本質，正是在臨床晤談中，探索和討論自殺會引發病人和臨床工作者如此強烈情緒的原因之一。某些最大的矛盾議題仍待我們探討。當我們開始藉由流行病學和一些深藏在預測結果的實務問題中，去更小心探討自殺的本質時，這些問題將會一一浮到檯面上。

自殺的流行病學和它的預測性問題

自殺是我們最感壓力而關切的大眾健康議題之一。在美國，1996 年的自殺數字為 30,903 件，高居成人死因排名的第九位。[3] 估計每二十分鐘就有一個自殺事件發生。[4] 在美國 15 至 25 歲的年齡層中，自殺占第三大主要死因（意外事故和他殺分占第一和第二）。[5] 1952 至 1992 年間，青少年和成人早期的自殺率成長了二倍。[6] 此外，即使兒童被認為比較不可能自殺，事實證明他們還是做了。美國在 1995 年，有 330 位 10 到 14 歲，以及 7 位 5 到 9 歲的兒童自殺。[7]

發展改善的方法以消除和緩和急切想自殺病人的念頭與行為，可以同時大量減少美國和世界上大多數地區的主要死因。就社會層面而言，我們必須開放地談論自殺，將它視為大眾健康問題，就好像我們對香菸的處理一樣，積極地提出方法來減低它的盛行率。

這樣的目標可能達到嗎？一些研究指出大約 50%嘗試自殺的人，在他們死亡前的那個月內曾看過基礎照護醫師，[8,9] 這個令人吃驚的統計數字帶來了希望。如果有效的篩選機制可被發展出來，然後被基礎照護醫師接受和有效地使用，自殺的顯著下降是可以達到的。這並不是一個空想，這是有可能發生的。

但這項工作難以執行。目前的研究顯示臨床工作者幾乎沒有能力預測即將發生的自殺行為。稍後，讓我們更仔細地來看「預測」這個問題。哪些因素可以幫助我們預測一個人不會立即自殺？基本上，它的危險因子為何，而如果這些危險因子不存在又代表什麼意義？（我們將在第三章中更詳細地檢視這些危險因子，但現在瀏覽它們會很有幫助。）

以下是經修改後才呈現的二段手稿：一封信和一首詩。它們對比出使人安心的環境和危險因子的類型，以推測自殺是否會立即發生。書信的作者——這封信是寫給她的母親，多年來一直飽受憂鬱症之苦。她最近剛從美國搬到英格蘭，這次搬家似乎減輕了她長久以來持續進行的對抗，雖然她知道這個轉變很辛苦。書信中，她展現出一種希望感，對教養小孩有強烈的興趣，以及深信為了他們，她需要陪伴他們身旁。當你看到這封信時，請注意那強烈的意義層面（這個案例是父母的責任）以及暗示短期不會發生自殺的希望感。

1963 年 2 月 4 日

親愛的母親：

非常感謝你的來信。我收到 Dotty 一封令人感到愉悅的信，而 Nick 收到 Warren 和 Margaret 送來的可愛頭巾和連指手套。我之前遲遲無法寫信給任何人，因為我一直感到有些憂鬱。現在興奮激起的感受已經結束了，我正看到它所有的結局，從身為母親的幸福感被捕抓到孤寂中，憂鬱的問題一點都不有趣。我收到 Norton 一家人令人感到愉悅的信，從 Betty Aldrich 那也收到十分美好、有同理心的一封。Marty Plumer 在 3 月底要過來，那應該會是令人高興的事。

我一點也不渴望回去美國，無論如何，至少不是現在。我有美麗的鄉間房屋和車子，倫敦有好醫師、好鄰居、公園、戲院，以及 BBC，是世界上我喜歡住的城市之一。在美國沒有像 BBC 這樣的機構——在那裡，他們不像這裡會出版我的東西，包括我的詩和小說。我在上課時間受 Punch 委託寫了篇文章，而且有機會，在 5 月有三個星期的時間可以上 BBC 的評論節目，一週大約 150 美元，這是值得一提的改變，希望我可以有不錯的表現。每位評論家每星期都看同樣的戲劇演出、藝術表演、書籍，和無線電廣播節目，然後再相互討論。我希望它可以停止你們對這裡的供給，而之後我也可以去得文郡。請你向 Marty 要這兩個地方的詳細資料和租金影本，也許你也可以在你的教授朋友間散布這些訊息。

我很感激你想看Frieda的念頭，但如果你能想像她在喪父和搬家的經歷中所承受的情緒混亂狀況，你會了解搭機帶她到美國會是多麼驚人的一件事。我是她的安全感支柱，令她離開我可能是很輕率和殘忍的決定，無論你在另一頭待她多疼愛、親密。我再也無法負擔居住美國的費用——我在這裡可以完全免費地獲得醫師最好的照護，而對小孩子來說，這也是一個相當大的恩賜。另外，Ted 一週會來看一次小孩，這使他對我們的津貼更加負責任。我只能靠自己在這裡奮鬥到底，也許有一天我可以安排假期和小孩到歐洲渡假。小孩此刻最需要我，所以接下來幾年，我會持續嘗試上午寫作，下午陪伴小孩，晚上拜訪朋友、研究或閱讀。

我的德國家庭打工留學生（au pair），是位對食物挑剔、愛慕男孩的女生，但我會盡最大能力去規範她。她的確讓我度過一些寧靜的上午，以及自由的夜晚，但我需要為這個鄉間生活想出些新玩意兒，因為這些女孩不希望離倫敦太遠。

我即將開始免費地看一位在國家健康部門的女醫師，她是一位我之前所看的、幫我度過這段困難時刻的、非常好的地區醫師，轉介我去的。

Sivvy[10]

雖然這封信有點長，但我選擇把它全部保留下來，因為它提供了解危險因子（risk factor）類型的重要線索，對自殺衡鑑也許很有價值。在此案例中，缺乏這些危險因子存在是很顯著的。它清楚地指出病人的優勢，增高個人認為她短期未來安全的預測。

然而，我們必須承認其中有些提到的危險因子可能有致命性。作者是痛苦的，她藉由提到「感到有些憂鬱」坦率地承認這件事。她看起來也因嚴重的精神疾患所苦，這反映在她被轉介給精神科醫師的敘述中。很顯然地，還有另一個危險因子存在——最近的失落，看起來像是離婚。

另一方面，這封信充滿了恢復力量的保證訊息。帶著真誠的熱誠，作者提到她所喜愛的英國和倫敦的許多部分。她對職業發展的可能性感到非常興奮，覺得受到英國同儕和大眾的欣賞。在人際部分，她聽起來有受到支持，而且對支持覺得感激：「我收到Norton一家人令人感到愉悅的信，從Betty Aldrich也收到十分美好、有同理心的一封。」所有這些都是好的預兆，暗示自殺風險下降。

無望感的出現是一個潛在的危險訊號。但當我們衡量這封信反映出來的危險因子時，顯然沒有這種想法存在。作者看起來對她的醫療照護感到很有希望，同時清楚地計畫一段旅遊時間：「所以接下來幾年，我會持續嘗試上午寫作，下午陪伴小孩，晚上拜訪朋友、研究或閱讀。」更前面一點，在相同的段落中，她提供一些確認立即安全的最具有說服力的證據，即當她分享她的意義感時：她對小孩的摯愛，以及他們對她的愛的需求，這個強而有力的生存理由，在她提到她的小孩Frieda時很深刻地反映出來，「我是她的安全支柱，令她離開我可能是很輕率和殘忍的決定，無論你在另一頭待她多疼愛、親密。」

總結是，作者對職業發展機會的熱誠，意識到支持的朋友和有能力的心理健康專業人員是可及的，她表達出希望感，體認到她的小孩對她的依賴，所有這些都不支持她有立即的自殺危險。相反地，下一篇作品，雖然比較簡短，卻應該會引發更多的關注：

瀕死是種藝術
像任何其他事物一樣
我做得十分得心應手
做起來感覺像是地獄
做起來感覺非常真實
我想你可以這麼說
它不停地召喚著我[11]

雖然這段節錄不長，不足以包含許多危險因子，但它直接談到臨床工作者在做自殺衡鑑時，直覺會想到的重要因素。這首詩雖然只是令人對它產生不好的感覺，但很少有評估者看到案主拿出這樣一首詩後，而不會決定執行一個徹底的自殺衡鑑。

我們對這首詩感到不祥的臨床直覺會提醒我們注意，然而這位詩人在寫完這首詩後大約一年左右的時間自殺——這個事實反常地暗示臨床工作者的臨床直覺限制，因為做這首詩的人並沒有立即自殺的危險，在寫作和致命行動之間相隔了一年。這首詩只是一個提醒，儘管它蘊含不祥的語氣。

相反地，前一封信缺乏許多最具有預測力的危險因子，可能會讓大部分的臨床工作者感到安心。但這樣的安心有個問題，因為這封信和這首詩出自同一個人。寫完這封信之後七天，作者 Sylvia Plath，有天賦的詩人，被發現時已經死亡——她的頭置於她的多爐爐灶烤箱中。

我們沒有人會依據一首詩或一封信而作自殺衡鑑，然而這封信，對我而言，特別令人感到困惑。每當我讀到它，都需要特別提醒自己它的作者在七天後自殺的事實。衡量這封信所透露的危險因子，似乎無法令人聯想到有自殺的危險性。

這兩個例子充分說明自殺衡鑑的困難和密謀。臨床直覺是一個重要工具，但光有臨床直覺顯然不足夠。儘管危險因子分析已經被廣泛地研究，但它所獲得的預測力卻相當令人失望，正如同我們對 Plath 的信的分析一樣。難道我們對預測自殺真如此無助？我不這麼認為。雖然增進對策略的了解可能增加我們的預測力，但我們仍必須回到在一個研究中所提的，當臨床工作者在每天臨床實務的嚴厲考驗中，企圖作自殺衡鑑所實際包含的三個要務。

自殺衡鑑的三個要務

自殺衡鑑的藝術包含了三個要務：⑴獲得和自殺危險因子有關的訊息；⑵獲得和病人的自殺意念與計畫有關的訊息；⑶可被應用到這兩種資料庫的臨床判斷與決策。失誤可能發生在這三種要務中的任一種。令人感到好奇的是，很少人注意到引發自殺意念和計畫形成的實務藝術。多年以來，盛行的是發展工具以對危險因子進行統計分析。

但人們並不會因為統計分析認為他們會自殺而這麼做。自殺的召喚並非來自統計資料表，而是來自心理的痛苦。每一個人都是獨特的，統計只有在應用到大群體時才有最佳的預測力，當應用到個體時，預測力最差。然而臨床工作者不論是在他們辦公室的寧靜中，或在急診室令人分心的吵鬧聲中，所必須評估的正是個體本身。

在病人的個人世界——他或她自己現象學（phenomenology）

的私密世界中，自殺被視為是問題的正確答案。有一種明顯的證據重複出現：大多數人自殺是因為他們「決定」這麼做。一個病人可能表現出很少的危險因子，但如果他或她決定要殺死自己，他或她就真的會去做——此刻缺乏自殺危險因子真的很要命。另一位病人可能有相當多的危險因子，但如果他或她不想殺了自己，自殺就不會發生。在這種情況下沒有一種正規的危險因子分析可以幫助我們，一般所發現的危險因子再也不會比讀 Sylvia Plath 給她媽媽的信所發現的更多了。當然，有些病人會在人們不注意的情況下殺了自己，這是當自殺的姿態逆轉成致命的企圖時。其餘有邊緣性病理歷程的病人，可能會產生令人驚訝的衝動性自殺行為。但這些例外並不被用來定義規則。一般而言，想殺死自己的決定，是經過一連串複雜且滿布壓力的優、缺點衡量之後才產生。如果生活有更好的解決方法，通常這些沉思的人不會選擇自殺。結束生命的實際行動——吞藥、扣板機、上吊——發生之前，會先有一連串執行這些計畫的內在思考。這些思考會醞釀形成，最終確定，不論這些行動是否會發生。

接著呈現的，深植在企圖自殺歷程中的思考與行動，提供給企圖做自殺預測的臨床工作者一線希望，因為它暗示了立即自殺行動警告訊息的存在。但這些警告訊號深植在案主的心智與靈魂中。就某一層面而言，發現案主考慮執行自殺的優、缺點的內在對話，可以提供重要的預測線索。但就比較實務層面而言，了解具體計畫的程度和計畫中所採取的行動，可能是評估該行動的可及性的較佳方法。如果臨床工作者被允許進入具體自殺計畫的神秘世界，這樣的邀請可被視為讓我們可以評估案主痛苦的嚴重性，以及以死亡作為解決痛苦的可能性的最佳途徑。

透視自殺的窗口：自殺事件的時間衡鑑法

透視案主具體自殺計畫的窗口，在分析 Sylvia Plath 二篇作品的危機時被遺漏了。如果了解到就在寫信當日，Sylvia Plath已經想過各種結束生命的方法，一點也不令人感到驚訝。但我們對她的實際自殺意念並不知情，毫無疑問這點在我們缺乏預測效度的情況中扮演很重要的角色。如果我們被允許進到這個世界，我們會看到什麼？

沒有人能肯定地說，但我猜想在寫那封信之前的數週和寫完之後當週，Plath 勇敢地在她這生最重大的決定中奮鬥著。她是一位十分敏感、負責任和有愛心的母親，若非她看不到其他解決方法，她不會做出死亡的決定。那麼在那些最後的日子裡，Sylvia Plath的思考歷程最可能是什麼呢？

就實務層面而言，自殺並不容易執行。Plath 在她的詩作中稱它為一種藝術，如同任何藝術一樣，自殺需要仔細思考，有時候需要嚴密的計畫和訓練。了解計畫的程度和對細節的投注，時常可以提供對這個任務實行可能性的洞察。如果我們能了解Sylvia Plath的私密想法，特別是關於自殺的具體計畫，我相信我們將能發現在她書信偽裝外表之下，關於她的死亡的諸多預兆。

如果她像許多其他有同樣想法的人一樣，她可能已經回顧過各種可能的自殺方式。她可能思索過不同的殺害自己的方式，以及仔細衡量每一種方法的優、缺點。她可能考量過許多實務狀況：她想要的痛苦程度，最終的計畫，執行地點，預防太早被發現，希望誰來發現她的屍體，預防她的小孩發現她的屍體，執行時間在早上或晚上，決定寫一個自殺短箋或信給親近的朋友和她母親，可能使用酒精加強她執行的決心，努力演練方法以便讓它達到完美。

並非每位可能立即自殺者會想到這些想法——有時候是全部，但大多數的病人想過其中的某些部分，特別在他們企圖自殺前的數週，他們會時常想到。

這計畫的完整過程被發現的程度愈大，臨床工作者了解案主意圖嚴重度的可能性也就愈大。在我的經驗中，獲得管道以了解案主的具體自殺計畫，可以提供有效的自殺衡鑑所需最可信的資料。當然，有人會質疑案主會願意分享這些想法的程度與分享的真實性，以及認為它限制了臨床工作者預測自殺的正確性。

尋找更有效的方法來發現這類急性自殺意念，是個令人感到興奮和具有挑戰性的任務。在本書中，我們會詳細討論一個稱為「自殺事件的時間衡鑑法」（Chronological Assessment of Suicide Events，CASE法）[12, 13]晤談方法。目前，這個晤談方法尚未做過實證研究，而實際上，這本書的目的之一就是想邀請研究者對CASE法的有效性做嚴格的檢驗與評估。設計這個方法是為了提供一個實務架構，讓臨床工作者可以研究他們在與案主的晤談中實際做了什麼。它不是提供一個發現自殺意念的「正確方法」，而只是引出自殺意念的「一個方法」。我希望它的探討可以引發讀者發展他們「自己的方法」。

在檢驗CASE法的原理時，我們邀請臨床工作者修正他們認為吸引他們的，而拒絕不吸引他們的部分內容，並且在應用時持續保持這種彈性。最終的目的是要有創造性地使我們的晤談技巧能適合每一個獨特案主的需求。經由CASE法所打開的窗口，加上臨床工作者了解的案主的危險因子，臨床工作者將有最好的能力開始他或她的臨床個案概念形構。CASE法的複雜性將是本書最後章節的焦點。

下一章我們將會比較詳細地檢視自殺的現象學和病因學，在本章結束前，先來看一個正向的案例，以及討論一些臨床上的經驗，其中有些我們已經討論到的技巧類型，可能會產生非常不一樣的結果。

星期二下午的重現

許多年前我是匹茲堡西部精神醫學機構與診所（Western Psychiatric Institute and Clinic）的精神科住院醫師，某一個星期二下午，我在辦公室趕一些已過期的出院摘要。要在一天之中找到一個小時來做這些文書工作，總是困難的。往往不是電話鈴聲干擾工作，就是同事經過進來「哈拉一下」。

那個下午後來證明也逃不過命運。門上的敲門聲響起，當我打開門，面對著的是一位意外的訪客，她笑得很溫暖。我立刻認出那是 Judith，一位去年我治療過的，住院的中年婦女。Judith 住在加拿大，離這裡有數百哩遠。她在這熙攘的匹茲堡街道上做什麼？

我還記得第一次我是如何遇上 Judith。在她入院的那個晚上，正如同這次的新邂逅一樣，Judith 旅行了數百哩。但在那個晚上她跟蹤一位男友，這位男友無預警地拋棄她，然後前往匹茲堡和另一位女人住在一起。據 Judith 所述，他拒絕見她，當她的面把公寓的門甩上，然後威脅要報警處理。Judith 開車到當地的公園，找了一個隱蔽的位置，打開一瓶藥罐，然後迅速地將藥丸和酒一起吞下。她服藥過量原本應該會致死，但一位當地的警官很警覺地發現她停的車。

被送入病房後，Judith 的憂鬱症展現令人好奇的混合面貌，它伴隨著激昂的憤怒。她對自己企圖自殺失敗感到狂怒，甚至更感憤怒的是我們違反她的意願留住她。五年後，當我再度命令她住院時，她大叫大嚷著抗議一些創新的內容。接下來數週，她在心理治療和藥物治療中的進展緩慢，雖然她重複地宣稱覺得比較好。隨著時間消逝，Judith 和我發展出真誠的治療聯盟關係。有時候，有精神而有趣的Judith會從她的憂鬱症外衣背後探出頭來，但這樣愉快的插曲並不常見。工作人員都喜歡 Judith，我也是。但當她出院的日子接近時，我卻感到不安。

在仔細的做概念形成和諮詢之後，我決定再命令她住院。這是一個非常困難的決定，我擔心我只是過度保護以及侵犯她的公民權，這也是她一再清楚地對我表達的觀點。使事情更加複雜的是，有些工作人員認為可以讓她出院。單位內有種不愉快的緊張氣氛，我們都感到有壓力。Judith 真的對我的決定感到震驚和憤怒。那一天的工作令人覺得很不舒服。

幸運的是，接下來的住院時間氣氛變得比較好。大約二週以後，抗憂鬱劑的治療力量開始有明顯作用，在她的心理治療中，一個新的活下去的意願也產生了。數週後，Judith 出院了。

在十二個月之後的星期二下午，我站立著看到一位有著同樣活躍、有精力的眼神的小骨架女人。她買了一套新的上班套裝，頭髮梳得很乾淨、整齊，明亮的粉妝非常適合她的臉頰。我們的對話是這樣進行的：

「嗨，Shea 醫師，記得我嗎？」

「當然記得，Judith，妳好嗎？什麼事讓妳來到這裡？」

她停了一下，「我一路開到這裡來，想對你說些話。」

「哦，想說什麼呢？」我問。

「我只想讓你知道，你要求我住院的那天，你知道，最後的那一次？我原打算自殺的。如果你讓我出院，我大概永遠不會離開匹茲堡。我已經計畫了全部事宜，地點就在旅館的房間裡。」她很溫和地笑著，「你真的救了我的命，我想要再次謝謝你。」

我實在不知該說些什麼。

她繼續說，「你一定會很高興知道我找到了新工作，以及交了新的男朋友——補充一下，我認為他還不壞。我真的感到很快活，不管你相不相信，我真的很高興我活了下來。」

「非常高興聽到這個訊息。我會告訴單位中，每位妳住院時相處過的同仁，他們會很高興的。」

此時，有些尷尬的暫停。

「嗯，就是這樣。」她嘲弄著。她的任務明顯已經完成。「再次感謝你。」她移向走廊，幾步之後，停下來轉身，「嘿，Shea醫師。」

「什麼事？Judith」

「請繼續那樣用心的工作。」說完她在走道上飛奔而逝。

當我再次坐在書桌前，瞥一眼那一疊出院病歷，我笑笑然後告訴自己，它們可以再等一天，我還有四十分鐘，已足夠前往Oakland Avenue去拜訪我最喜愛的書店的長廊。

註　釋

1. Alvarez, A.: ***The Savage God-A Study in Suicide***. New York, Random House, 1971.
2. Alvarez, A., 1971, p. 138.
3. National Institute of Mental Health: Suicide Fact Sheet (based on 1996 statistics), NIMH Website, April 1999.
4. Roy, A.: Psychiatric emergencies, suicide. In ***The Comprehensive Textbook of Psychiatry, 6th Edition***, edited by H.I. Kaplan and B.J. Sadock. Baltimore, Williams and Wilkins, 1995,, pp.1739-1752.
5. NIMH Website, June 1996 update.
6. Hirschfeld, R.M.A.: Algorithms for the evaluation and treatment of suicidal patients. ***Primary Psychiatry*** 3: 26-29,1996.
7. Centers for Disease Control and Prevention: Suicide Deaths and Rates per 10000 (based on 1995 statistics) CDC Website, April 1999.
8. Fawcett, J., Clark, D.C., and Busch, K.A.: Assessing and treating the patient at risk for suicide. ***Psychiatric Annals*** 23: 244-255, 1993.
9. Rich, C.L., Young, D., and Fowler, R.C.: San Diego suicide study. ***Archives of General Psychiatry*** 43: 577-582, 1986.
10. Plath, S.: "Final letter" from ***Letters Home***, by Sylvia Plath: Correspondence 1950-1963 by Aurelia Schober Plath. Copyright © 1975 by Aurelia Schober Plath. Reprinted by permission of HarperCollins Publishers, Inc., 1975, pp. 498-500.
11. Plath, S.: "Lady Lazarus" in ***The Norton Anthology of Modern Poetry***, edited by R. Ellman and R. O'clair. New York, W.W. Norton & Company, 1973, pp.1295-1297.

12. Shea, S.C.: ***Psychiatric Interviewing: The Art of Understanding, 2nd Edition***. Philadelphia, W.B. Saunders Company, 1998.

13. Shea, S.C.: The chronological assessment of suicide events: A practical interviewing strategy for eliciting suicidal ideation. ***The Journal of Clinical Psychiatry*** (***supplement***) 59: 58-72, 1998.

譯　註

①：主要指案主和臨床工作者之間的專業治療關係，這種關係包含一種晤談或治療情境的舒適安定感和互為了解的信任感。

②：叔本華。

第二章

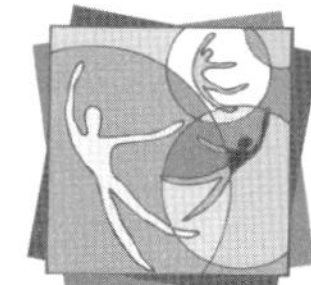

捲入大漩渦：自殺的病因學和現象學

這也許顯得很奇怪，但現在，當我們進入海灣的巨浪當中時，我比當我們正要接近它時更加平靜。當我決定不再抱持任何希望，我即擺脫了起初使我怯懦的眾多恐懼。我猜想使我神經緊繃的其實是絕望。

摘自「捲入大漩渦」Edgar Allan Poe[1]

風暴的特性

Edgar Allan Poe 的故事基礎，是一個最令人感到好奇的大自然現象，一個擾亂挪威西海岸，被稱為大漩渦（maelstrom）的漩渦。在Poe的故事中，故事主角遇到一個怪異的大漩渦，接著他的海船被捲入它的陰暗和狂暴中。大漩渦是一個貼切的隱喻，用來比喻捲入自殺的痛苦所體驗到的內在苦惱和心裡混亂現象。每天的世界都被捲入自殺認知的黑暗中，所有的事物都被認為沒有意義以及沒有希望。世界被壓縮成堅固的而無止盡的絕望牢房。這絕非一個良好住所，因此人們會做他們該做的以遠離此地。

開頭的引述似乎很貼近一個令人感到好奇、且常在自殺文獻中被暗示的現象——一旦人們決定要結束生命，有些人會突然變得很平靜。隨著因選擇結束或繼續生命的焦慮結束之後，人們看到的是從痛苦中釋放的感受。

當我們考慮到自殺現象和自殺預測時，還有另一種平靜值得我們注意，不過它預示的是生命的「延續」。那就是當一位有經驗的臨床工作者，靠近病人獨特而狂暴的自殺大漩渦時，在他或她的心中所存在的平靜。並非所有的治療者與做衡鑑的臨床工作者，都能良好地處理意圖自殺的病人，那些處理得比較好的人展現出不能犯錯的特質。他們以一種相當講求實際的平靜，來處理因病人重複企圖自殺所產生的壓力，此種平靜是要成功地發現和轉變自殺意念的關鍵。這是知識帶來的平靜，是經驗帶來的平靜，這是「曾身處在那裡，曾做過那件事情」帶來的平靜。

這些治療者熟悉自殺大漩渦。他們了解不應該視某些事為理所當然，而且謹慎地注意在風暴肆虐時的詳細計畫。他們意識到不可能救到大漩渦中的每個人，但他們可以搭救許多人。他們了解自殺，而且不怕探索那道陡峭高牆。他們的冷靜是振奮病人精神的、可靠的救生索。他們提供病人安全的避風港，在那裡，病人和他們分享他們的自殺計畫，卻也時常找到一種治療上的信任，讓他們可以轉變，最終放棄那些計畫。

如同第一章中所提醒，這種冷靜部分來自認識什麼會引發自殺意念以及體驗自殺的方式。了解在自殺歷程中十分容易見到環境壓力、認知扭曲，和生物化學影響的複雜互動，可以幫助有經驗的臨床工作者避開容易讓新手專業人員絆倒的陷阱和感到驚訝。對沒有多年臨床經驗的讀者而言，本章的作用是一個「跳躍的開始」（jump start），它並不是要取代臨床經驗，而是要加速從這樣的經驗中學習的歷程。為了達到這個目的，讓我們從研究一個不常被討論的主題——「自殺真相」開始。

我們可以這麼說，自殺這個議題最令人感到吃驚的是，很少人這麼做。這種說法並非開玩笑，它的用意是要強調常不被人重視，卻最終令人感到安心的事實：曾有自殺意念的人殺害自己的比例大約少於 1%，這是相當重要的數字，它代表了希望。

對第一線的臨床工作者而言，這個數字暗示大多數人最終能轉變自殺意念。事實上，對大多數曾有自殺意念者而言，它通常具有短暫的特性。如果臨床工作者能發現有自殺危險的案主，並提供延緩自殺行動的另一種解決方式，那就會有相當的可能性，讓此人改變他的心意。但首先我們須能發現隱藏的自殺意念。一旦我們發現這些自殺意念，我們要能判斷哪個自殺意念是立即危險的前兆，哪個不是。

本書多數的內容致力於介紹達成這兩種要務的工具，但在我們檢視這些可用的工具前，我們需要認識一些對我們有幫助而比較模糊的知識領域。

為了理解何時以及如何有效地使用晤談策略，例如：CASE法，我們必須進入某種大漩渦中，如同Poe的短文主角一樣。這個大漩渦，不是無法控制的大自然在海中攪動而產生的大漩渦，而是無法控制的大自然侵入靈魂所產生的大漩渦。悄悄地進入個人騷動的自殺城牆中，是很嚇人的經驗，它是所有希望成為自殺衡鑑專家的臨床工作者需要做到的。臨床工作者需要帶著兩種澄清架構進入大漩渦中，它們對要臨床工作者有效使用本書其餘章節所介紹的晤談技巧很重要。

兩種理解自殺本質的架構

第一種架構，是自殺意念的病因學，它雖令人感到疑惑，道理卻很簡單。自殺意念源自三類主要的因素：⑴情境的；⑵心理的；

(3)生物的。每一種病理因子，可以產生許多特殊的自殺意念和行為表徵。有些表徵可以增進預測力；其他則會遮蔽自殺面貌。臨床工作者對這些不同病因的了解愈多，他或她愈不會冷不防的被時而明顯古怪的自殺行動特質給欺騙。臨床工作者早期生涯中對病因學理論的認識，可能是後期挽救生命臨床直覺的基礎。

自殺意念的第二種架構包含持續了解自殺的現象學（phenomenology）。每個人內在的大漩渦都包藏著獨特的情緒、認知和夢魘，沒有所謂「典型的」自殺案主。這個現象並非表示，我們不需要尋找自殺者在認知和情緒的相似性，反而指的是當我們一致而簡化地應用這些訊息時，不應該被它所可能產生的刻板印象限制住。

現象學的重要性並非只限於在案主的內在世界，它也深受訪談者的內在世界的衝擊，訪談者很自然地變成引發自殺意念的人際互動領域的一部分。臨床工作者對特定的訪談技巧是否感到不自在，仰賴於他或她自己，有關個人、家人、朋友，或病人的自殺意念歷史。這種因子會嚴重干擾臨床工作者對新的自殺衡鑑想法，或在第一位置預測自殺風險之價值的開放度。

案主和訪談者二人的內在世界也會受到他們相遇的環境的影響。引出自殺意念的歷程無可避免會受到臨床環境限制的破壞。每次的訪談都獨特地受到案主、臨床工作者和臨床環境特性等變項之間的交互作用所定義。獨特的情境交互作用會決定在某一特定環境下（急診室、學校諮商員辦公室、物質濫用診所），就案主和臨床工作者的互動而言，哪一種是最有效的訪談技巧。

例如：在急診室對一位正因重鬱發作所苦的病人進行初始的自殺衡鑑，和評估一位治療邊緣性人格疾患多年之病人的自殺可能性的方法並不相同。本書中，特別是第七章，將會詳細探討在不同的臨床環境或臨床關係中，所要求的訪談技巧。

沒有人可以假裝完全了解什麼因素導致自殺念頭，即使曾經歷過自殺意念的病人也不知道確定的原因。但藉由組織不同類別的知識，小心留意自殺病人的言語以及曾試著幫助他們的人的文件，我們可以開始整理出一組可能會導致一個人急性自殺的因子矩陣。這裡的關鍵字是矩陣（matrix）。自殺，更多時候，具有多重原因。

為了我們的討論目的，自殺病因將會被分成三個類別，但重要的是要記得，對大多數案主而言，當自殺念頭在發展時，這些類別都會混合作用。解開每一個病因類別對某一自殺表徵所貢獻的比例，可以幫忙釐清最能促進衡鑑和臨床治療的臨床策略。自殺意念似乎會被下列因素所引發：

1. 外在壓力源（例如：重要他人死亡或被重要他人拒絕、失業、被當眾羞辱、嚴重的疾病）。
2. 內在衝突（例如：心理的僵局、潛意識的衝突、認知扭曲和束縛）。
3. 神經生理功能失常（例如：外來的毒素如酒精和／或古柯鹼，內在的生理病理現象，如：自發性的生物性憂鬱期間所顯示出的病理現象）。

為了探索這三類病因，以及它們分別在個體身上引發的不同反應現象，我們將透過那些曾經歷過自殺意念者的雙眼來看這個充滿自殺意念的世界。

歷史性的個案研究

自殺意念的發生並不區分時間或地點。我們對它第一次的探索始於1862 年的英格蘭，地點位於倫敦，一個與我們不同的年代，充滿著關於皇太后、維多利亞的各種陰謀和自相矛盾議論。我們關注的焦點是一位稱為 Elizabeth Siddal，有天賦而固執的藝術家。丈夫和朋友稱她為Lizzy，她發現自己涉入和重要他人的令人感到好奇的複雜關係中。

1848 年，之後成為她先生的 Dante Gabriel Rossetti，和他的二位朋友，John Everett Millais 和 William Holman Hunt，創立一種源於青少年晚期驕傲的生命力的藝術反動運動。他們大膽地宣告自己為前拉斐爾派同志會（Pre-Raphaelite Brotherhood）[①]，並且向世界宣稱，只要任何較有頭腦的人都可以看得清，從 Raphael 時代開始產生的大多數藝術，都已被他們前一輩的人笨拙地修補。在正常事件歷程中，這些二十來歲的青年應該只是成為青少年浮誇特性的註腳，但他們有一個吸引人的地方，那就是三位全部都才華洋溢。

Rossetti 有一種能獲得婦女喜愛的專長。他令人訝異的，天鵝絨般綠色和無精打采的紅色等獨特色調，似乎能抓住所有維多利亞時代英格蘭人的熱愛。John Evertt Millais 將會繼續成為歐洲最著名的肖像藝術家以及最後擔當皇家藝術學院的首長職位。William Holman Hunt 的聲望也許是最令人驚奇的。隱遁的 Hunt 後來畫了一幅所有年代最著名的畫作之一：一幅被稱為世界之光（The Light of the World）的耶穌的畫作。在那個年代，這幅畫吸引了大量人潮來到倫敦。它的名聲也不僅止於愉快的舊英格蘭陸地，同時也迷住了整個世界。據估計，光是在澳洲就有四百萬人或五分之四的人口看過那幅畫二或三次[2]。

在這群有天賦的人物中，Elizabeth Siddal 出現了。除了她微弱纖細的外在美貌之外，Elizabeth 有一種敏銳的藝術家眼睛，以及更敏銳的詩人心靈。在 Rossetti 的指導下，她創造出美麗的水彩畫以及更著名的詩作。在今日，她被公認是維多利亞時代一位次要而顯著的詩人。

令人感到不幸的是，Rossetti，這位有天賦的藝術家，也是同樣有天賦的自我崇拜者。在今日，任一本談到社會品行（social conduct）的書中，他都會被列入「不能提供承諾之人」的類別中。他一再地公開承認對 Elizabeth 的愛，卻固執地拒絕與她結婚，經過多年以後，Elizabeth 的犧牲在所有前拉斐爾畫派圈中的一份子都可以沉痛地看到。最後，不知是諱於同儕的壓力、羞恥或醒悟，他終向 Elizabeth 求婚。

然而 Elizabeth 的婚姻並未成為她所希望的解救之道，當她持續應付她先生的自我中心時，她同時面臨一個新敵人——使她衰弱的肺結核事實。回應她的痛苦的答案藏在一個寧靜的希望中，她幾乎是低聲地訴說出，深怕嚇跑它，她絕望地渴望有一個小孩。她的願望很快獲得認同，在極度欣喜之下，她懷孕了。她所有的快樂、希望都因即將等著她和她的丈夫的生產夢想和驚奇而增強，甚至她的肺結核似乎都在這個奇蹟的允諾之下消逝。

1861 年的春天，Rossetti 寫信回去給他的母親，「Lizzy 剛生下的是死胎」。[3] Elizabeth Siddal 因此一事件產生的痛苦，為外在壓力和決定自殺的關聯提供一些蛛絲馬跡。我們很難想像比這更強大的外在壓力源。小孩的失落促使她掉入自殺的大漩渦中，一個令她無法升上來的大漩渦。我們能夠了解她的陷入，因為從她的日記和愛她的藝術圈中文學作品集的詩作，可以看出一些端倪。

沒有多久，我們就看到失去小孩對 Elizabeth 造成的重大傷害，事實上，我們看到短暫間歇的精神疾病顯露出來。就在她失去小孩後不久，一些親近的朋友到他們倫敦的 Chatham Place 家中拜訪。Rossetti 的好友，Edward Burne-Jones，一位新加入前拉斐爾畫派圈，被認為是和三位發起人一樣的才華洋溢者，和他的妻子「Georgie」一起到來。Elizabeth 親暱地稱呼 Edward 為「Ned」。Ned 和 Georgie 並未完全準備好面對 Elizabeth 的痛苦強度。他們發現他們親愛的朋友「坐在一個低矮的椅子上，旁邊地板上放著一個沒有小孩的搖籃，而且……當我們進去時，她有點瘋狂地低聲呼叫：『噓，Ned，你會吵醒它！』。」[4]

在接下來數月中，第二次的失落震撼了 Elizabeth 和他先生的脆弱世界。他們決定要領養一個小孩，但領養在最後一刻未能成功，這個失落讓已經受困的 Elizabeth 無法承受。在這次挫折之後，Elizabeth 的詩開始帶著一種不祥的語調：

我向上凝視著太陽，
上帝啊上帝，請憶起我失去的小孩。
喔，上帝，請記得我！
未知樂土的風情如何？
死去之人是否手牽著手漫遊？
我們是否緊握死亡之手，帶著
無盡的歡樂擺動翅膀，直到永遠？[5]

想像 Elizabeth 牽著她摯愛的小孩的手令人感到不寒而慄。在她後期詩作之一的一個片段中，那語調很快地變得更令人生畏。接下來這首詩，是在 1861 年，當她的靈魂在凜冽冬天的寒流強風翻滾搖晃之下所寫：

滿滿的秋季，我立於此地
溢在我的雙手中
說出那個釋放我的字
消失與休息似乎是我最好的結局[6]

在第一行的字眼出現「滿滿的秋季（laden autumn）」是一個怪異的表現，鴉片酊（Laudanum）被證實是不久之後她的致死原因。在1862年2月10日，一個星期一深夜，Rossetti回家發現Lizzy昏迷在她的床上，在她床頭櫃上發現一小瓶鴉片酊，已經空了。

從 Elizabeth Siddal 之死，我們可以學到許多以預防後來的死亡。Elizabeth的例子很有效力地提醒我們，人們真的會以自殺作為對壓力源的直接反應。就此一層面而言，事實似乎非常明顯，幾乎不需要提醒，但有一個陷阱需要謹記在心，Elizabeth Siddal自殺是對她的小孩死產的反應，這是一個公認可怕的經驗，但其他經歷此事之人並未因此殺害自己。這個壓力源本身並不會導致自殺，個體對壓力源的解釋（interpretation），才會引導病人的手伸向鴉片酊瓶身或遠離它。

❖ 評估壓力源的心理衝擊的實用技巧

有一個特別重要的事實，那就是任何病人都可能在認知上將一個相當小的壓力源扭曲成一個致命的壓力源。我相信我們所有人，在面對生產時剛失去小孩的極痛苦的母親，都會謹防他們的自殺意圖。但我們要如何看待一位剛失去中學音樂劇主角機會的青少年男孩，或一位最近剛拿到駕駛執照，而父母親卻拒絕讓她駕駛家中汽車以搭載其他小孩的16歲少女？成人可能因為這種壓力源看起來不嚴重，而容易在這種情境中被誤導，而產生錯誤的安全感，但臨床工工作者必須謹慎記得決定壓力源是否可能成為致命的導火線的是病人對事件的獨特解釋。

為了說明，讓我們更詳細地檢視這位假設沒有得到中學音樂劇主角角色的青少年。大部分青少年最終會把這個失望適當地轉而視為生命中的許多挫敗之一。但假設這個男孩來自一個受虐家庭，在家庭中，他時常被有酒癮的父親輕視，我們更進一步想像他在夜晚時，清醒地躺在床上夢想藉由獲得大學演出的獎學金而逃離他個人的夢魘，對他而言，失去這個角色可能容易被視為逃離希望的破滅，甚至是更迫切要自我證明的希望的破滅。失去演出角色因而從失望轉化成：也許和女性流產一樣具有毀滅性的心理災難事件。這個事件的重要性，只有在一個人進入案主的世界，以及從案主對日常生活壓力源的獨特觀點來看它時，才會清楚顯現。

家人和朋友也許可以提供我們無價的，對病人心理壓力感受的嚴重程度的洞察力。然而大部分評估壓力知覺的有效方法是直接詢問病人，接下來的問題對詢問病人可能有幫助，它們可以任意改寫以適用於任何特定的壓力源：

1. 你覺得這個失落對你的衝擊是什麼樣的感受？
2. 你認為這個失落對你而言，可以被取代嗎？
3. 用 1 到 10 來評量，「1」代表沒有痛苦，「10」代表無法承受的痛苦，你會給你的痛苦幾分？
4. 你認為這個痛苦對你而言，有可能減輕或結束嗎？

當病人回答這些問題時，就好像一個清晰的窗口逐漸打開，讓我們發現病人對壓力源的認知性解釋。就是在這裡，臨床工作者可能偶然發現那種第一眼看起來似乎沒有危險，然而卻有潛在致命性的壓力源。

❖評估來生的吸引力

案主視自殺為逃避生活壓力源的痛苦的有效解決方法的程度，有時會直接受到案主對自殺行動後會發生什麼的知覺影響。是否有來生以及來生包含什麼？Elizabeth Siddal 強調死亡的吸引力是多麼誘人，如果一個人真的相信有來世，以及確信如果是為了適當的理由，上帝會容忍自殺。有機會和深愛之人再相聚是很有力的誘惑，對 Elizabeth 而言，死亡提供機會讓她能再握住她孩子的手以及聞一聞他頭部的芳香。期望感覺他的雙頰靠緊她的溫暖太吸引她，以致令她無法抗拒自殺。像這種深植的，想和深愛之人在天堂再相聚的信念，是可能自殺的一個強而有說服力的論述，但有些臨床工作者並未直覺地攫取住這個想法，因為它對他們自己的精神性觀點而言是陌生的。不過重要的不只是要攫取這個信念，而是要真實地尊敬它的吸引力量。詢問下述的問題對了解這點會有助益：

1. 你相信有來世嗎？
2. 你相信你會在天堂再次看到你「深愛的人」嗎？
3. 你會想像再次看到你「深愛的人」嗎？
4. （延續上個問題）請告訴我，你認為它看起來會是怎樣的景象？
5. 你會花多少時間想像要再次看見你「深愛的人」？
6. 你認為上帝會贊同自殺嗎？
7. 如果你殺害自己，你認為上帝會原諒你嗎？

關於事實的探詢會導致一些驚奇的發現——包括好和不好的。天堂的信念，因為它提供和深愛之人再相聚的希望，可能會支持結束個人生命的決定。相反的，對來世的信念，對那些害怕會因自殺而受到詛咒的懲罰，因而永遠不能再和深愛之人相聚的人而言，可能會阻止他們選擇自殺。

❖ 評估老化的破壞力

Elizabeth Siddal 的例子說明失去摯愛這個壓力源，在引發自殺意念中所扮演的角色。但其他失落也可能成為強而有力的外在壓力源，會降低持續與生命搏鬥的慾望。這些失落可能發生在任何年齡，但當人變老時，它們的衝擊會最大。對某些人而言，老化的過程十分順利，在生命的最後幾年仍充滿活力，健康也十分良好。但對許多人而言，時間的消逝標記著一連串的失落，他們的清醒意識之下對生命的渴望已經消失了。

Bruno Bettelheim，這位富於表現以及迷人的心理分析師的自殺，提供了對此歷程的了解。Bettelheim，一位真正熱愛生命之人，最為人所知的是他引人深思的書籍，《魔法的使用》（*The Uses of Enchantment*），1976 年國家圖書獎（National Book Award）得獎圖書。本書探討神話故事在處理兒童時期的恐懼和鬼怪的方式中所扮演的角色。在他生命的尾端時，Bettelheim 失去他的妻子。跟隨這個失落之後他又發生幾次中風，使他難以寫作，他的行動力和力量變低，他害怕會失去扮演良師益友的角色，以及最終失去自己的生命意義。

在一連串和來自《洛杉磯時代雜誌》（*Los Angeles Times Magazine*）的 Celeste Fremon 的晤談，Bettelheim，那時接近 87 歲，令人訝異地公開談到自殺的想法。他重複地談到「老化的破壞力」（ravages of age）。當問到他是否害怕死亡，他以 Bettelheim 式的優雅回答：「不，我害怕受苦，愈年老的人愈有可能沒有目的地靠別人維持生命。」[7] 他接著說：

「你知道我所享受的事物我都不再能做了。我喜歡走路，喜歡登山，現在即使當我閱讀時，都很容易就感到疲倦。Dickens 寫道：『它是所有時光中最好的，它是所有時光中最糟的。』全仰賴你如何看待這件事。在我這個年齡，你不再能說：『它是所有時光中最好的』，至少我認為是不可能了。然而如果我可以確認我不會有痛苦或成為植物人，那麼，就像大多數人一樣，我相信我寧願活著。但是，當然不可能有這樣的保證。這就是為什麼這個決定會如此困難。」

說完這些話的五個月之後，Bruno Bettelheim 做了決定，他被發現死在他位於馬里蘭州護理之家的新公寓的臥房地板上。他的頭上套著一個塑膠袋，確保巴比妥酸鹽的效用能在他的血液中流動。

Bettelheim 的一連串失落，特別對老年人而言，是鮮明的危險警告訊號。當執行自殺衡鑑時，我發現詢問以下幾類失落是有用的：

1. 失去健康。
2. 失去行動力、認知功能、自我照顧能力。
3. 失去家庭或社會中的角色。
4. 失去技能、工作或工作機會。
5. 失去自我支持的方法。
6. 失去家園或珍愛的財產。
7. 失去摯愛，包括寵物。

這個失落表單是和任何年齡案主良好互動的起始平台，如果我們懷疑案主可能因對外在壓力源反應，而發展出自殺意念。很重要的，特別針對年老的案主，要能夠開放地討論這個主題以及它在個別案主身上的特定衍生現象。我們必須以直截了當的態度來做這件事，並且以臨床工作者發自內心的接納態度，相信案主所說事情可能會變得更糟的想法可能是對的。

當一個人失去自我照顧的能力，如大小便失禁或無法自我餵食，所產生的心理痛苦感受不能被低估。很重要的是要開放地探討案主的這些改變，注意他或她對這種私密的失落的個體反應，並且透過案主的眼睛了解壓力持續的衝擊。我們可以藉由溫和的問話來了解，例如：「約翰，我知道你因為多發性硬化症而失去了許多功能，從你的語言能力甚至到不能控制排便。我知道這對你而言一定是非常痛苦的事。我在想這些事會使你如何看自己——例如：你是誰以及未來的希望是什麼等等。」這個方法揭開一些禁忌的話題。訪談者富於同情心地進入這個禁忌領域，可能對案主產生有影響力的片刻。訪談者可能成為第一位案主可以和他分享自我形象改變所帶來的痛苦的人。

❖公眾羞辱是自殺的誘因

Elizabeth Siddal 和 Bruno Bettelheim 的自殺是被最常見的外在壓力源之一所引發：死亡或失落。有一種失落——失去別人的尊重或大眾的認可——是另一個關注的焦點。當案主感覺這樣的認可永遠無法再獲得，自殺的危機可能就會增加，即使明顯無害的失去認可的情況，也可能是生死攸關，如果它在認知上被轉化成災難性的「失去面子」。這種情況正是傑出的海軍職業軍人，Robbie Inman 海軍上將，因為不幸的失落而自殺的原因。1997 年，《新聞週刊》（*Newsweek*）報導 Inman 海軍上將佩帶他不應得的積極戰鬥任務勳章，為了避免公眾羞辱和失去他同事的尊敬，Inman 舉槍射擊自己的頭部。

在某些文化和次文化中，這樣的行動可能不像在美國社會常會受到譴責一樣。接受自殺或甚至因同儕壓力而自殺，可能會明顯增加在這些環境中自殺的危機。自殺可能被視為達到下述三種目的有效方法：避免被當眾羞辱、為個人不適當行為負責，或戲劇性地展現對特定的政治主張或道德信念的說服力。有時它似乎可以反應所有這三種歷程，如同現代日本最有名的作家之一，Yukio Mishima[②] 所做的切腹自殺（seppuku）行為所顯示的一樣。

Seppuku，自我切腹的自殺方式，代表一種儀式性而標準化的自殺，是一種「挽救面子」的方法。自二次世界大戰之後，直到Mishima死亡之前，日本並沒有再發生切腹自殺的行為，1970 年 11 月 25 日， Mishima和他的同謀用這種震驚的方式結束他們的生命。Mishima，已知的激進反動份子，懷抱一種熱切的想法，認為日本人需要回到輝煌的、軍事化的過去，一個光榮的由皇帝統治的理想年代。

Mishima 和他的同謀，策劃與執行一件十分怪異的綁架事件，他們綁架了日本將軍 Kanetoshi Mashita。為了讓將軍能安全回去，他們要求送一群年輕的日本軍人去聽Mishima的一場演講，那是場設計來帶領軍人暴動的天真演講。在演講之後，Mishima 計畫執行切腹自殺。在這荒誕不經且不合邏輯的計畫之下，人們可能會察覺出上述所說三種促動自殺的因素，這三種因素提供的是一種內在邏輯——逃避羞辱感受、接受犯錯的責任，以及宣示個人的政治或道德信念。

數月的謹慎計畫使人聯想到自殺本身可能代表的不只是一種逃避接下來會發生的大眾審判羞辱的方法，而且也是為「即將到來的原因」而自我犧牲的意願表達。它可能包含一種幾乎算是有教養的承認，任何對將軍的打擾或國家的分裂都只是 Mishima 的個人行動。在這種考量之下，Mishima 十分關心將軍接下來可能會企圖自殺，所以他不遺餘力地想確認在他死後，他的跟隨者能維持將軍的安全。當Mishima對日本軍人群眾演講時，令他感到失望的是，他的想法遇到高傲的態度和嘲笑。這個羞辱可能進一步刺激他「尋求出口」。Mishima迅速地走進去，然後安靜地執行自殺，他在仔細挑選的「二號」人物協助之下，經由斬首的方式仁慈地加速他的死亡。

在結束Mishima的故事之前，令我們值得注意的是那十分怪異的偏執想法，他的死亡是一種將自殺當成是面對羞恥或羞辱的反應。在某些案例中，自殺的行為是如此的光榮——對個人、對同儕，或同時二者而言——以至於不做這件事反而變成一種羞恥或羞辱的行為。此時自殺不再是一種方法，而是變成一種目的。我不相信我曾看過比Mishima的散文「太陽與鐵」更能充分說明這種迷人之處：

> 「這是自殺小組的美麗，它不只被認為是靈性的美，而且，也被一般人認為是超越性愛的美……，沒有一刻不是如此的燦爛耀眼，唯有當每天攸關死亡、危險和世界毀滅的想像被轉變成責任……，日復一日地記住死亡，每一刻專注在必然死亡，以確保個人的最壞預言能同時伴隨個人的光榮夢想。」[8]

當臨床工作者和日本學生諮商時，不需要過度害怕跨文化的切腹自殺行為發生。我選擇強調它有個很好的理由，因為對切腹自殺行為的理解可以成為一個重要卻不常被提起的警惕事件，提醒我們自殺的危機可能和外在壓力源有關，特別是公眾羞辱或害怕避免不了被公眾羞辱。個體嘗試藉由自殺來逃避外在壓力源的痛苦情況，並不單純只由個體的痛苦程度來決定，它會受到個體對生存的次文化的知覺影響，及次文化是否會赦免或浪漫化，而將自殺當成一種適當的「解脫」的行為。像這種將自殺浪漫化的情況，沒有一個年齡層如同青少年族群一樣盛行。

❖評估公眾羞辱在學生和其他青少年自殺病因學中的角色

作為學校諮商員，不論從中等學校到大學，或在對青少年作心理治療時，臨床工作者很重要的是要記住一個關鍵性原則：可能沒有其他的人類發展階段如同青少年的脆弱自我階段一樣，容易受到公眾羞辱和同儕貶損的強烈攻擊影響。羞愧與羞辱的產生可能和一些知覺有關，例如：個人沒有達到父母親的期望、一再因家庭暴力或虐待而覺得羞辱，或被當作是同儕中的局外人。我相信儘管失落可能是老年人自殺最常見的促發力量，但公眾羞辱卻可能就是青少年自殺比較常見的驅使力量。因此，評估案主最接近的次文化，其鼓勵使用自殺來逃避壓力的壓迫程度，對此一年齡層而言特別重要。有兩種不同情境會發出危險信號：⑴最近有朋友或同學為了努力逃避同儕貶損或威嚇而自殺；⑵將自殺浪漫化的次文化。

當青少年年齡層的自殺率增加時，盤算自殺的學生更有機會獲得另一個自殺的第一手經驗。一次自殺可能是之後群集自殺事件的範本，它也會自動增加學生討論自殺的時間。就某種意義而言，討論自殺主題的機會如果增加，就會降低對這個議題的敏感性，因此，學生變得愈容易接受將自殺當成解決生活壓力的可行辦法，包括羞辱。

即使沒有學生自殺的範例，我們也需要注意那些相較於同儕在生理上較不具吸引力、不協調，或太矮、太高或過重的學生是否有自殺危機上升的現象。上述這些特質都可能導致惡意的言語虐待或暴力。另一個危險族群是努力對抗對同性戀的接受度的學生，他們的同性戀傾向可能會導致攻擊性的嘲笑或暴力。這些學生會將同學的自殺視為獲得解脫的模範，一種可以逃避他們的痛苦的方法。如果學生某種程度認同這些自殺的學生，情況會變得特別危險——例如：二位學生都因為身高較矮受到言語或身體的虐待。

當我們評估一個學生的自殺影響時，下述的問題可能會有幫助（假設「Jim」是自殺的學生）：

1. 你和 Jim 很熟嗎？
2. Jim 和你談過自殺嗎？
3. Jim 說了哪些殺死自己的優、缺點？
4. 你最後一次看到 Jim 是什麼時候？
5. 你或其他小孩曾懷疑過 Jim 可能想要自殺嗎？
6. 你認為你可能以某種方式阻止 Jim 殺害自己嗎？
7. 你認為 Jim 殺害自己是對的嗎？
8. 你認為在 Jim 自殺之後，他發生了什麼事？你會認為他現在有來世嗎？
9. 你和 Jim 有任何相似的地方嗎？
10. Jim 的死會使你想要殺死自己嗎？

第二個可能驅使學生藉由自殺行動來逃避羞辱問題的力量是同儕對死亡和自殺的美化。某些搖滾文化明顯地將自殺浪漫化，有時甚至將它和原始的性慾連結在一起——一種證實會致死的連結——和Mishima的自殺幻想並沒有很大的不同。這種將死亡美化的例子可以從當代哥德式景象（goth scene）的黑色裝扮和吸血鬼的形象反映出來。許多哥德族熱愛生命，並且單純地享受他們被禁止的另類生活型態特性和這種生活所引來的注目。但對某些正在應付憂鬱症和孤立感的哥德主義者而言，自殺成為能引人注目的結束生命的浪漫化方法。更複雜的可能情況是，潛意識地迷戀死後的生命，成為吸血鬼式存在的想法。吸血鬼的超自然天賦形象，對不斷地感受自己懦弱和易受傷的青少年而言，可能具有強大的吸引力。

有些搖滾文化和特定的搖滾團體已製造出浪漫化自殺的商業。我們在他們的歌詞中一再看到對自殺的偏好。當我們與被鼓勵自殺的次文化影響的青少年會談時，下述問題對引發這個主題可能是有幫助的：

1. 你知道，在某些當代音樂作品中常出現自殺，其中有任何你喜歡的團體常談到它嗎？
2. 什麼歌詞會使你迷戀自殺？
3. 你知道是否樂團中有任何一位成員嘗試殺害或割傷自己？
4. 你對這樣的行為有什麼意見？

有時候要求學生為你寫下歌詞是有幫助的，或者請他把CD帶來，你們可以一起聽，然後開始討論音樂所引發的感覺。你可以這樣問以表示興趣：「Mary，我想了解更多像那樣的歌曲，也許你可以教教我現在流行的是什麼？你能把那首歌的歌詞帶來，好讓我對它有更多的了解嗎？」如果學生接著很熱烈地討論歌詞，臨床工作者可能會發現一些仍然隱藏的，新近被引發有關自殺的感覺。小心地探索學生的同儕團體對自殺的支持程度，可以獲得一些學生企圖藉由自殺來逃避他或她現在的外在壓力源的無價訊息。

在回顧一些有關外在壓力源的病因學或現象學的因子之後，現在讓我們轉向來了解，內在衝突在強化自殺想法中所扮演的角色。

第二部分：內在衝突在自殺的病因學和現象學中的角色

雖然內在衝突的角色和自殺的外在誘發因子的角色有些重疊，但在病因學的領域中，二者還是有些不同的特性。這裡所定義的內在衝突是指某些病因學因子，它們是深植在病人的內在世界中的混亂現象，並且會在他們面對日常生活所累積的壓力源時表現出來，而並非主要且直接地和特定的、破壞性極大的生活壓力源有關。大多數人在面對單一、災難性的壓力源時並不會殺害自己，反而更常見的是個人生活中的壓力導致絕望。

我們先來檢視一個自殺遺言，藉以探索內在衝突世界，這樣的遺言有時可以提供一個十分清楚的影像，讓我們了解留言者在臨自殺前的混亂狀況。我們將會討論兩個問題，它們是當個人掙扎於是否執行自殺決定時，內心常出現的問題。了解這兩個問題同時可以提供一個獨特的機會讓我們看到，自殺的現象實際是如何發生。這部分結束時，我們將會了解自殺意念發展歷程中常發生的三組扭曲認知：⑴在憂鬱和自殺中常看到的認知歷程；⑵在有嚴重人格疾病人變得有自殺危險時會特別活躍的認知歷程；⑶特別出現在人格結構比較成熟，但卻發展出自殺意念者的認知歷程。

❖ 自殺遺言

我們對第二種致病因子，內在衝突的探討，始於 1994 年 4 月 8 日。那時的環境和 Elizabeth Siddal 生存的維多利亞時代倫敦街道有很大的不同。我們發現我們現在正處在當代西雅圖的海洛因小室以及充斥嘈雜搖滾樂的混亂世界。

在那一天，一位有前途的、受歡迎的搖滾樂明星，Kurt Cobian，被一位電工發現死於他靠近華盛頓湖的家中，他被二十發子彈散彈槍轟擊已經過了三天。像更早期在迷幻年代的一些搖滾樂明星——Janis Joplin、Jim Morrison、Jimi Hendrix——的早逝一樣，Cobain 死亡的消息震驚了流行文化世界。不像 1960 年代，新聞只能藉由電視和印刷品傳遞，經由全球資訊網，這個消息在幾分鐘內傳遍整個世界。

為了在資訊網上研究這本書的背景材料，我碰巧看到 Kurt Cobain 的自殺遺言。事實上，在網際空間，它似乎無所不在。我發現這封信的內容是十分心神不寧的，它是發洩心情，隨性地塗寫，並沒有分段。每一行字都被劃掉，最後幾個字「我愛你，我愛你」寫的特別大，像小孩的字跡一樣。

Cobain的自殺遺言是一個不幸但有影響力的窗口，讓我們得以一窺自殺病因學的內在衝突角色。「Boddah」是他太太Courtney的小名，另一位有天賦的搖滾樂明星。這些信的部分內容顯然是寫給Courtney，如同信函開頭的問候語所示。其他部分，似乎反映他對想自殺的痛苦的困惑。這部分似乎是寫給他樂團的其他成員或是他的樂迷：

給 Boddah：

從一位有經驗的傻子——他顯然寧願是柔弱、幼稚的被抱怨者——的立場來說，這封遺言應該相當容易理解。從我第一次被引介，所有來自這些年來的龐克搖滾 101 系列的警告訊號，我們可以說，和獨立與擁抱社區有關的倫理道德，都被證明是非常真實的。我至今不曾感受到傾聽、創作音樂、閱讀以及寫作多年的興奮感受。對於這些話，我感到有罪惡感。例如：當我們在後台，燈光熄滅，群眾瘋狂的吼叫開始，觀眾的吼叫並沒有像影響 Freddy Mercury一樣的影響我，他似乎喜愛以及享受群眾對他的愛好與崇拜，那是我相當羨慕和嫉妒的。事實是，我無法愚弄你們，任何一個都是。對你們或我而言，這是不公平的。我可以想到的最惡劣的犯罪，就是欺騙人們，假裝我100%高興的樣子。有時候我覺得在我走上舞台前，我好像有一個拳擊的時鐘在計時一樣。我盡力地試過了所有的方法要去欣賞它〔事實上我有欣賞，上帝相信我，我真的有，但那不夠〕。我欣賞我以及我們影響和娛樂了許多人的事實。我一定是那些自戀者之一，只有在他們離開時，才會欣賞事物。我太敏感了，我需要麻木一點，才能讓我恢復我還是小孩時一度擁有的熱情。在我們最後三次旅程中，我比較能欣賞我私人認識的所有人，以及我們的音樂，但我還是不能擺脫挫折、罪惡感，和我對每個人的同情。我們之間有好的經驗，而我認為我只是太愛這些人，愛到讓我覺得該死的悲傷。這悲傷的、不敏感的、不領情的、雙魚座的、耶穌的子民。為何你不能只是享受它呢？我不知道！我有一位有抱負、能同理、像女神般的妻子，以及一位時常提醒我，我也曾經是這樣的人的女兒，她充滿了愛和歡樂，親吻每一位她所遇到的人，因為她相信每個人都是善良，不會傷害她的。而那令我感到害怕，怕到幾乎無法做任何事。我無法忍受想到，Frances 變成一個像我一樣的、悲慘的、自我毀滅的、沒有生氣的搖滾樂者。我曾有好的感受，非常好的，我很感恩，但自從7歲之後，我變得對所有人感到憎恨，只因為人們太容易相處以及有同理心，只因為我太愛所有人並且為他們感到難過，我想。我從我那像火燒一樣的、令人作嘔的胃，感謝你們所有人過去幾年的信與對我的關心。我是這樣一個古怪的、情緒化的嬰兒！我不再擁有熱情，所以請記得，與其逐漸褪色凋零，不如現在熱烈燃燒殆盡。和平、愛、同理。Kurt Cobain。

Frances 和 Courtney，我會常伴你們左右。

請繼續走下去，Courtney，

為了 Frances，

因為她的生命會快樂許多，

沒有我。我愛你們，我愛你。[9]

在自相矛盾的話題中，遺言的自我貶抑和規勸，我們看見了作者被蹂躪的靈魂的粗略輪廓，這個遺言，讓我們得以直接地看到自殺大漩渦的裂口。

就像 Elizabeth Siddal，Kurt Cobain 有足夠的痛苦、悲傷和令人痛苦的經歷。但不像 Elizabeth，他自殺的驅力並非來自外在的災難性壓力源。對 Kurt Cobain 而言，災難性的壓力是從他的內在展開，而他獨特的大漩渦的外壁點綴著罪惡感、自我責備，和致命的嫌惡感，嫌惡他自以為的虛偽。

是成功和聲譽，而不是生涯的失敗，創造了自殺的環境背景。Cobain 用樂團的成功、他妻子的愛、小孩的歡樂和他的自我譴責的鮮明對比來描述他自己對這種矛盾的理解。「……耶穌的子民，為何你不能只是享受它？」他並沒有真實的答案。如果 Kurt Cobain 有一個答案，他今天也許仍然活著。

從這封信中可以學習許多課題，協助臨床工作者發現緊急的自殺危機。對一個人而言，決定他或她是否應該結束生命的「底線」時常來自兩個問題，一個是實際的，另一個是道德的：

1. 它有效嗎？（我的痛苦可以結束，而我的問題可以解決嗎？）
2. 這樣做是對的嗎？（自殺是否會傷害其他人或打破我的道德規範？）

這些問題對衝動性殺害自己或有情感調節問題的病人可能比較沒有影響作用。同樣地，對有反社會人格結構的人而言，第二個問題可能毫無實質意義。但對大多數考慮自殺的人而言，這些問題可以幫忙整理出，在做這個決定時內心的爭辯規則。

事實上，對考慮自殺的人而言，這二個問題指出了最後的障礙。臨床工作者愈能進入病人內在對這二個問題的辯論，就愈能了解即將發生的危機的嚴重度。最後，許多人會延遲殺害自己，直到這些問題能被滿意地回答。

❖ 自殺的第一個問題：它有效嗎？

這個問題通常比第二個問題容易回答。對不相信自殺會導致來世的最終報應的人而言，自殺是有效的——它結束他們個人的強烈痛苦。對堅定相信自殺會導致永久的詛咒以及嚴重加深他們痛苦的人而言，自殺是無效的。自殺並不是一個邏輯性的選擇。

然而需小心謹慎的是，對某些人而言，驅使他們自殺的痛苦是如此的巨大和強烈，以致即使在來世會有無止盡的痛苦，也不能改變他們對自殺的選擇。不會緩和的痛苦會改變人們的心智。不要全只因為案主為了宗教的理由堅定地放棄自殺，就認為案主是安全的。為了預防起見，我們有必要持續追蹤記錄。

一個想要自殺的人會時常考慮自殺是否能解決某特定而實際、但在人死後卻毫不重要的問題，這一開始也許會令人感到奇怪。但這就是自殺的矛盾特質。實際的考量可能包含：負債是否突然變得不相關了（自殺就好像最終宣告破產一樣）？帳單是否可以因為保險給付而被清償？重要的生命決定，例如：是否要和某人結婚，卻突然消失了（自殺就好像醫生的請假條一樣）？是否可以避免一個病人認為一定會失敗的挑戰，例如：研究所入學考試（自殺就好像是永久的缺席離開）？

像這樣的考慮，再度強調一個事實，一般而言，自殺是一個人企圖要尋找解決方法，而不是要逃避。一個想要自殺的人通常認為自殺是結束他或她的痛苦的唯一合理答案。這個事實讓我們充滿希望地了解到：如果人們可以產生其他的解決方法，他們就不會選擇這些。和自殺意念搏鬥的人是熱切地在尋找答案，想擺脫痛苦的急迫需求，如同在 Kurt Cobain 的遺言中令人心酸般清楚可見，使人實現他們的思想念頭。

由於自殺的第一個問題探討的是想結束痛苦的迫切需求，因此我們需要多花一點時間努力而更完整地了解這個痛苦的本質。引發自殺困擾的痛苦強度是如此巨大，以至於令人很難說明清楚，除非個人親身經歷。本書的讀者中有些人可能曾親身經歷過這種痛苦，而對那些不曾經歷過的人而言，詳細地探討它的根源是值得的。

從現象學的觀點來看，Aaron Beck 在他創新的認知治療著作中，是首位將「無望感」（hopelessness）視為與長期自殺危機最有關聯的因素之一的人。[10] 無望感摧毀「未來」（the future）——一種立基於承諾或甚至可能性的、有用的、理智的改變構念（construct）。如果一個人預測不可能有差異產生，未來基本上和現在就無法區辨。它不再是相關的概念，沒有了希望，就沒有未來。沒有未來的概念，就沒有希望。

一旦未來消失了，對個人而言，要產生維持生命的感覺，例如：能量、熱情、驅力和動機等，就會令人很洩氣地出現問題。如果真的沒有改變的可能性，為何要那麼辛苦地維持生命？這是一個邏輯的爭論，不是失敗主義的。「沒有希望的世界」的痛苦，令人難以再多忍受一點時間，不論一個人的心理再多堅強。

人們因為看不見解決痛苦的希望而自殺。這種無望感來自何處？Chiles 和 Strosahl 在他們傑出的著作，《有自殺性的病人：衡鑑、治療和個案管理的原則》（*The Suicidal Patient: Principles of Assessment, Treatment, and Case Management*）[11] 一書中，指出自殺的無望感可能發生在任何人身上，如果那個人正經驗到強烈的情緒痛苦，覺得這種痛苦是無法逃避、無止盡，以及無法忍受的，不論他們有或沒有精神疾病。這樣的說法幫助我們澄清這個問題。從閱讀 Kurt Cobain 的自殺遺言中，我們很容易就可以推斷 Cobain 認為他所經歷的，正是這樣的內在世界。

一個阻止自殺的強力誘惑的緩衝因素是，有些人可以感受以及維持一個相反的信念，認為有一個精神性的理由來承受這樣的痛苦。因此，痛苦是需要忍耐的。這種保留生命的信念時常植基於病人對靈魂與神的信念，相信祂可以指引這個靈魂的成長，相信祂深切地關懷它的救贖。這樣的信念正是《聖經》敘述中，約伯的救生索。

臨床工作者對案主的意義架構的理解，是執行自殺衡鑑中極其重要的任務。病人的架構可能植基於宗教或精神性的信念，或可能是中堅的實務考量，例如：供應個人的家庭，或在戰爭時，為其國家遭受痛苦。Victor Frankl 的再生著作，《意義的追尋》（*The Search for Meaning*）[12] 一書中，優雅地指出意義的架構有助於維持生命，即使是在集中營中充滿敵意的世界，一個 Frankl——納粹死亡營的倖存者，太熟悉的世界。

另一個有影響力的緩衝機制，有助於令人活下去，即使當他們經驗到無望感：在他們開始執行具體計畫前，他們常常試著要回答自殺的第二個問題——「我自殺的行為是否會傷害其他人或打破我的倫理規範？」要發現這個答案需要花費時間。病人要解決這個複雜問題所花費的時間，可能是我們有效的介入，以及拯救他或她的生命的時間。此外，病人對這個問題的答案，也可能會將自殺變成一種可實行的選擇。

❖ 自殺的第二個問題：這麼做對嗎？

我相信大多數人都有一個內在道德準則。它也許未被清楚定義，或只是驅使人去做「對的事」的一種驅力。在這種內在準則之下，決定是否殺死自己的歷程可算是個人可能面臨的，最重要的道德兩難困境。這個決定嚴重困擾 Kurt Cobain 的心智；如果他的自殺遺言是一個有效的投射，這表示他有一個高要求的道德準則。事實上，他的道德準則最後要求他結束自己的生命。

他的遺言背後正傳達 Cobain 覺得需要在道德上為他的自殺辯護，他同時也幫助了他人了解這個行為的需求，也許希望這個說明多少可以減少他自殺所造成的痛苦衝擊。從遺言中這個主題所占的比例來看，顯然對 Cobain 而言，最困擾的道德兩難困境之一是他覺得他已經變成一個偽君子，因為他已不再熱衷於創作音樂的使命。他的苦惱在下列段落中呈現出來：

> 至今已經有太多年，當我聽到或創作音樂，以及閱讀和寫作時，我已不再感到興奮。對這些事情，我的罪惡感非言語能形容……事實是，我無法愚弄你們，包括任何一個人，這對你們或我而言都不公平。我能想到最惡劣的犯罪，就是假裝我 100%感到樂在其中，藉此偽裝而欺騙你們的金錢。

隱藏在這段話中的是，當一個人覺得丟臉或失敗時所會聽到的，死亡的媚人低語。當 Yukio Mishima 把他的儀式刀子的尖端刺進他腹部時，正是聽到那個低聲呼喚。

另一個在 Cobain 的意義架構中出現的主要道德綱要，是他對妻子和女兒深切而真摯的愛，這可從他關切她們失去他後的未來看出來。強烈的家庭忠誠常是預防人們殺害自己的救生索。在Cobain的遺言中，這條救生索被一個簡單卻致命的合理化念頭瞬間扯斷。這在他的遺言最後談到關於他女兒Frances的一段話可以看到：「沒有了我，她的生活應該會過得快樂許多。」這個合理化念頭彰顯一個重要事實，執行衡鑑的臨床工作者應該要記得，即使當病人有令人信服的不殺害自己的道德理由——例如：他們子女的幸福——有時他們情緒上的痛苦是那麼的劇烈，以至於令人難以承受，因此他們的苦惱輕易擊敗他們的道德立場。自殺的第一個問題的解答——從無法緩和的痛苦中釋放出來，相較於第二個問題的解答——處理道德的公正性，變得更具有強制性了。

從 Cobain 的自殺遺言中，我們看到當他面對這兩個主要道德困境時，他內心的辯論結果導致他認為結束他的生命是「值得做且正確的事」。若要回答自殺的第二個問題，每一個個體都會獲得一個獨特而有時具有個人色彩的，支持其最後決定的合理化答案。以下是一些較常見的，有關自殺的道德性合理化信念。

1. 我遇到令自己蒙羞或無法達成任務的情況，我所能做的，有名譽的事，就是結束我的生命（如同 Yukio Mishima 和 Inman 海軍上將一樣的例子）。
2. 少了我和我所引發的所有問題，人們會過得比較好（如同 Kurt Cobain 的例子所示）。
3. 生命的尊嚴在道德上比單純生命的存在更重要（如同 Bruno Bettelheim 一樣）。

4. 我的疾病使我的家庭破產，沒有我的耗損，他們會過得比較好（如同罹患一些嚴重使人衰弱而很少被保險保障的疾病，如：精神分裂病和雙極性疾患）。
5. 如果我沒有殺害我自己，我可能會傷害某人的身體（如同酒醉時開車或在躁期或精神病症發作時攻擊他人）。
6. 神希望我犧牲我自己（如同精神病狀態〔psychotic states〕，包含妄想和命令式的幻覺）。
7. 我不值得活著（如同在導致他人死亡，如：車禍，其倖存者的罪惡感；衝動性的行為，如同情慾的犯罪；會引發羞恥感的行為，如：兒童性侵害；和精神病性的自我詆毀）。

Cobain的遺言中還有最後一課值得學習，原因不是他寫了這麼多，而是他需要展現出這樣的認知處理類型，才能寫出所寫的內容。如果有一種認知處理類型會引導案主朝向自殺之路，那麼也許我們可以學習阻止它，甚至轉化它。

❖ 憂鬱和自殺意念發展歷程中皆常見的認知型態

我們發現有任何壓力源存在時，它們所引起的衝擊比較受案主對它們的解釋，而不是壓力源本質的影響，內在認知也是一樣的道理。比較不是從案主的意識或潛意識歷程摘取什麼訊息，而是案主如何解釋這個訊息，才得以評估它最後的衝擊。Kurt Cobain呈現出四種扭曲的認知歷程：(1)過度類化（overgeneralization）；(2)災難化（catastrophization）；(3)自我貶損（self-denigration）；(4)非黑即白的世界觀（a black-or-white view of the world）。這四種是憂鬱狀態常見的認知陷阱，不論有沒有自殺意念。它們對於引起Cobain

生命的最後日子時所掙扎的道德兩難困境是要負責任的。

雖然無法避免質疑，但還是讓我們試著重建一些可能導致Cobain 做出無法逃避的決定的潛意識認知歷程。更具體而言，他扭曲的認知似乎建構出一個世界，要求他將對自己「沒有投入音樂的感覺經驗」，放置於是與非的兩個盒子之一。因此「缺乏貢獻的態度」被 Cobain 當成他若不是一個「好的」有使命感的音樂家，就是一個「壞的」沒有使命感的音樂家的證據，如果他符合後一個類別，那麼他就是一個偽善者，結果沒有中間灰色地帶，就像一個幼小兒童一樣，Cobain可能沒有能力看見灰色地帶。如果他擁有那種認知技巧，他可能將感覺對音樂沒有投入的經驗，視為自己只是一位剛好產生倦怠感的傑出音樂家，而非一位變成偽善者的拙劣音樂家。這種比較實際的認知信念不會將自殺視為解決的方法。

這種驅使 Cobain 朝向懲罰性道德立場的認知歷程，可能會被另一種同時作用的扭曲認知：過度類化，所刺激加速。在潛意識層次，受到他過度類化傾向所指示，上述陳述可能會不利地解讀成：「你不只是一位差勁的音樂家，同時也是一位差勁的人。」這種否定生命的結論，可能會被一波接著一波的驗證性自我譴責言行所強化，而這些自我譴責又是導因於另一種認知扭曲——自我詆毀。最後的結果可能就是 Cobain 的內在現實被不知不覺地轉化成一種錯誤現實，其中自殺成為解決痛苦的道德兩難情境的合理途徑，拿走他的生命就可以結束這種偽裝的狀況。他看不到其他可行或合乎道德的方法可終止這種偽裝，以自殺作為解決問題的方法，確實至少可以挽回一些榮譽。

另一種認知因子，和憂鬱或企圖自殺者一致的，是失去控制的知覺，他們經驗到憐憫生命、其他人和自己的強烈不安感覺。這樣的感覺既令人感到不愉快，又令人感到羞恥，但生命還有一部分是他們可以完全控制的：他們可以決定要生或要死。因此自殺的選擇提供一個機會讓他們可以經由自我抉擇而獲得尊嚴。在個體的層面，超現實主義詩人 Antonin Artaud 曾優美地描述過這種對自殺的態度：

> 如果我自殺，那不是要毀滅我自己，而是要將我自己重新組合。自殺對我而言，將只是唯一一種方法，再度猛烈征服我自己，殘忍地侵犯我的生命，以及接近與上帝無法預估的親近。藉由自殺，我重新介紹我的本質，這是頭一次，我可以呈現一個東西，而那完全是按照我的意志來塑形的。[13]

這種以自殺當作在相對無法控制的世界重獲控制感的方式，可以成為一種次文化的一致性標誌。例如：相對於美國原住民保留區的青少年自殺潮，一位牧師形容自殺，是種將秩序帶入一個「基本上每件事情都失去控制的社會……它是在無意義的社會中，微小而片刻的尊嚴。」

在 Kurt Cobain 不知不覺陷入憂鬱與自殺的事件中，認知型態可能扮演非常重要的角色。那麼問題接著產生了：是否這些特定的認知型態在大多數發展出自殺意念者身上也經常看見？答案似乎可以是「是」和「不是」。一方面，並非每位有自殺危險性者都具有同樣一組運作的扭曲認知而導致自殺。另一方面，某些有自殺危險性的族群似乎具有相當類似的認知型態。如果這些特殊的認知處理型態可以被描繪出來，也許臨床工作者可以更容易地認出嚴重的自殺企圖，而且更重要的是，可以轉變它。

有兩種相關的認知型態和我們的討論有密切關係。可能還有其他類型的認知型態，但這兩種可以讓我們有一個好的開始：⑴有嚴重性格損害且有自殺危險性的病人中常見的認知型態；⑵有相對正常的性格發展，但有自殺危險性的病人的認知型態。這兩個族群中任一群的案主，當他們解釋和處理自殺意念時，都可能使用相當不同的認知型態——或者，事實上有各種可能性。如同我們很快即將看到的，除了他們的認知型態，在這兩個族群中的人可能有其他共同的人格特質和習性。

❖與自殺意念有關的認知型態——常見於嚴重人格疾患的案主身上

這個群體包含罹患下述人格疾病人：邊緣性人格疾患、戲劇型人格疾患，以及自戀性人格疾患。有嚴重藥物和酒精濫用的人時常共享這些相同的人格特質。事實上，慢性的物質濫用可能導致時而被指稱的「後天獲得的人格疾患」（acquired personality disorder）。像這樣的人在兒童和青少年時，可能有正常的人格發展，但在成癮數年之後，他們表現得就好像有嚴重的人格疾患一樣。

有些治療的改革者在評估和管理這群特別具有挑戰性的案主的自殺意念時，特別著重於使用認知的介入方法。在這一節討論中，我大部分會借助辯證性行為療法（Dialectical Behavior Therapy, DBT）[14]的創始人，Marsha Linehan 的先驅著作，以及借助 Chiles 和 Strosahl 令人信服的洞察。[15]

有嚴重人格功能失常和（或）嚴重物質濫用的人，時常表現一些可見於Kurt Cobain的自殺遺言中的扭曲認知。事實上，Kurt Cobain 當時正遭遇嚴重的物質濫用問題。他們容易表現出極端的過度類化、災難化、自我貶損和非黑即白思考模式。此外，他們有種特別的傾向，容易「忘記」他人過去行為對他們的重要性；他們以當下的印象來評斷人們。例如：一個罹患邊緣性人格疾病人可能會突然宣稱一位多年以來他所信任的治療師是完全不可信賴的「狗娘養的」，只因為在某一次的治療治療師遲到了二十分鐘。

有邊緣型人格結構的病人，以及有其他嚴重人格病理狀態或物質濫用者，也會顯現適應不良的問題解決方式。他們容易或幾乎無法對新問題產生他種可能解決方式，過早拒絕問題的它種可能解決方式，依賴別人的回答，對解決問題所需做的任務幾乎沒有毅力堅持下去。

所有這些認知特徵都隱藏在情緒和行為變化無常的矩陣中。這些病人傾向對壓力有較差的的容忍力，對伴隨他們認知機制的扭曲行為所產生的情感和情緒的調節能力較差。此外，有嚴重人格功能失常的病人可能會衝動性地行動以減輕這些痛苦的情緒狀態。更糟糕的是，雖然他們的情況已經夠糟了，他們對情緒痛苦的容忍度也傾向不好。輕微失望和拒絕的感覺可能被他們認為無法接受，這種感受的強度遠超過朋友和家人的意料之外。他們對情緒痛苦的差勁容忍度被證明是十分有問題的，因為上述列出的認知扭曲，有相當高的比例可能會促使他們和他人產生痛苦的互動，以及在執行任務時發生令人失望的結果。結果，日常生活的尋常變化對這些案主而言，可能變成一連串混亂的、令人無法忍受的痛苦。

最後，有這些人格特質的病人會發現他們比一般人更常處在痛苦的情緒狀態，因為他們問題解決技巧貧乏和情緒痛苦容忍度低落，所以他們會很快地認為他們強烈的痛苦是無法忍受、不會終止，以及無法逃避的。因而自殺變成一種有效的解決方法。

如同先前提過的，這種特質在長期物質濫用的人身上也很常見。在酒精和（或）藥物攝取的抑制效果（immediately disinhibiting effects）協助之下，這樣的病人會變得有自殺或自我傷害（割腕、灼燒或撞頭）的危險性，行為一旦發生往往都十分迅速。同樣令人感到驚訝的，這樣的病人的自殺意念也下降得很快。一些各式各樣的因素，例如：出現愉快的人際互動經驗、有技巧的認知治療介入以及停止對酒精的嚴重攝取，都能夠以令人吃驚的速度讓自殺意圖迅速消失。

這種好像坐雲霄飛車的情況，會因為嘗試自殺失敗後所獲得的令人印象深刻和有誘惑力的次級獲益而更加複雜。病人的自殺痛苦——他們最立即的問題，會藉由時常跟隨自殺企圖之後發生的人際滋養，暫時與壓力隔離，或者因免除責任而解決。這種次級獲益可用醫院的潛在滋養氣氛作為例子，最終的結果是企圖自殺或自我傷殘的行動，變成習得的解決情緒痛苦的方式。

有一則我個人臨床實務發生的案例，可用來說明這些認知型態和情緒特徵可能會出人意表地促使案主不知不覺地陷入自殺危機。

Anna：案例研究

多年以前，我正在治療一位我們稱之為Anna的女人。Anna的身材矮小，體重高於身材比例應有的重量。她的棕髮接近短髮。她的服裝通常是一條牛仔褲和單一顏色的襯衫。Anna 的外表有一點懶散，但她的笑容卻一點也不會懶散，它看起來是有生氣、活生生的和真誠的。

在明朗的笑容和靈活的眼睛之下，隱藏著一長排的空藥瓶、一些自殘的事件，和無數個破損的家具，包括一個野餐桌被有技巧地拋出景觀窗之外。雖然幾乎絕望地渴望親近人們，但 Anna 就是有本事把人嚇跑。她對先前的臨床工作者也有嚴重的過度依賴問題，一個實例是在他們終結會談時，必須請警察偕同她離開最後一任治療師的辦公室。知道她有一段被虐待的歷史，一點也不令人感到意外。先前的臨床工作者已經對她做了邊緣性人格疾患的適切診斷。

我當時正使用一連串一週一次的間歇認知行為療法，連續治療的中間隔著一段時間沒有接受任何治療，在這段期間 Anna 需要去練習她已經學到的技巧。在我們停止治療期間，她可以去參加支持團體。這個設計用來將她的過度依賴減到最低和儘量增加她新的和比較有用的認知型態的方法，當時證明對 Anna 十分有影響力。因為她真誠的動機和敏捷的智力功能，Anna 的心理成長一直相當顯著。

我們到了第三年治療的某個時期，她對覺察自己的扭曲認知和使用認知重建技巧以將它們轉變成較不具威脅性的知覺（她喜歡將這個歷程稱為「想法修復」）已經變得十分有效能，同時有超過一年的時間沒有發生自殺行動。我決定給她一個指示，請她寫下她在治療中已經達到的五個目標，完成的表單要明顯地放在她的冰箱門上，作為提醒她自己的進展。我想確認 Anna 是為了自己製作表單，而不是為了取悅我。因此，我要求她記得，當她在寫的時候，她是為了自己而寫。Anna 對這個計畫感到興奮，過去的數個月她的行為已經特別良好。

出現問題的那次會談討論進行得十分順利。Anna 的精神高昂，同時對自己的進展感到驕傲。當我檢視她的表單時，她的眼睛緊盯著我的臉，當我讚美她的作業時，一個明顯的笑容綻放開來：

Shea 醫師：嗯，妳的成果真的很好。

Anna：嗯，那是你的功勞。

Shea 醫師：我願意接受一小部分的功勞，但是妳是那位執行所有困難任務的人。妳是那位願意做改變的人，妳應該感到驕傲的，妳應該接受大部分的功勞。我向妳保證，我們一直是一個好的治療團隊。

Anna：謝謝。

在回到 Anna 的回家作業任務之前要先提一下的是，在前面幾次的治療會議中，我規律地影印我們的圖表以「正式地」記錄她的進展，這是她喜歡的做法。但這一天，我想要強調她做這個工作是為了她自己，而不是為了取悅我，因此，我決定把她的表單還給她，所以她可以立刻將它放在自己家的冰箱門上。然後我們接著繼續本次的會談。

在幾分鐘後，Anna 的表情變得不熱烈，她開始將眼睛投射到膝上的紙張上，然後她變得焦躁不安，開始在椅子上坐立不安以及看著房間四周，好像感到無聊一樣。

我花了好一會兒才明白有事情出錯了。當我發現有問題時，我太低估 Anna 已經悄悄陷入的大漩渦的力量——一個被我不慎攪動水流的大漩渦。

Shea 醫師：Anna，妳看起來有些心煩意亂。有什麼事情不對勁嗎？

Anna：你並不在乎，是嗎？（怨恨的表情）你就是一點也不在乎？

Shea 醫師：（真的不知如何以對，我猜我的嘴巴大概很不優雅地張得很大）我……我……我不確定我知道妳的意思是什麼。出了什麼問題？

Anna：你可以看不起我（停頓，下巴顫抖），如果你關心我，你應該會影印我的表單（停頓），但你就是不關心。

Shea 醫師：Anna，我實在很困惑，顯然我並沒有解釋我為什麼沒有影印，而我應該這麼做的。讓我……（Anna 把我打斷）

Anna：你不用解釋任何事情，Shea 醫師（停頓），你知道我原要做什麼嗎？我要告訴你我需要去洗手間。然後我就不會再回來。接著我可能會回家，然後吞下一些藥丸，如果你了解我指的是什麼。

在五分鐘的片刻間，Anna 從感覺愉快轉換到想要自殺。這就是當由一團扭曲認知所引發的邊緣型盛怒時，有多快掉入自殺大漩渦的例子。

從心理動力的觀點來看，我忽略了影印 Anna 回家作業的行為的重要性。在這個行為中所隱含健康父母親的保證對 Anna 而言很重要，而且不容小覷。Anna 非黑即白經驗的特性很迅速地將我的疏忽看成是一種遺棄的表示，她可能會覺得我討厭她，甚至，她突然而確實地喪失多年來她所經驗到我關心她的互動記憶，如果她能記得這點，可能會讓Anna 產生不同的結論。相反的，事情的發展就好像我們先前的互動完全沒發生過一樣。

當情緒風暴主導一切時，她喪失比較成熟的認知停泊點。因為她缺乏詢問我為什麼不做我以前一直做的行為的人際技巧，她因為自己的投射而被困住了。Anna 因為缺乏忍受情緒痛苦的能力，因此告訴自己她必須離開這個房間。在被拒絕、自卑和憤怒感交替打擊的情形下，她需要一個快速的解決方法。處於強烈情緒痛苦和困惑感當下，Anna 回復她多年的經驗所學習使用的解決方法：自殺。

一旦我恢復冷靜，這個把戲在這裡就能幫助我發現引發整個大漩渦的「扭曲認知基礎」。在對我未曾解釋的例行行為改變道歉之後，我指出我想也許我們看到她容易「忘記過去」的傾向，一種她在治療中一直努力要減到最低的認知扭曲機制，她同意一步一步地回顧我們的關係，尋找我關心她或不關心她的證據。依據她的發現，我們同意她可以自由地決定要不要離開這個會談。當我們一步步回顧我們過去互動的軌跡時，她的情感有顯著的變化，她的憤怒漸漸地消失了，到了會談要結束時，她覺得很好。自殺的危機已經被轉換成只是邊緣型短篇歷史的一個註腳。

這個事件說明認知扭曲在誘發有嚴重人格病理者的自殺意念中所扮演的病理學角色。對上述原理的了解，突顯出兩種臨床工作者做衡鑑的實務課題：

1. 處理這樣的病人，維持一種健康的重視態度，來面對他們會有多快進入或離開自殺的心智架構，總是明智的。

2. 當決定一種安全的處置時，評估病人在晤談結束後會回到什麼樣的人際情境很重要，因為這樣的病人對人際支持或拒絕的細微差別十分敏感。

他們陷入自殺意念的迅速情況不利我們和這些病人工作，但有利的一面是他們也可以同樣迅速地對有效的認知／行為介入方法產生反應，這可以成為衡鑑工具組中一種強而有力的工具。

對有嚴重人格病理和／或慢性物質濫用的人而言，他們有一些特殊的認知與情緒類型會產生或處理自殺意念。但當有比較穩定和成熟的防衛機制的案主考慮自殺時，究竟發生什麼事？他們彼此之間是否也有一組共同的認知特質？

❖人格結構相對成熟的案主所具有與自殺意念相關的認知型態

雖然人格結構比較原始的人，例如：邊緣性人格疾患，自殺危險性相對較高，但許多企圖自殺的人卻具有相對成熟的人格結構。這些人企圖自殺是對強烈的環境或人際壓力，以及嚴重精神疾病例如：重鬱症、雙極性疾患、精神分裂病、恐慌性疾患、強迫性疾患和創傷後壓力疾患等的直接衝擊做反應。與這些病人的自殺意念有關的較典型的認知特質在本章前文中曾討論過。它們是當人們很真誠地企圖在「兩個自殺的問題」中尋找答案時，所表現的認知反應特徵。

依個人之見，區分人格功能相對成熟的病人，和人格結構較原始的病人的最決定性的差別是，比較成熟的一群人的自殺行動，相對上較缺乏衝動性。對他們而言，用來回答兩個自殺問題的時間容易抑制高度衝動的行為。相較之下，人格功能嚴重失常的案主，可能會出乎意料地發展自殺意念和行動，如同我們在 Anna 身上所看到的，絲毫沒有考慮到兩個問題之一。不曾注意這兩個自殺問題的情況——會導致衝動的自殺行動，雖然也可能發生在防衛機制比較成熟的人身上，但依筆者個人經驗，它發生的機率並不頻繁。另一方面，在這二群人的認知世界特質中，可能有出人意料的大量重疊處，尤其是最常在憂鬱情況下看到的扭曲認知。當這些族群進入自殺的想法中，他們的相似和相異之處將是本節的焦點，因為這些相似和相異點對預測緊急的自殺危機可能有重要的意涵。

當憂鬱開始入侵人格結構成熟者的日常生活經驗，他們會經驗到一種特殊現象，他們的認知處理會不知不覺退回一種愈來愈原始的歷程。在憂鬱開始發作之前，通常會小心尋找言論和行為的「灰色」地帶的人，會開始將事情看成非黑即白。曾經能分辨人類經驗的個體細微差異之人，現在只會看見共通性和刻板印象。曾經可以依據過去經驗到的人際互動軌跡來判斷他人行為的人，開始衝動地只依據他人當下的行動來評價他們。簡言之，在有原始性人格者身上所看到的許多認知扭曲機制現在出現了。過度類化、災難化、自我貶損以及非黑即白的思考歷程，同時也是人格結構成熟者的憂鬱經驗元素，這些認知的問題會無情地引導案主走向無望的大漩渦中。

我們在本章中將看到相當引人注目的證據，說明當處於生理因素誘發的憂鬱狀態時，某些認知改變可能由腦部的生物化學變化所引起。此外，也有相當具有說服力的證據說明，一旦這些認知扭曲機制發生，它們本身可能產生或嚴重強化憂鬱情緒，這也是認知治療可以轉化憂鬱的優異能力發揮之處。

從表面看起來，我們很容易認為，這些一開始有成熟防衛機制的憂鬱症人，現在已經發展出和人格結構較原始者完全相同的認知型態。甚至有人可能會爭論，一般而言，我們已經發現常見於有自殺危險性的病人的認知歷程，但我們更進一步觀察就會了解事實並非如此。二者之間的差別在於一個是喪失成熟防衛機制，而另一個則是原始防衛機制樣貌的型態。

當一位有成熟防衛機制的案主被捲入重鬱症時，由那些防衛機制所產生的保護牆就會開始讓步。這個防衛機制並非不戰而逃，它們也不是一夜間突然消失。某天被破壞了，它們可能會再重建一個新的、成熟的防衛機制，可能會突然發動或被重視。朋友和親人可能會反駁被憂鬱引發的過度類化和其他扭曲認知，最後，保護牆一旦太常退讓，成熟的防衛機制就會滑落陷入憂鬱浪潮的困境中。

當憂鬱的病人屈服於這股潮流，他或她對其他人、當前壓力、未來、過去，甚至對獲得協助之機會的解釋，都可能落入憂鬱認知的黑色浪潮中。但有時某個值得令人注意的事情也在運作。雖不總是如此，但常常看見的是，儘管病人目前處於憂鬱的狀況，他們最後仍保有相當成熟的認知態度的主因之一，正是執行自殺的主因本身。正如同自殺的主題一樣，有嚴重人格疾患之人最擅長的，就是使用原始思考歷程，而有成熟防衛機制之人最擅長的，卻是對抗原始思考歷程的使用。他們成熟的防衛機制最後的痕跡似乎選擇了一個狂暴的戰役，去對付自我毀滅的念頭。

容我更設限地比較這二群案主。人格成熟之人傾向以相當不同的角度來看待自殺行為，儘管他們會逐漸步入使用原始而扭曲的認知。不像有邊緣性思考歷程者，人格成熟之人比較容易看到灰色地帶。他們時常細心地辯論和檢視自殺的優、缺點。防衛機制較成熟的病人會使用高階的問題解決技巧，例如：脫離式的觀察和抽象化思考來預測他們自殺行為的可能結果，同理式的關心使他們會轉向那些可能被遺忘的人，他們會仔細思考一些關心的問題，例如：自殺對倖存者的經濟和心理的衝擊，主題可能從誰會發現屍體到誰來照顧、養育被遺棄的小孩等。這些人，不像有原始思考歷程之人，時常出顯現超越常人且有時需要勇氣的衝動控制。他們會長期的忍受高度的情緒痛苦，延遲自殺的行動直到自殺的兩個問題有令他們滿意的答案為止。我曾看過有高度自我防衛機制之人控制殺害自己的衝動月餘，甚至數年，對這些人而言，自殺不是他們時常採用的、學來的解決方式。如果有任何可能，它是他們會想要去避免的、理念不同的解決方法。

然而，一旦有高度防衛機制的人認定自殺是最正確的選擇，她或他可能會以驚人的速度，成功地執行自殺計畫。這個歷程有時可能會被不知原因而感到吃驚的臨床工作者，標定為衝動性自殺。但病人並非衝動才做這件事，他是決定要這麼做，而這個決定讓臨床工作者冷不提防。這個致命的密謀被個體的高功能防衛機制有效地偽裝，病人熟練而聰明地穿上一個防護外衣，尤其是在一些需要維持外貌的重要情境中，他們學會對同事和家庭成員偽裝他們的痛苦，同時，他們也知道如何對治療者掩飾他們的痛苦。某一天，病人可能看起來對認知治療的介入有良好的反應，隔天，病人就被發現自殺身亡。

在對有發展成熟的防衛機制並且正表達自殺意念的案主進行治療時，這個致命的密謀可以藉由讓病人持續開放而深入地表達自殺意念而避免。一旦進入病人充滿自殺意念之世界的窗口被有效地打開，請千萬不要關閉它，一直到你不再需要它為止。無論治療進行得多順利或病人看起來多好，只要案主有「任何」的自殺意念，請記得在每一次會談中詢問他的自殺意念。它很快會變成治療的基本元素，而這樣的態度，常常可以讓上述可能發生的一連串潛在性致命事件產生短路。

有經驗的臨床工作者在這裡常能看出一個諷刺的現象。就某層面而言，預測明顯有衝動性的人，例如：有邊緣性人格疾患的案主的自殺行動，相較於堅決果斷、高功能的案主，幾乎是比較容易的。這個矛盾現象會存在，是因為一旦臨床工作者了解有邊緣型人格結構之人的自殺意念認知基礎後，他們的行為會出現一種「可預測的不可預測性」。

邊緣型的自殺危機，時常被人際衝突的利箭，或病人以為利箭發射的錯誤知覺所引發，被拒絕或挫折的印象，會迅速將病人推進過去充滿敵意的經驗中，突然間觸發以前習得對此種人際壓力的調適方法：自殺或自殘的行為。在描繪出每一位特定病人的獨特認知模式「地圖」之後，治療者常能針對特定病人來預測哪些環境會誘發這種有害的循環。事實上，這種治療主要包含幫助病人對他們自己做預測。當這些情境能被事先預測出來，或當它們顯現出來時，病人便能有對抗的機會，採取有效的認知技巧阻斷反射性的自殺反應，這就是幫助 Anna 將她的憤怒轉向我的歷程。

圍繞自殺意念的認知歷程，不論是在有嚴重人格疾患或有正常人格結構者身上所看到，都有可能導致「無法預期」之自殺企圖。我們對這些歷程的了解可以避免我們疏忽，以及提醒我們注意即將發生的危機。

我們已經研究了自殺意念發生的兩種主要病理因素，外在壓力源和內在衝突，接下來我們再探討第三種，同時也是最後一種病理因素：腦部的生理學。

第三部分：腦部生理病理學在自殺意念病理學中的角色

人們喜歡對生命、宇宙和其中所有事物抱持整體的觀點，但真實的情況是大部分人都是簡化論者。依據我們被訓練的地方，訓練我們的人，我們喜歡閱讀的書，我們常常透過限制我們觀點的鏡頭來看待這個世界，與我們觀點衝突的資料常被我們放到一邊。這個歷程在描述腦部在人類的想法和行為上所扮演的病理學角色時，顯得再明顯不過。歷史上，在解釋人類的偏差行為時，腦部生理病理學的角色，相較於外在壓力源和內在衝突的病理角色，一直不被強調。

幾世紀以來，問題行為，包含自殺，其病理學角色，一直都被迅速且堅定地歸因於本章先前討論到的二大類病理因素之一。從這個觀點來看，偏差行為，包含自殺想法，是環境壓力（心愛之人的死亡、貧窮、失業、離婚）或心理衝突（認知扭曲、潛意識結構或敵對原型間的衝突、精神性的危機、欠缺心理強度、著魔）直接造成的結果。像這樣非整體性、過度簡化的現象持續導致對診斷如：精神分裂病、雙極型情感性疾患，和強迫性疾患之人的殘酷污名化現象（例如：許多保險公司仍然拒絕給付賠償這些疾病的花費，不像他們會給付其他神經性疾病的費用一樣）。

另一方面，有些當代的思想家容易過度熱烈地強調腦部對想法和情緒發生的角色。這些生物學的簡化主義者對使用心理治療作為主要的治療方法感到擔憂，提到靈魂（soul）這個字眼就感到厭惡。整合這些觀點是有必要的。人類思想和行為的世界是許多歷程——環境、心理／心靈和生理，所形成的複雜鏈結，在這種世界觀之下，人們如同他們正在處理的歷程一樣，並非如此固定不變。

在這樣的想法之下，我們面臨兩個問題：

1. 腦部的生物化學現象是否會直接導致精神疾病症狀，例如：憂鬱、妄想和幻覺？
2. 若是如此，對自殺研究迫切重要的是，腦部的生物化學是否會直接導致自殺意念？

第二個問題的答案對做衡鑑的臨床工作者可能具有重要功能；它可以促使我們快速地從哲學沉思轉入實務的臨床決策。我們需注意問題不是生理病理現象是否會導致憂鬱狀態，接著引發自殺意念，而比較令人深思的是：神經生理病理現象是否會直接導致個人產生自殺想法？

❖腦部的角色：第一個問題

腦部生物化學功能失常是否會直接導致主要的精神疾病症狀？腦部的複雜性是開始這個問題的好主題。典型的人腦，一團大約包含一千億驚人數量神經元的凝膠狀物質，重約 3.5 磅。一個人腦所包含的神經元和宇宙包含的星星約一樣多。如果考量到這一千億神經元幾乎不可數的相互連結，我們可以說，人腦可能是全宇宙中最複雜的 3.5 磅重凝膠狀物質。

如同人體的每一個其他器官一樣，人腦也會產生問題。控制運動的神經中樞功能失常會導致顫抖或癱瘓；視覺處理中樞的功能失常可能會導致複視或失明。橫跨大區域的神經元功能失常可能會導致癲癇。依此道理，與情緒調節有關的中樞功能失常應該會導致某種類型的情緒困擾；嚴重的憂鬱和躁狂結果。想法整合的區域的功能失常應該會導致想法生產（聯想鬆弛）和內容（妄想）的問題。

我們稱這些發生的問題為「精神疾病（psychosis）」。若要爭論沒有心理疾病，一個人可能要堅稱一種站不住腳的立場，即所有人腦中調節這些能力的部位在任何時刻功能都是正常的。

較上述邏輯性結論更具說服力的說法是，大自然自己的確實證據，某些非常嚴重的精神症狀，包括特定異常想法的發展，是直接由生理病理現象所導致。這個具有說服力的證據，對我們了解生理病理現象可能如何直接導致自殺意念非常重要，值得我們做一個簡短的歷史回顧。

我們回到Elizabeth Siddal的前拉斐爾派同志會（Pre-Raphaelite Brotherhood）所屬的維多利亞時代，但我們處在歐洲大陸的巴黎，對遭受嚴重精神疾病者的同情關懷，仍處在嬰兒階段。致力獻身此業且勇敢的前人，例如：Philippe Pinel 和 Esquirol，打破了被惡魔入侵以及採用監禁作為治療方式的迷思，但當時對於任何一種主要精神疾病的病因，絲毫無法得知。大部分精神病療養院仍是充滿無知與害怕，令人感到恐懼的地方。

如果我們想在這些療養院的走廊散步，我們可能會遭受沒被禁錮的精神病人的騷擾攻擊。特別是，如果這個病房充滿單一一種形式且現今很少看到的精神病人。事實上，在我從事精神科醫師的職業生涯中，我從不需要治療這種特定的精神疾病。若身為巴黎精神病療養院的醫師，幫助這樣的病人應該會是我每日的專注焦點。

這些病人幾乎都是中年晚期的人，他們經常顯現智力功能下降的情況，即是一種我們現在了解的老人痴呆疾病。此外，他們還出現一大群更典型的精神疾病徵候——十分類似今日有精神分裂病腦部疾病病人之症狀的徵候。這些病人有許多奇異的不合理思考型態和奇特的看待世界的觀點。活生生的幻覺會惡意而規律性地折磨他們。當他們走在療養院冰冷而潮濕的走廊上，他們會認為自己和拿破崙的雄偉一樣熾熱，或和他被迫害的痛苦一樣感到驚嚇。大部分的病人在外觀上並非如此戲劇化，但所有病人最後都因為老人痴呆和／或疾病中的精神病歷程而被打垮。

在當時，精神病學和心理學有各種關於導致此種症候群的歸因。對偏好將精神疾病視為外在壓力所導致的想法之理論家而言，很容易去指認當時極度的社會不公平現象——貧窮、債務人監獄、飢餓、犯罪與政治的不穩定。那些屈服於這種令人困惑的疾病的名人傳記中，似乎總有一些有關婚姻失敗、生涯瓦解、經濟災難或公眾羞辱的秘密軌跡，而這些事蹟的衝擊被證明太過強烈，以至於驅使這些名人趨近瘋狂的邊緣。

另一方面，那些偏好心理學病因解釋的理論家有另一組不同的惡魔名單——在 Charles Darwin 和實證主義哲學家筆下加工的宗教疑問，潛意識的陰謀，失去上帝或發現上帝，面對失敗，或同樣令人感到害怕的面對成功，此外也有心理的混亂多少是由於月亮潮汐或束腹綁太緊所產生的說法。儘管充斥著多種理論，但其中有個一致的意見，即可怕的外在壓力源或致命性的心理失敗感是打垮人們、使他們退化至原始自己的精神病性模仿狀態的必要因素。

然而，這些社會或心理的理論都錯了。這些病人的不合理想法、誇大的妄想，和奇異的知覺絕對和壓力或心理衝突無關，而是和腦部受損和它的生理病理現象有關。奇怪的是，產生這些奇異妄想和痴呆的腦部受損現象，是一大群微小動物的傑作。

問題中的動物，梅毒螺旋體（Treponema pallidum），是一種身體細長、末端尖細，由 6 到 14 個螺旋體組成的精緻有機物。牠們是一種微生物，長度 6 到 15 微米，寬度只有 0.2 微米。牠們在性活動時進入人體，這是第三期梅毒，或者說是腦部的梅毒，會直接導致 19 世紀充斥歐洲療養院病人的怪異行為和想法。每種症狀，每個特定妄想，每組不合理想法都是神經性梅毒造成的結果。

通常，這些病人開始顯現神經性梅毒全面性麻痺不全症狀（也稱為general paresis）之前，會經歷正常的二十年生活，因為對這種微生物而言，通常要耗費這麼長的時間才會入侵到人腦組織。當神經細胞被破壞，生理病理現象就開始發生，腦部精緻的分子平衡喪失，腦部的屏障也是。因此不容置疑的，生理病理現象會直接產生奇異想法、不合理邏輯推理或甚至幻覺。

我們的第一個問題已經回答了，神經生理病理會直接導致重大的精神病症狀，甚至特定的想法，例如：誇大或被迫害的妄想。在回顧中，此種現象似乎非常明顯，因為它持續被日常生活經驗所驗證。任何在城市急診室工作的人都可以證實這種直接的改變，這是當腦部化學被古柯鹼或天使塵干擾時所發生的想法和知覺改變。長期使用安非他命（speed）會產生被迫害妄想，這種被迫害妄想和精神分裂病中所發現的症狀，基本上無法區辨。人類的整體人格可能因生理病理現象而改變，因為任何看過因罹患阿茲海默症或腦額葉癌症而人格退化之病人的人，都可以證明這個事實。像梅毒螺旋體一樣，阿茲海默症和腦部癌症會破壞神經結構的精緻細部建構。今日，我們已詳知腦部的生物化學異常會直接導致一些例如：精神分裂病和雙極性疾患等疾病，因而產生奇怪的想法和具破壞性的情緒狀態。

❖腦部的角色：第二個問題

當我們的腦部運作時，它真的可以產生自殺想法嗎？附帶的問題是：運作的腦組織會加強或增加原本被外在壓力源／或內在衝突引發的自殺意念的頻率？要回答這些問題，可以先看下列兩個案例所提供的，引人注目的線索。

Steve：個案研究

1980 年代早期的某一個深夜，在賓州匹茲堡東南方的一個鋼鐵工業小鎮上，鄰近小醫院的一個單調的旅館房間中，我被一位危機處理臨床工作者的電話吵醒，那時我是當地急診室的夜間兼差人員。時鐘上顯示著凌晨 1:00，顯然是到了我工作的時間。那位病人，名叫 Steve，是一位約莫 35 歲的年輕男子，外表看起來身體狀況良好。他穿著一件紅色格子襯衫，以及舊的藍色牛仔褲，他的頭髮有一點蓬亂不整，這和一週無法得到良好休息的夜晚有關。當我和 Steve 一起坐下來時，他的眼神看起來很憂慮和困惑。

危機處理工作者做了評估並且擔心病人有自殺的可能性，但她也補充：「這裡有地方很奇怪，不知道什麼事不太對勁。」聽到有自殺意念的狀況時，我粗率地假設 Jackson 先生處於憂鬱狀態。以下是我們的對話：

Shea 醫師：Jackson 先生，我從危機處理工作人員的留言得知你感到憂鬱，是這樣嗎？

Jackson 先生：她是那樣寫的嗎？（皺著眉頭）

Shea 醫師：嗯，不完全是，她寫著你有自殺意念。

Jackson 先生：（肯定地點頭）是，我是這樣說，我想要自殺，但我沒有憂鬱。

Shea 醫師：你的意思是什麼呢？

Jackson 先生：醫師，你不會相信這個，我並沒有發瘋。我不知道，也許我是。（停頓）我有一個良好生活，有一位好太太，兩個好小孩，我是一個幸運的人。在 Bethlehem 關廠之後，我得到了一個好工作。我沒有理由憂鬱（停頓），而且我也不憂鬱。這就是這麼令人感到奇怪的地方。

Shea 醫師：你的奇怪指的是什麼？

Jackson 先生：大約一個月以前，我開始出現想殺害自己的想法，這很奇怪，我沒有什麼理由會想殺害自己。但我就是有這種想法（停頓），這是很嚇人的想法，黑暗的想法。

Shea 醫師：你想過用什麼方法嗎？

Jackson先生：我不確定，用槍射殺自己，或吃藥，我通常不太想方法，但這些念頭愈來愈嚴重，我不知道該怎麼辦，這真的很奇怪。你可以問我的太太，她和我一起來，我不曾這樣過。

我自然地進行一次謹慎的自殺衡鑑，同時也小心探索憂鬱的神經心理症狀和非典型症狀。有時人們不會自覺自己憂鬱，因為他們不習慣用這樣的標籤來標示自己，或他們擔心這樣的標籤會被認為承認自己軟弱或被打敗。當我進行訪談時，就如同 Alice 進入夢遊仙境一樣，事情變得愈來愈奇怪。Jackson 先生有一些憂鬱的症狀，他的睡眠變得容易驚醒，他的專注力和體力逐漸地消退，但這些憂鬱的症狀似乎都直接和他對無預期發生且無法解釋的自殺意念感到憂慮有關。

我懷疑他是否正發展出某種形式的強迫性疾患。然而，在進一步的探詢之後，我排除了這樣的懷疑，他並沒有顯示與強迫性疾患有關的明顯現象。最令人感到困惑不解的是他自己的疑惑，它是那麼真實，那麼強烈，以至於令他感到很困擾。當我試著完成他的醫療紀錄時，我們的對話又繼續了：

Shea 醫師：Jackson 先生，你先前說過你像馬一樣壯，你現在有因為任何醫療問題而服用藥物嗎？

Jackson 先生：不可能（反射性停頓）。

Shea 醫師：你確定？

Jackson 先生：嗯，我有服用一些東西，但不是因為我有慢性或任何醫療問題。

Shea 醫師：你在服用什麼藥物呢？你記得它們的名稱嗎？

Jackson 先生：我想它叫做 Amanarine 或類似名稱之類的。

Shea 醫師：Amantadine。

Jackson 先生：是，就是這一種。

Shea 醫師：你記得你是因為什麼原因而服用 Amantadine？

Jackson 先生：我的醫師認為它可能可以預防流行性感冒。

Shea 醫師：是，它有時候會這樣用（停頓），你何時開始服用？

Jackson 先生：大約兩個月以前，你認為那可能和我現在這種情況有關（帶著一種抱持希望但懷疑的眼神）？

Shea 醫師：不完全是，但我會查一查，看看它是否和憂鬱有關，我離開一下就回來。

Amantadine更常被用來幫助減輕帕金森氏症的可怕僵直狀況，而不是抑制流感病毒。它在這方面的特性對許多人有相當大的幫助。我懷疑它就是問題所在，但還需要檢驗，我回到護理站翻閱美國大藥典（Physician's Desk Reference, PDR）。當我瀏覽 Amantadine 的副作用時，有個用語吸引了我的注意。它被列在神經精神症狀副作用表單的最後一部分，尚未被承認，也許因為它很少見。當我回到診療室，我告訴 Steve 六個字：「停用 Amantadine，從今晚。」

如果你今日從 PDR 查閱 Amantadine，你會發現在副作用的粗體標題下有一個警告，這個警告比那晚我查閱完回去告訴 Steve 的還要明顯清楚。毫無疑問這反映它這些年以來不斷重複出現的事實：

自殺企圖：自殺企圖——其中有些具有致命性，已經在服用 Symmetrel（Amantadine）治療的病人身上出現過，其中有許多人是用來接受短期流感治療或預防。因而導致的自殺企圖發生率未知，病理的機制也不清楚。自殺企圖和自殺意念在曾有或無精神疾病病史的病人身上都有報導。[16]

就像許多的藥物一樣，在相當罕見的情況下，Amantadine會引發憂鬱狀態，但那種憂鬱狀態並非這個警告的主題。這個警告並非陳述 Amantadine 會導致憂鬱狀態，並因而使病人發生自殺意念。它陳述的是 Amantadine 本身就會導致自殺意念，只是我們不知道為什麼。我們第二個問題的答案——腦部可能產生自殺意念嗎？——是絕對肯定的。就像是一群螺旋原蟲會讓感染神經性梅毒的病人，產生一種特定的被迫害妄想一樣，在相當罕見的情況下，Amantadine 也會藉由生物化學作用引發循環，告訴一個人結束他或她自己的生命。

藉由 Amantadine 的例子，我們了解到外來的物質被攝入身體以後，如何影響腦部偶然導致病理現象。這個特別的異常現象以某種方式誘發了自殺意念。就某些觀點而言，這個消息並不令人感到過度驚訝。在因螺旋原蟲而導致一般性癱瘓的病人身上常可見到自殺意念的發生，而LSD，另一種外因性物質，被證明會導致不曾有過自殺想法的病人產生自殺意念。

另一方面，Amantadine引發的這個現象，引發了另一個令人縈繞心頭的問題：如果外因性物質會引發自殺意念，內因性物質是否也可能會引發自殺意念？換個說法，有沒有可能一些像是生物性憂鬱疾病所發生的神經元激發狀態，會直接導致自殺意念的產生？在本例中，自殺意念應該不是憂鬱症狀嚴重侵害所引發的心理反應，而是憂鬱症的單獨症狀，直接因生物化學功能失常而產生，而不一定與環境壓力或心理衝突有關。

PAT：第二個個案研究

在我於急診室處理 Jackson 先生的經驗後數年，我在西部精神醫學機構與診所完成我的住院醫師實習，並且成為那裡的正式職員。下午 3:

00，我正準備要去看我的門診病人之一，她是我治療多年的病人，Pat。她，對抗憂鬱劑和合併認知與心理動力的心理治療有良好的反應。

Pat是一位討人喜歡的中年婦女。她有一種貶低自己重要性的風格，這對她自己真的很不公平，不過這扮演了一種防衛性的避難所，讓她免於出現對他人的被動性怒火，包括她的丈夫和她的小孩。過去數年來，她被一場伴隨自殺意念的重度憂鬱症所侵襲。她當時住院住了幾個月，住院的臨床工作者沒有足夠時間找到適合她的抗憂鬱劑，他們試了六種藥劑，全都無效。到最後第七種，很幸運地成功了。Pat對Parnate反應良好，那是一種屬於單胺氧化脢抑制劑的抗憂鬱劑。結果很令人震驚，Pat 有了新生活，那是一個沒有自殺意念的生活。

我是她的門診心理治療師，以及服用Parnate的觀察者。Pat接下來一年半的治療反應相當良好，她大約有將近七個月的時間沒有顯現任何憂鬱症狀。她熱切地想嘗試不用藥的階段，而我同意了。我們都希望Parnate（SmithKline Beecham[3]）能以某種方式產生延續效果，影響她腦部生產和處理神經傳導物質血清素（Serotonin）的方式，這種神經傳導物質在處於憂鬱狀態的病人身上常是低落的。

停止用藥以後，良好的情況大約持續了四個月左右。然後有一天，Pat 帶著一臉苦惱的表情進入我的辦公室，我大約有數個星期不曾看過她。憂鬱的症狀又再回來了，她甚至經歷一些早期的自殺意念。令我感到好奇的是，在聽她說明幾分鐘之後，我就可以辨別她逐漸變得憂鬱，一些舊的扭曲認知，例如：過度類化，又回來了。她重新開始 Parnate 的治療，憂鬱在三個星期之後完全消失，甚至她的扭曲認知也是，就好像是按了一個開關一樣。她的生物化學機制和扭曲認知產生之間的連結深深吸引我的注意。我們確認沒有任何事情改變，不論是她生活中的壓力或者是心理治療本身。

大約一年以後，我們再次嘗試停止藥物治療，希望高功能狀態持續數月之後，Parnate 已經造成她腦部生物化學的固定改變，並且使她腦部的生物化學平衡回歸正常。我們有很高的希望，因為那一年的狀況很好。

這一次，Pat停止服用Parnate已經有將近五個月的時間，當她進入我的辦公室時，我看到一個苦惱的笑容：

Pat：嗯，它又開始了。

Shea醫師：我很遺憾聽到這個消息。

Pat：我也是。它一點也不糟，但我可以感覺它的存在。這不是什麼大不了的事。

Shea醫師：是，但它令人感到挫折（停頓）。你注意到什麼事嗎？

Pat：沒有很多，真的。但我覺得我的能量有一點變低。我的注意力開始下降，但我還沒有真正感到憂鬱，我真的沒有。我的心情仍維持在10分量尺中的8分，但它就是回來了，我可以感覺到（停頓）。那是很有趣的事情。

Shea醫師：你的意思是什麼呢？

Pat：我會有自殺的念頭。

Shea醫師：什麼？（有些吃驚地說）

Pat：喔，不用擔心（她笑著說），我不會傷害我自己。只是很奇怪，Shea 醫師，我真的一點也不感到憂鬱，但我也有相當強烈的自殺意念，會計畫諸如此類，那些想法就是發生了，就像是我很憂鬱以及住院時所發生的一樣。很詭異，但我不會那麼做，我也不想那麼做，但它就是在那裡，我想我們應該要再回來使用 Parnate。

Shea醫師：你不需要說服我（我們都笑了）。

值得注意的是，和我們第一次停用 Parnate 的情況類似，在這段期間沒有新的環境壓力源，也沒有新的心理衝突發生。事實上，當時 Pat 因認知治療甚至進展的更好。當我們恢復使用 Parnate 之後，在十天之內，所有自殺意念都消失了。嘿！就像魔法一樣。Pat因為用了Parnate而長期維持的相當良好。她腦部的生理病理現象直接引發會導致自殘的想法。

很有趣的是，有愈來愈多的科學證據支持這個臨床見解。其中特別值得注意的是，專注在神經傳導物血清素——分布在腦部神經元之間主要的傳訊分子物質之一，的各種研究。這種特定的神經傳導物質可藉由許多抗憂鬱劑的使用而增加，包括著名的藥物如：Prozac（Eli Lilly ④）、Paxil（SmithKline Beecham ⑤）和 Zoloft（Pfizer ⑥）。這三種藥物似乎全都會增加突觸間隙血清素量的存在。在血清素被釋放到突觸間隙之後，藉由藥物作用，它被回收回突觸前端細胞的速度會下降或相對被阻斷。

阻斷血清素被回收（因而間接增加血清素的濃度）和情緒改善之間的連結導致一些理論家提出觀點，認為憂鬱的發生，部分是因為憂鬱症病人腦部的血清素濃度太低所導致。

血清素被神經元利用之後，最終會代謝成5-hydroxyindoleacetic acid（5-HIAA）。這種代謝物會出現在病人的腦脊髓液中，如果在腦脊髓液中有愈高濃度的5-HIAA，代表有愈多的血清素被腦部代謝。因此，我們期望憂鬱的病人——被認為因血清素的量太少而無法運作的腦脊髓液中的5-HIAA濃度會較低，以反映其血清素量少的情況，而結果真如預期。更有趣的是，我們發現企圖自殺的憂鬱症人，腦脊髓液中的5-HIAA濃度更低。這種不尋常的低量，相對於非暴力型自殺方式如：服藥過量，更常出現在嘗試暴力型自殺方式，例如：上吊、淹死、槍殺、深度割傷自己的病人身上。[17, 18]

所有這些知識告訴我們什麼呢？我們除了感到驚奇之外，同時也對環境、內在認知功能，和生物學之間的互動關係有更深的了解。很可能神經傳導物質自發性的流量真的會導致或至少使個體容易產生某種形式的思考，例如：在憂鬱症的病人身上所看到的認知扭曲現象。依筆者所見，我們很確定生物化學功能失常會使某些個體產生自殺意念，如同我看到 Steve Jackson 和 Pat 的例子一樣。

不只是生物化學機制會影響認知，同時有愈來愈多的證據支持認知治療確實會改變腦部的生理現象。例如：目前的研究正說明，罹患嚴重強迫性疾患的病人經由正子電腦斷層攝影技術（Positron-emission tomography, PET）掃描所得到的腦部影像異常結果，在沒有使用藥物而單獨施用認知——行為心理治療的成功處置之後，消失無蹤。[19]

長期暴露在環境壓力之下，如果個體視它為嚴重的壓力，可能也會改變腦部的生物化學機制——這種情況可能會更嚴重。因此，我們可以推論 Elizabeth Siddal，在她死產之後，可能已經得到內生性的生物性憂鬱症，以及針對外在壓力反應性憂鬱症。這種生物性的憂鬱可能引發她的自殺意念或加強已經存在的自殺意念。這種惡性的憂鬱循環，可能又被憂鬱和自殺病人身上常見的嚴重認知扭曲發展傾向擴大，這種不適應的扭曲認知可能只是加深她的憂鬱和無望感。

本章所說明的三種致病因子，全都可能會產生自殺意念以及會在任何一個個體身上作用。例如：這三個因子可能全都在 Kurt Cobain 的死亡中扮演了重要角色，雖然 Cobain 是說明內在衝突／扭曲認知為自殺的主要致病因子的典型例子，事實上，生理因素也可能扮演一個角色；他長期藥物濫用的行為可能對他的憂鬱狀況產生影響，甚至可能引發內生性的生物性憂鬱症，更進一步擴大他自殺意念的強度。這些因子可能全都使 Cobain 更難處理圍繞在他周遭的無數壓力——持續成長的聲望、忙亂的旅遊和錄音要求，以及和妻子間的緊張關係。

總結是，理論上，腦部的生理病理現象可能會以下列五種方式增加自殺危險性：

1. 病人為了因應自主性發生的內生性憂鬱症所引起的嚴重憂鬱症狀，而發展出自殺意念（這可能是最常見的現象）。
2. 內生性憂鬱症的生理病理現象直接引發自殺意念（如：在 Pat 身上所看到的一樣）。
3. 外在壓力源或心理衝突／認知扭曲誘發生物性憂鬱症，因而增加主要由外在壓力源和／或心理衝突所引發的自殺意念的強度和／或頻率（如同在 Elizabeth Siddal 和 Kurt Cobain 的例子一樣）。
4. 外來的因素（例如：毒品、藥物或中毒）導致的生理病理現象引發憂鬱症，病人以發展自殺意念作為心理反應（這可視為 Elizabeth 長期使用鴉片酊的一個致病因素）。
5. 外來因素（例如：毒品、藥物治療或中毒）導致的生理病理現象直接引發自殺意念，或加強因外在壓力源和／或心理衝突導致的自殺意念（如同 Steve Jackson 使用 Amantadine 的現象）。

這五種概念導致一些實務性的臨床思考，永遠不要低估生物學在自殺的致病因子中所扮演的角色。我們總是比較容易看到產生自殺意念的假設性環境與心理因素，就好像對維多利亞時代的專家而言，總是比較容易對神經性梅毒所導致的瘋狂現象產生使人深信不疑卻無效的社會與心理致病推論。

就憂鬱症而言，很少有人可以完全確認生物學因子有無影響。如果你有位病人，他的自殺意念不只是自然瞬間發生的現象而已，我相信這個病人都應該評估是否需要使用抗憂鬱劑。即使有一個很清楚的壓力源，例如：小孩或配偶的去世，都沒有排除病人可能已經發展出，也許由這個嚴重壓力源所誘發的生物性憂鬱症的可能性。這種生物性憂鬱症可能會產生和／或加強病人的自殺意念。藉由有效使用抗憂鬱劑而使病人的血清素回到正常水準，臨床工作者可能會救了病人的生命。類似的觀點，任何有長期憂鬱現象的病人都可能轉介做生理檢查和甲狀腺功能評估。許多生理疾病可能顯現憂鬱或焦慮症狀，包括癌症和各種荷爾蒙的混亂現象。

儘管環境壓力源或認知扭曲二者都有明顯的改善，病人的生物學狀況仍然可能迫使病人走向自殺。這種可能性再度強調一個觀點：不論治療看起來進展得多好，都需要持續在每一次會談監控自殺意念，直到我們完全確定病人不再有任何一點自殺意念。

潛出大漩渦：結論

當Poe的故事主角陷入大漩渦中時，他處在一個滿是扯碎的帆布和桅杆斷成碎片的可怕世界，他一點也不懷疑一切都喪失了，死亡即在眼前，他如同那些變得強烈想自殺的人一樣無望。然後，在大漩渦的轟鳴中，Poe 的水手碰巧產生一種新的情緒：「它不是一種影響我的新恐懼，而是一個更令人興奮的希望曙光。這種希望部分源自記憶，部分源自對現在處境的觀察。」[20] 這位水手重新獲得作為一位問題解決者的渴望和能力。對此兩難困境的解決方法，來自他對某些特定形狀「漂流物」特性的記憶。他觀察到附近的一個木質酒桶通過大漩渦的泡沫水牆，然後把自己綑綁在它的身上，並因此而浮出水面上。

這正是我們的工作，幫助案主發現他的「漂浮酒桶」，和自殺的其他有創造力的替代方式。就像Poe故事中的主角一樣，我們案主的希望，部分來自他們記憶的運作。在本例中，它是喚醒過去的成功記憶，喚醒過去贏得大賭注的記憶。我們的功能是要去點燃這些記憶，指引病人朝向維持生命的掌控感，而這正是希望的種子。

如同Poe的主角一樣，希望的出現會帶給我們案主問題解決能力的復生。他們對舊問題發現新的解決方法——這些方法不只是較實際，而且最終比自殺耗費的代價更少。在最後的分析中，我們較不受Poe的主角陷入大漩渦一事所吸引，而較注意他努力要跳出大漩渦的行為。那個跳脫行為提醒我們，我們工作的奧秘。

註　釋

1. Poe, E.A.: Tales of Edgar Allan Poe. Franklin Center, Pennsylvania, The Franklin Library, 1974.
2. Daly, G.: ***Pre-Raphaelites in Love***. New York, Ticknor & Fields, 1989, pp. 100-101.
3. Weintraub, S.: ***Four Rossettis***. New York, Weybright and Talley, 1977, p. 117.
4. Weintraub, S., 1977, p. 117.
5. Weintraub, S., 1977, p. 121.
6. Weintraub, S., 1977, p. 122.
7. Fremon, C.: Love and death. In ***Suicide: Right or Wrong, 2nd Edition***, edited by J. Donnelly. Amherst, New York, Prometheus Books, 1998, p. 77.
8. Stokes, H.S.: The Life and Death of Yukio Mishima, ***Revised Edition***. The Noonday Press, 1995, pp.9-34.
9. Website [http://ourworld.compuserve.com/ homepages/gracefyr/greatone.htm], 1/13/98.
10. Beck, A.: Hopelessness and suicidal behavior. ***Journal of the American Medical Association*** 234: 1146-1149, 1975.
11. Chiles, J.A. and Strosahl, K.D.: ***The Suicial Patient: Principles of Assessment, Treatment, and Case Management***. Washington, DC, American Psychiatric Press, Inc., 1995, p. 60.
12. Frankl. V.W.: ***The Doctor and the Soul***. New York, Vintage Books, 1973.
13. Alvarez, A., 1971, p. 131.

14. Linehan, M.: ***Cognitive-Behavioral Treatment of Borderline Personality Disorder***. New York, Guilford Press, 1993.

15. Chiles, J.A. and Strosahl, K.D., 1995.

16. Physician's Desk Reference (PDR) 51st Edition: Montvale, New Jersey, Meducal Economics Company, Inc., 1997, p. 966.

17. Brown, G.L., Ebert, M.H., Boyer, P.F., et al: Aggression, Suicide and serotonin: Relationships to CSF amine metabolites. ***American Journal of Psychiatry*** 139: 741-746, 1982.

18. Traskman-Bendz, L., Alling, C., Oreland, L., et al: Prediction of suicidal behavior from biologic tests. ***Journal of Clinical Psychopharmacology*** (***supplement***) 12: 21s-26s, 1992.

19. Baxter, Jr., L.R.: Positron emission tomography studies of cerebral glucose metabolism in obsessive-compulsive disorder. ***Journal of Clinical Psychiatry*** (***supplement***) 55: 54-59, 1994.

20. Poe, E.A., 1974, p.40.

譯 註

①：此協會鼓勵繪畫應忠於自然。

②：三島由紀夫。

③：藥廠名。

④：藥廠名。

⑤：藥廠名。

⑥：藥廠名。

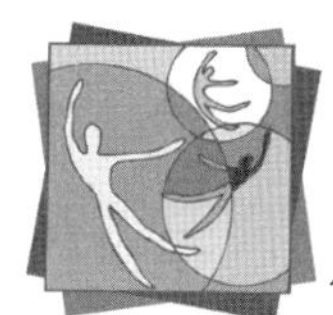

第三章
危險因子：死亡的徵兆

自殺的案例發生於各年齡層，甚至發生在兒童身上。我們看到它常常會遺傳到下一代，以及在不同的世代中會與其他形式的瘋狂交替出現。男性自殺的比例更常見，約是女性的三倍。最新和可信的統計數據似乎顯示它的發生頻率增加得相當驚人，可以說是一種成長率。

W. Griesinger, 醫學博士，柏林大學，1882年[1]

導　論

了解「危險因子」和「危機預測因子（risk predictors）」的區別很重要。危險因子是一大群嘗試自殺者的樣本特徵，它在統計上看起來比我們預期的更常發生。相對上，危機預測因子是對某個特定的個體而言，顯示他立即自殺的可能性特徵。危險因子通常包括人口學變項（例如：年齡或性別）、生活環境（例如：有重大壓力源的存在，或缺乏重要他人）、過去經驗的關聯（家庭成員曾自殺，案主過去有企圖自殺的經驗），以及臨床狀況（例如：急性酒精中毒或精神病的存在）。

我們一直希望危險因子，如果全部用來研究特定個體，也可以成為可信的危機預測因子，警告臨床工作者個體有立即自殺的危險，然而事實不是這麼一回事。沒有一個單一研究顯示危險因子的集合，可以正確的預測案主即將自殺的危險性。

有個案例可以說明這種兩難困境。我們用 SAD PERSONS SCALE[2] 來評量案主的危險性，那是我們本章稍後會用到的一個 10 點量尺的危險因子量表。它包含 10 個危險因子，每個因子的出現代表一點，個體的分數愈接近 10 點，被認為會自殺的危險性愈高。但這是真的嗎？

我們來看一個中年婦女的案例，她具有下列特徵：並不特別憂鬱，從未嘗試過自殺，不喝酒或使用毒品，有一個深愛的核心家庭（包括二位健康的雙親，三位摯愛的兄弟住在附近），一個好伴侶，沒有組織性的自殺計畫，以及沒有慢性疾病。SAD PERSONS SCALE 上的危險因子有 9 個是她沒有的，她的分數最高只有 1 點（如果她有最後一個危險因子）。使用這個量表，臨床工作者可能會評估案主的立即自殺危險性相當低。

在量表上的最後一個危險因子是精神病發作歷程的存在。我們假設的案主很不幸正處於產後精神病的痛苦中，她深信惡魔進入她女兒體內，並且無情地折磨她。這個她相信就是撒旦本身的主要惡魔之聲音，正分分秒秒地煩擾她。他滔滔不絕地騷擾著說：「妳必須為妳的罪惡付出代價。現在就殺了妳自己，不然我們會永遠地折磨妳女兒。」那位婦女找上臨床工作者並瘋狂地乞求：「請幫幫忙！你一定要阻止他們，我不能讓他們這麼對待她。你一定要阻止他們。」

很戲劇化地，我們的量尺無法成為我們的有效預測工具。這位案主雖然在 SAD PERSONS SCALE 的得分很低，但卻有著相當高的自殺危險性。我們最好對她做緊急住院的處理。

如果危險因子不一定是好的危機預測因子，人們可能會困惑為何我們還要研究這些因子。答案是因為，危險因子是用來警告臨床工作者，他們有理由懷疑案主「可能有」較高的自殺危險性，而不是真的有較高的危險性。這樣的情境時常需要臨床工作者不屈不撓地親近了解，它甚至可能代表最危險情境之一的信號，在這情境中，案主真的決定要殺死自己並且意圖要隱藏此種訊息。許多危險因子的存在也可能暗示應該和確認資料的來源做晤談。他們可以提供案主意圖自殺的樣貌，這結果顯然和案主的自我陳述所獲得的內容不同。簡言之，引出大量的危險因子可以同時觸發不像表面看起來一樣的分析式和直覺式的懷疑。

對危險因子的搜尋也提供了其他益處，有時，它可以提議一些詢問的特定方向。精神病發作歷程可能表示有十分特定的詢問方向的需要，例如：詢問是否有命令式的幻覺存在，這種情況在上述假設性中年婦女的案例中證明十分顯著。對危險因子持續詢問和個案概念形構還有一個實務功能：制約臨床工作者，讓他們對每位案主都會評量自殺危險性。像這樣的臨床習慣隨時間演進只會證明是有助益的，它會促成謹慎的自殺評估與推論，甚至當臨床工作者感到有壓力、疲倦、煩擾，或只是不當班時。

有兩個臨床案例研究可以指引我們的詢問，以形成一個危險因子分析，藉由這些研究，我們希望達到下述目標：

1. 介紹與自殺有關而常被引用的危險因子。
2. 示範特定的問題以有效地測出這些因子。
3. 針對特定的危險因子，示範使用專業的晤談技巧（例如：詢問精神病病人的問題）。
4. 依據特定危險因子存在或不存在，簡要介紹急性和慢性危機的形成。

案例一：Fredericks 先生

Fredericks先生，21歲的男子，在一個星期日下午約3:00左右，出現在急診室。他較喜歡被稱為「Jimmy」，而且很急著說：「我不是來掛急診的，我可以換個時間來，如果你很忙碌的話。我只是需要一些幫助來處理我的壓力，我真的很緊張。」Jimmy是一所有名望的大學的三年級生，在學校裡他獲得相當優異的成績，總平均3.8點。他正順利地朝向牙醫學校的生涯發展，同時也讓他的父母親感到很驕傲。

Jimmy 整個暑假都會待在學校。他正在附近的一家牙醫實驗室工作，努力增加他那已經非常超量的課外活動成就表單。他瘦削的身軀——經過苛求的慢跑計畫的鍛鍊而顯得健壯——穿著著淡紅色汗衫和百慕達運動短褲。他的頭髮微黑，剪得短短的，臉的膚色偏褐色，鬍子刮的很乾淨。他的臉所顯現出來的好奇比他所沒有顯現出來的還少。Jimmy的情感表達比較有限，雖然他嘗試擺脫羞怯但多少有些可愛的笑容，特別是當他有意識時。在晤談中這樣的時刻並非不常見。儘管他有優異的學業成就，但他並不出風頭，這也令他十分困擾。

他主要的抱怨是：「我只是太緊張了，我無法停止焦慮。我就是無法放鬆下來。」他把這種情況歸因於他高度的競爭特性。「它就好像有個人在我的腦袋，不斷催促我一樣，我總是覺得我不夠好，學期總成績達到92%等級並不足夠，我需要達到100%。」最後的一句話轉變成他的尷尬笑容。「我知道我不應該這樣說，這聽起來像是我正在恭維我自己，但這正是我的感受。」Jimmy停了一下，然後重複說：「我知道我不應該這樣說。」

他否認感到憂鬱，他幾乎沒有陳述憂鬱的神經性心理症狀，只除了睡眠困擾。睡眠問題的討論引發他另一個羞怯的笑容，他說他在一些即將來臨的考試前會服用一些提神性藥丸（pep pills）使他維持精神。「我知道這樣不對，我不會再這樣做了。」Jimmy想要取悅晤談者的需求十分明顯，晤談者幾乎感覺就好像他在聽懺悔一樣。晤談者進一步詢問只發現 Jimmy 有少量機會使用流行藥物。青少年對成癮性藥物的輕忽是惡名昭彰的，但任何人都會覺得Jimmy說的是實話，他拒絕使用酒精、LSD、快客、大麻，或任何其他街頭藥物。

當被問到他是否想要殺死自己時，Jimmy回應：「不完全是真的，但有時我感到想做它的壓力，但我知道這是錯的。」請他說明更詳細一點，Jimmy的笑容又出現了，並且迅速地改變話題。「我不會殺害我自己，那就是為什麼我會在這裡的原因。我想我需要治療，我有事情不對勁，生活不應該這麼有壓力的。你知道在一個星期天深夜，我仍然好像感到應該待在圖書館裡讀書，那樣是不對的。」

到了晤談快結束時，Jimmy很投入，並且對門診諮商的想法感到很自在。晤談者並沒有感到同樣自在，也許是因為檢查了 Jimmy 的一些危險因子，這可能可以解釋臨床工作者不自在的感覺。

Jimmy的性別和年齡與上升的自殺危機一致。就性別而言，男性自殺成功的機率是女性的三倍，另一方面，女性「企圖」自殺的次數是男性的三倍。[3] 也許男性「自殺效能」（suicide efficiency）的上升與他們選擇的自殺方法有關，男性更常選擇槍枝和其他更確保會死亡的激烈方法。

一般而言，關於老化的自殺危機，在兩性部分都會隨著年齡的增加而上升。在女性部分，自殺率的增加一直持續到中年為止，之後維持高峰。在男性部分，自殺率隨著年齡增加而陡峭上升，最高的機率出現在 70 歲以上的白人男性。但全部男性的自殺曲線因兩種趨勢型態而顯得複雜，第二個高峰出現在青少年晚期[4]，這個高峰期和 Jimmy 特別有關。

不幸的是，近幾年來，青少年企圖自殺的頻率顯著地上升，自殺現在成為青少年第三大死亡原因。雖然傳統上白人男性有最高的自殺率，但非裔美國人和美國原住民的青少年自殺增加趨勢一直令人很困擾。[5] 在 1952 和 1992 年期間，15 到 24 歲年齡組的自殺機率增加了三倍。[6] 據估計，每年約有驚人的 50 萬青少年和年輕成人作勢自殺或企圖自殺。[7] 此外，臨床工作者應該要謹記在心，即使年輕兒童比較不可能執行自殺，但他們還是會這麼做。如同第一章所提，這個事實藉由 1995 年 300 位 10 到 14 歲的兒童殺害自己的消息而說明的更透徹。[8]

Jimmy的年齡點還有另一個重要的危險因子：使用酒精和／或街頭藥物。他允許使用興奮劑的情況剛開始困擾他，同時暗示著他可能同時因為焦慮和睡眠問題而使用。但如果他說的是實話，他使用少量的安非他命不太可能成為他這種痛苦程度的原因。

長期的酒精濫用或其他藥物濫用是重要的危險因子，因為這些物質降低衝動控制能力或促使精神病歷程發作。但除了衝動控制力低之外，酒精看起來也會導致長期與自殺意念有關的問題。已經有人證明因酒精濫用而直接導致罹患慢性憂鬱症的人有顯著較高的比率採取嚴重的自殺行為。[9]

急性中毒的病人會在二方面顯現一種特別的問題，即因中毒而使病人容易產生自殺行為。第一，病人的衝動控制可能會顯著降低，第二，由於認知受損，病人可能會不小心做出自殺行為——例如：因為忘記傍晚先前已服過大量藥物，然後接著又再服用一些，像這樣的錯估可能會導致致命的服藥過量。因為這些危險狀況，即使長期進出急診室而有嚴重自殺意念的酒精濫用者，如果急性中毒時，都應該要仔細觀察，直到他們清醒為止。當酒精逐漸退掉，自殺意念常常就消失了，甚至可能不會被記得。

除了性別和年齡的意涵之外，Jimmy 還有其他部分更值得憂慮。晤談者有種接觸感受，覺得Jimmy某些地方看起來有點奇怪。他的情感表達受限，看起來特別緊張，以及表現出取悅晤談者的強烈需求。更令人困惑的是他提到「在我腦袋中的人」，他雖然把它描述成一個隱喻的例子，但幾乎聽起來是從經驗得來的感受。臨床工作者懷疑Jimmy有精神疾病，但他對沒有更詳細地探索精神病歷程感到很沮喪。

❖探索危險的精神病歷程

精神疾病應該被視為可能的主要自殺危險因素，因為理智的想法通常扮演自我毀滅的最後阻力。當臨床工作者懷疑有精神病歷程時，有三種可能驅使病人對自己（或他人，就此而言）使用暴力的三種困擾歷程應該要被仔細評估：⑴命令式的幻覺；⑵被外力控制的感覺；⑶宗教的執著。

命令式的幻覺是執行特定行為的聽覺指令，這樣的指令可能慫恿病人傷害他們自己或他人。在某些例子中，它們的存在應該會讓晤談者要求病人立即住院。因為精神病病人常常不會主動提及這些幻覺，因此臨床工作者需要主動詢問。

在詢問命令式幻覺時，有一些現象的考量值得臨床工作者注意。命令式的幻覺並非非黑即白的現象，即病人不是有就是無。命令式幻覺可能有各種形式，它們的定義性特徵包括：對病人造成的情緒衝擊、音量、頻率、時間長度、內容、敵意程度、病人被驅動而執行的程度。

命令式幻覺可能從不常出現，對病人幾乎沒有衝擊而相對無害的現象，到會不斷強烈灌輸想法給病人，以引發他的暴力行為的危險現象都有。有些罹患慢性精神病的人對他們的聲音已經很適應了，因而不太注意他們。這種程度的命令式幻覺可能不太需要關注。在連續光譜的另一端，命令式幻覺可能變得相當騷擾人，聲音大而不相容。在這樣的案例中，臨床工作者應總是要記得詢問病人他們的控制程度為何。有些病人可能會覺得無法抗拒溫和但堅持的聲音。這些強烈而不相容的命令式幻覺，一般都需要緊急住院處理。若要決定命令式幻覺的危險性，臨床工作者必須要花時間探索這些現象的變項。

多年以來，有許多報告聲稱命令式幻覺和自殺或暴力之間幾乎沒有或沒有統計相關。[10-14] 但再仔細一點研究這些報告，可以清楚看到沒有一個研究仔細分類與上述主要現象變項有關的幻覺。研究一般都是依據醫院的圖表，而它們的報告因無法分辨病人現象的細微差別而惡名昭彰。在本研究中，我們不清楚這些聲音是在危險性光譜的哪一端，因此，統計的分析很難解釋。

Junginger 在 1990 年發表的一篇研究報告使用直接訪談訪問最近有命令式幻覺的病人，[15] 雖然這個研究本質上不是前瞻性（prospective）的，結果卻值得注意。在 20 位有危險的命令式幻覺的病人中，有 8 位對它們做反應。這些結果和有經驗的臨床工作者的觀察比較一致。這份報告代表朝向命令式幻覺的嚴謹研究的第一步。

然而，直到今日，我還沒有看到一個前瞻性的研究小心地操作現象資料，讓資料適合統計分析。直到這樣的研究存在之前，臨床工作者都必須記得有些病人會對命令式幻覺做出激烈的反應。

和此情況類似而不相容的控制感，如：感覺被外在力量控制的現象，是第二個危險的精神病歷程，尤其如果這外在控制力量變得具有自殺或殺人的趨勢時。病人時時刻刻對抗這種可能會致命的趨力的現象，並非不常見。最常見而著名的外在控制力量是惡魔，但個人也可以感覺到一種邪惡的迫害圖像控制個人的心智。在我們現代的高科技社會，也常看到病人感覺被無線電波、人造衛星、電視名人和電腦等控制。

第三種重要考量是當病人表現出特定型態對宗教過度的執著。

這種類型主要圍繞在上帝希望病人執行某些行為以證明他或她對上帝的愛或執行一種贖罪的行為。這些行為可能包含自殺、殺人或自殘。如同前文所述，這樣的關注和命令式幻覺有關，除了源自一些圖像而最終擴展到上帝的指令以外。病人可能會覺得他們的信仰遭受考驗，他們可能將自己和亞伯拉罕比較，他在上帝的指示之下犧牲他唯一的兒子，以撒。這種「亞伯拉罕症候群」可以證明是有致命性的，有些病人可能會覺得撒旦逼迫他們走向暴力。

在這種情境之下，我對另一個青少男所做的晤談文字紀錄可以呈現奇異的宗教執著現象，它有時候可能是即將發生的危險的真實前兆。它也強調，面對這種宗教執著現象，如果案主看起來是精神疾病病人，臨床工作者應該要直接詢問。這個病人不幸罹患精神分裂病，他在一次自殺嘗試之後，來到我們急診室接受評估。

臨床工作者：Dan，你先前提到你感到有罪惡感，以及你需要做什麼以找回你自己。你指的是什麼呢？

病人：我是（停頓）我稱之為把我自己矯正回來。像我的右手（病人用他的左手摩擦他的右腕），我嘗試切斷我右手的血液循環。

臨床工作者：（指病人的右手）那是傷痕的原因嗎？它看起來是個舊傷痕。

病人：沒錯，我拿了一把牛排刀割下去。那時候我對自己感到生氣（停頓）。我也對《聖經》很有興趣，你知道，它裡面有提到：「如果你的右手讓你跌倒，就把它砍下丟掉。」我太照字面來讀了。

臨床工作者：你認為那代表什麼？

病人：我想它指的是實際切掉你的右手。

臨床工作者：所以你做了什麼？

病人：我把它割下去。我幾乎割到主要的韌帶或血管之類的。由於某種理由我並沒有割那麼深。

臨床工作者：謝天謝地。

病人：（病人同意地點頭）是啊。

臨床工作者：所以那是那傷痕的來由嗎？（指著手腕）

病人：是。

臨床工作者：所以當你割自己的手腕時，那是發生在什麼時候呢？Dan？

病人：發生在 1994 年，我想我那時候大約 15 歲。

臨床工作者：當你做那件事之前，你想到那個《聖經》章節已經多久了？

病人：我讀到那《聖經》章節時，我就割腕了，我並沒有等太久時間才做。

臨床工作者：從你讀到《聖經》的那句話，到你割腕，大概經過多久時間？

病人：嗯，大約一個月左右，我想。

臨床工作者：從你讀到那句話，到你實際割腕之前，大約花了一個月的時間。

病人：不，（停頓）我讀《聖經》的時候就割我自己的手腕了。我把《聖經》放在我養父的旅行汽車中。當我讀到一小節，就拿起牛排刀，那天當我再讀到那小節時，我就照上面說的做了。

臨床工作者：所以你之前有讀到那小節，但你後來又回來照做？

病人：是的。

臨床工作者：就在你割你自己之前的幾天，你曾想過那《聖經》章節嗎？

病人：沒有，不過我在想我的右手正在做什麼，我想停止它正在做的事情。

臨床工作者：那你的右手那時候在做什麼？

病人：（停頓）手淫。

這段摘錄強調一個事實，有些病人可能全神貫注於《聖經》中某些暗示暴力行動的章節，在本例中，促使病人嘗試自殘行為的《聖經》訓諭出自馬太福音第五章，29小節，其中眼睛好色的流轉被以相當絕對的手段對待：

> 所以如果我的右眼是我的罪惡來源，那麼就把它挖出來然後丟掉；因為對我而言，寧可失去我的一部分，也不叫我全部的身體下地獄。如果我的右手是我的罪惡來源，那麼就把它砍下丟掉，因為我寧可失去我身體的一部分，也不叫我全部的身體下地獄。[16]

當《聖經》章節被精神病思考模式像這樣地扭曲時，奇怪的自殘方法，例如：自我閹割和割掉舌頭，可能會發生。[17]如果發現過度專注宗教的現象，有些簡單的問題可以幫助我們發現危險性：「《聖經》當中是否有哪些部分對你而言特別重要？」或「《聖經》當中是否有哪些部分正引導你去做某些事情？」

雖然我們已經聚焦在某些精神病歷程會導致自我傷害的常見方法，很重要的是要記得對大多數有長期精神疾病的人而言，最危險的時候不是精神病急性發作期間。像有精神分裂病和分裂情感性疾患疾病的病人，企圖自殺較不是與精神病急性發作歷程有關，而更常是和毀滅性的心情低落有關——源自於多年的痛苦、挫折，以及

低自尊——由疾病歷程本身所引發的。[18-20]

精神分裂病洗劫病人的靈魂，剝奪個體追求我們所有人嚮往的夢想的機會。即使對最勇敢的人們而言，失去內在控制感的主要痛苦，和隨後生命意義的喪失都被證明令人難以承受。當罹患精神分裂病的人知覺到自己被破壞的很無望，他們活下去的理由會逐漸地消逝。有人認為有下述特質的病人可能最危險：年輕、長期復發、好的教育背景、高度表現期望、覺察疾病存在的痛苦、害怕心智進一步的受損、自殺意念或威脅以及無望感。[21]

另一種尚未被討論到的精神病發作歷程，譫妄，是最常遭遇的精神病狀態之一。譫妄狀態，不論是由街頭藥物、治療藥物或代謝不平衡所引發，可能會促使感覺中樞嚴重受損或知覺混亂狀態。在這些知覺混亂和精神病發作期間，病人自我傷害的機率可能會增加。任何意識清醒程度的變動或注意力受損情形的存在，都需晤談者在晤談時小心注意，並比較詳細的檢查認知心智狀態以及仔細探詢是否有幻覺和妄想的存在。

個案一：新訊息

現在回到我們的個案研究，臨床工作者正考慮要重新和 Jimmy 晤談，努力蒐集任何有關精神病危險性的證據，他注意到有人正在晤談室，以看起來有活力又輕微生氣的樣子和 Jimmy 談話。訪者後來證明是 Jimmy 大學的室友，這是獲得一些新訊息的機會。

在 Jimmy 的同意下，晤談者訪問了這個室友。當晤談者開始說，「嗯，很高興看到 Jimmy 的朋友之一來陪他」時，室友很快地回答：「我不認為 Jimmy 有太多朋友。他有點怪胎（露出笑容），但是還不錯的怪胎，不要誤會我（停頓）。說老實話，我有一點擔心他。我想他把學校的事看得有點太嚴重了些，如果你知道我所指的是什麼。」

Jimmy 的室友繼續證實有關 Jimmy 傾向在圖書館待到很晚的自我報告。他補充 Jimmy 大約已有兩個月的時間看起來不像他自己。兩個月以前，他在政治科學測驗中得到 B-的分數，這是他進大學以來最低的分數。他似乎因這個分數而使身體變差，從此就變得不一樣了。晤談內容再重新建構後，如下所示：

臨床工作者：當你說他變得不太一樣，你指的是哪些方面？

室友：我不知道，有點……我不知道，他只是有點嚇到我。

臨床工作者：在哪方面？

室友：他晚上常起來，不是每個晚上，可能一個星期幾次。他真的有些焦躁不安，有時似乎有點生氣。他總是繞圈踱步，快讓我發瘋了。

臨床工作者：你還注意到什麼？

室友：沒有了。他只是需要冷靜下來，如此而已。

臨床工作者：當你說他有點嚇到你，你覺得他有做什麼奇怪的事嗎？

室友：沒什麼。

臨床工作者：任何事情都沒有嗎？

室友：我不想害他有什麼麻煩，我也不想讓你認為他瘋了或什麼之類的，因為他沒有，只是……（停頓）

臨床工作者：只是什麼？

室友：我覺得他和自己講許多話，有點奇怪。但我只聽到他對自己含糊地說話，就像他對自己生氣一樣。他沒有常這樣，只是有時候他會在晚上這樣做，而這是最讓我感到發毛的地方（停頓）。喔，對了，我想到還有其他奇怪的事情。大約一星期以前，當我們正在吃晚餐時，他問我是否相信惡魔。他看到我的表情之後，就改變話題然後笑一笑說，他也沒有。但那讓我覺得很怪異。

臨床工作者：Jimmy 的信仰很虔誠嗎？

室友：（搖頭否定）不是我知道的那種。

臨床工作者：你知道，有時候當人們壓力很大時，他們會想要殺害自己。Jimmy 有說過任何有關的事情嗎？

室友：沒有。如果他有，他也沒對我說。

臨床工作者：你提到他很生氣，他有說到什麼特定的人或提到傷害任何人嗎？

室友：Jimmy（看起來很懷疑）？不可能。

臨床工作者：你曾看過 Jimmy 傷害他自己或諸如此類的事嗎？

室友：不可能（停頓許久），嗯……

臨床工作者：你看起來好像想起什麼事情。

室友：嗯，你知道，是有某件事。

臨床工作者：那是什麼呢？

室友：幾星期以前，我在我們浴室看到一包剃刀。

臨床工作者：你會覺得奇怪嗎？

室友：是啊，因為我們兩個都用電動刮鬍刀。

證據很快被建立起來，看起來有某種精神病歷程正逐漸醞釀中。妄想和恐懼時常被病人視為非常私密的題材，也許 Jimmy 只是覺得在第一次晤談中和臨床工作者分享這些經驗細節會讓他覺得很不自在，誰知道呢？也許 Jimmy 願意讓他的室友接受訪談的開放意願是一種潛意識的希望，希望這些題材有部分能以某種方式浮上檯面。不管訊息如何獲得，我想的確是和 Jimmy 做第二次晤談的時候了。但在我們研讀摘錄之前，先看一下有關危險因子的新訊息的一些意涵，也許可以提供一些情報。

有關新獲得的訊息中，讓我們關心的是Jimmy的強烈焦慮。最近的研究認為，焦慮的增加，特別是緊急而強烈的情況，可能在衝動的自殺企圖中扮演一角。在住院部門有一些證據顯示，高度焦慮

和激動的病人比較容易殺害自己。[22]Jimmy 的焦慮可能和許多因素有關。故事初聽起來，像是一位成績衰退的大學生，因為被超我過度驅策而產生了典型焦慮，但從室友那裡獲得的訊息透露，可能有更值得憂慮的歷程在運作著。它的病因可能來自由其他事情所引發的強烈而廣泛性的焦慮。這種焦慮可以在恐慌性疾患或強迫性疾患中看到，可以在物質濫用／戒斷時看到，或更不幸地，在逐漸發展的精神病歷程中看到。依據進一步的詢問，Jimmy的室友否認Jimmy 使用藥物，只除了「在考試前一晚服用一種牌子少見的快克。他幾乎不使用街頭藥物，他很純潔，相信我。」

摘自實證來源的上述資料說明了一種重要原則，當評估有自殺可能性時，需訪談適切的朋友或家庭成員。在急診室情境中對安全性做一些決定前，和重要他人談話常常是很關鍵的。如果有一些關於安全的重要考量，它們的重要性會超越保密性原則。有時候，違背個人意願和其親人接觸是有必要的。在接觸前應該要先向督導或同事諮詢，以及要在病例上清楚說明選擇打破保密原則的理由，以及諮詢的角色。

一般而言，應該要問清楚他們是否曾見過任何暗示可能自殺的實證來源。在這種一般性的詢問之後，接著詢問如下述的特定問題會有助益：

他是否曾說過一些關於「死了比較好」的言論

他是否開玩笑地說過要殺死自己

有說過關於「事情很快就會變得比較好」的言論？

他是否可以拿到任何可能的武器，例如：槍枝或刀子？

他以前是否嘗試過傷害自己，即使像是太常服用一些藥物？

他曾看起來憂鬱或想哭嗎

他比平常花更多的時間獨處嗎？

這種類型的問法，除了決定致命性之外，臨床工作者正在尋找可以設定非自主性自殺行為標準的訊息。更明確地說，使用 New Hampshire 標準（因情境而異的標準），一個人可以核對是否病人已從事某些可能對自己或他人有危險的行為。這個標準也可以理解，如果病人表達想要傷害自己或他人的慾望，他是否會採取某些步驟（例如：買武器）去滿足他的慾望。Jimmy的室友並不知道這樣的行為，但對他購買刮鬍刀片感到小心、謹慎。我們不知道刮鬍刀片是否為了自我傷害目的而買（因此，採取自殺行動的線索尚未被發現），但獲得購買刮鬍刀片的訊息，讓我們再次和Jimmy晤談時，能有一扇比較強而有力的窗口。對青少年而言，最常見的自殺方法是槍殺，之後是落後還有一段距離的上吊。[23]

確認資料的晤談也讓人有機會衡量壓力源和社會支持。關於壓力，臨床工作者應該要了解一些情境，例如：失業、家庭混亂、被重要他人拒絕、生涯任務的意外改變或最近災難性的壓力。雖然在Jimmy最近的生活中，沒有典型的災難性壓力，但我們會懷疑是否考試分數低的衝擊，對這位相對脆弱的大學生的心理而言具有災難性的特性。

缺乏朋友、家人，或社會的支持，例如：教堂的組織，時常被視為一種危險因子，臨床工作者特別應該要搜尋最近失落的證據。

Fremouw、de Perczel和Ellis[24]在他們對自殺病人的評估與治療的實務教材中指出，一個比較驚人的自殺相關統計之一是與喪失配偶有關的危險機率上升。最高的危險機率是那些分離的伴侶，離婚的人有次高的危險率，配偶死亡的人再次之，從未結過婚的人又次之，有快樂婚姻的伴侶的危險性最低。

有關社會孤立的危險因子，是我們考量Jimmy危險性的原因之一。他的室友描繪了一個更常處在家裡，以及伴隨圖書館的靜默而非朋友的信賴陪伴的孤立影像。在社交史部分，Jimmy提到他從未約會過。他是父母唯一的小孩，卻疏離愛他但過度專制的父母，Jimmy上東岸的大學，而父母住在加州一點也不是巧合。如果急診室臨床工作者決定讓一位暫時性的病人回家，而病人也同意隔天再回來做評估，評估可立即獲得的支持品質就特別重要。如果朋友和家庭成員可以和病人待在一起直到預約的時間，那這個計畫可能會比較可行。

在這樣的案例中，讓家庭成員徹底了解不能讓病人獨處很重要。我通常會發現和病人與家屬一起開放地討論自殺的想法以及設計安全計畫，對預防自殺會有助益。這樣的方法可以教導病人，和他或她的家庭成員坦誠地討論自殺意念是安全與適當的。沒有被談論的自殺意念可以證實是有致命性的。

雖然不是立即明顯，在自殺衡鑑中應總是考量另一種支持系統：心理健康系統本身的品質。考量內容包括：門診「等候名單」時間、二十四小時危機支持的可及性、危機支持團體的存在、可聯絡到的臨床工作者品質的真誠分析。並非所有的臨床工作者對幫助有明顯自殺意念的案主都會感到自在。像這種缺乏門診專業處理能力的情況，我們建議明智的做法，是讓被轉介來門診而多少顯得脆弱的病人短暫住院。Jimmy的專責照護中心就有良好的危機團隊以及由有天賦的臨床工作者所組成的持續性危機團體。

此刻，儘管我們對Jimmy是否有精神病歷程的懷疑增多，以及辨認出其他重要的危險因子，但我們還是不知道Jimmy的危險性有多高。我們需要記得他否認自殺意圖，雖然令人感到奇怪，但他缺乏執行自殺的線索。

如同先前所提，有時再次訪談病人會有助益，尤其是在急診室的環境中。藉由從實證來源所獲得的知識，以及初次晤談後建立的安全感導致投入的增加（基本上，案主不再是和陌生人對話），有時再次晤談的結果會相當令人驚訝。

在第二次和Jimmy接觸時，晤談者會更一致而努力地讓他的精神病意念顯現出來，同時也持續地傾聽執行自殺的可能觀點。在仔細理解學校壓力的主題後，臨床工作者決定再次談論Jimmy提及的「像有個人在我的腦袋的話題」，因為這些感覺可能是他的精神病歷程的外在顯像。如同我們在下列直接紀錄中所看到，這一次，Jimmy 顯得更樂意配合。

臨床工作者：你曾經提過有個人在你裡面之類的話，請再多告訴我一些有關那個部分，那像什麼？

病人：嗯，他一點也不喜歡我。不，他想到的是完全控制我的身體，那是他達到目的的方法。

臨床工作者：他用什麼方法來完全控制你？

病人：因為一旦我死掉（停頓），一旦我死掉，一旦我死掉我就不會有任何力氣對抗他。

臨床工作者：那然後可能會發生什麼事？

病人：然後他就完全接管了。

臨床工作者：那時候他能夠住在你體內嗎？

病人：是，不，嗯，我想他會再尋找他人，他會繼續，那是他的目標。除非他擁有我，他不會再喜歡我。你知道，他不會滿意，他喜歡挑戰。

臨床工作者：挑戰要接管，要勝過某人？

病人：是。

臨床工作者：現在當你談到這個人，你有給他取什麼名字嗎？

病人：沒有，我沒有給他取什麼名字（停頓）。我不叫他名字或任何稱呼。就只是一種感覺，全部就是這樣，就只是一種感覺。

臨床工作者：他已經在你身邊多久了？

病人：從我上大學開始，嗯，我覺得在中學時，他多少有出現。但自從我上大學以後，他才把我當成一個好目標。

臨床工作者：你說在中學時，他多少有出現，你第一次是在什麼時候懷疑可能有這個人？

病人：也許一旦當我知道我要上大學時。嗯，我知道我要去上大學，也許，我猜這發生在我高中的時候，當我正在填寫所有那些冗長的申請表時。

臨床工作者：那時發生什麼事？

病人：那可能是開始的時間，很難記得，很難記得正確的時間。這種情況不像我有或我沒有。但我感覺那可能是它開始發生的時間。

事實上，我們正進入一個奇怪的世界，也許最驚人的是在第二次晤談中，Jimmy顯著增加的開放性。在他腦中的那個「人」在討論時比較被當成是一個實體，而不是一種象徵。從新的晤談材料中看來，有時候，Jimmy 會間歇性地出現精神病狀態。當我們現在回憶他室友的話（但我注意到他會對自己含糊地說話，就像是對自己生氣一樣），我們知道在那對話中不是他自己，而是在他裡面的那個人。

經由一些熟練的晤談，即臨床工作者明智地決定執行確認資料來源的晤談，以及接著再對 Jimmy 進行訪談之後，Jimmy 心智狀態的比較正確輪廓逐漸伸展開來。在精確定位出精神病歷程後，晤談者現在要探測先前討論的精神病危險性的特定領域：外在控制、命令式幻覺，以及宗教執著。注意晤談者以非評價性及講求實際的態度來探討這材料的方法，證實是與 Jimmy 晤談的成功關鍵之一。

臨床工作者：實際而言，你曾感覺有外在力量在你身體內嗎？

病人：嗯，我的確感覺到這個東西，這個東西，我們稱它為一個東西，稱它為一個人，那個人，他不是人類。所以我感覺，我覺得像，他來自，嗯，我有信仰，我覺得他像來自地獄（輕聲地說）。

臨床工作者：像惡魔的感覺嗎？

病人：是。

臨床工作者：你知道在你腦中是哪個惡魔？

病人：不完全是個惡魔，不，是個惡魔，是。

（晤談者簡短地探索 Jimmy 對惡魔的觀點，然後接著如下所述，要努力進一步測定 Jimmy 實際的危險性。）

臨床工作者：對我而言，感覺有這種東西在你身體內聽起來像是很嚇人的經驗。

病人：嗯，的確是（停頓），我也替其他有這種感覺的人感到難過。

臨床工作者：你曾聽過他的聲音嗎？

病人：我實際不曾聽過。我不曾實際從我的耳朵聽到，但以某種方式我聽到了。

臨床工作者：當你有那種經驗時，當聽起來完全像是你正常的想法，或你很清楚知道有不同的事情發生，以及你正聽到他的聲音。

病人：那是一種感覺。聽起來像是我的想法，但他們有一點不同，我可以聽到他們。

臨床工作者：你如何聽到他們？

病人：他們似乎就來了（停頓，然後極輕聲地說，幾乎是低語），他們似乎就是來了。

臨床工作者：那聲音曾告訴你去傷害自己嗎？

病人：是，那就是他告訴我的。

臨床工作者：他究竟說了什麼？

病人：他說，他會發現另一個做這件事的方法，像是，他會說：「不要唸書，考試考壞一點。」這就是他的方法，說一些話來傷害我自己。一旦我考試考差了，他就比較容易跟我說話（停頓）。我很難不聽他說。

臨床工作者：如果你覺得你在某些方面失敗了，它會改變？

病人：我可以聽得比較大聲。

臨床工作者：他曾告訴你割傷你自己、服藥丸或任何類似的事？

病人：他告訴我一些，他也讓我有那種感覺。他多少會暗示，他會告訴我（停頓），他會告訴我。

臨床工作者：他會說什麼？

病人：他會說，「做就對了」，「做吧！」（停頓）他很嚇人。

臨床工作者：我相信他是。（病人微笑以及同意地點頭）

臨床工作者得體而有結構地引導 Jimmy 談論與自殺危險性有關的精神病議題成功了。室友對刮鬍刀片的反應現在看起來更加不祥。一個簡單的問題，例如：「Jimmy，我會想知道，如果要對聲音做回應的話，針對割傷自己的想法，你會用刮鬍刀片或刀子？」可以快速地發現非自願性自殺行為的徵兆。進一步的晤談可以幫助澄清 Jimmy 的立即危險性，但住院可能是需要的。

注意臨床工作者熟練地變換使用開放性和封閉性問話技巧。不論一位可能有精神疾病的病人何時感到不明確，對晤談者而言，試著藉由開放性問題進入病人的世界常常是有助益的。特別是如果病人對某一個主題顯示有強烈的情感。例如：當Jimmy開始描述它的聲音是：「那是一種感覺。聽起來像是我的想法，但他們有一點不同，我可以聽到他們。」晤談者接著問：「你如何聽到他們？」Jimmy帶著進一步背叛他隱藏的精神疾病的特殊情感回答：「他們

似乎就來了（停頓，然後極輕聲地說，幾乎是低語），他們似乎就是來了。」這種回答給臨床工作者一種幽靈的感覺，類似Jimmy回宿舍時給他室友的感覺。

另一方面，臨床工作者直接使用許多封閉性問題，當他企圖描述與 Jimmy 精神病歷程有關的危險性特定區域，這裡不允許有誤解。一連串的封閉性問題，以一種非評價性和真誠的好奇感接著問：「那聲音曾告訴你去傷害自己嗎？」「它究竟說了什麼？」和「他曾告訴你割傷你自己、服藥丸或任何類似的事？」當我們結束第一個案例討論時，對 Jimmy 的報告所強調的一些基本原則做回顧，可能是有價值的：

1. 只有相對量但重要的一群企圖自殺的人處於活躍的精神病狀態。
2. 任何精神疾病的證據都需要徹底評估致命性。
3. 命令式的幻覺、覺得被外在力量控制，以及宗教執著，是精神病歷程中特別危險的區域。這些區域如果沒被自動引發時，應該由晤談者主動地探測。
4. 最近的證據顯示許多精神分裂病病人的自殺是在憂鬱期，和／或強烈心情低落期發生，這是病人處於相對非精神病狀態時。
5. 人口學變項，例如：年齡、性別和婚姻狀態，可能是自殺的危險因子。
6. 最近的失落和不良的社會支持系統是自殺的重要危險因子。
7. 酒精、藥物或任何對中樞神經系統的生理入侵，如同在譫妄中所看到的，可能會增加自殺或他殺的可能性。
8. 當評估門診立即性支持系統時，臨床工作者應該仔細考量是否心理健康系統本身已經準備好提供適當的支持。
9. 確認資料來源訊息提供者可能會產生有價值的訊息。

10.臨床工作者不應該猶豫再次訪談案主。

案例二：Kelly Flannigan 太太

Kelly Flannigan 太太是一位有二位小孩的 40 歲中年婦女，她同時也是一家名為「晨間休憩」的咖啡店的負責人。她一度為平面藝術家，大約七年前，離開紐約市到新罕布夏的避暑勝地去過步調較為緩慢的生活之後，她轉為事業經營者。她今天出現在一個忙碌的社區心理健康中心做初始衡鑑，她二星期以前才從精神病房出院，主要因為過量服用 15 粒 Tylenol。

當醫院轉介她時，社工主任註明：「Kelly 是一個團體動物——提醒你，有點馬屁精——但只是團體動物而已，我們全都喜歡她，她只是被痛打一頓。我不是指被任何人，我指的是被生活和她的疾病痛打。她的先生也不完全是有魅力的人，我可以這樣告訴你。」

「Kell」，如同她喜歡被稱呼的，露出一個迷人的微笑。她那貓眼綠的眼睛，從不順從的紅色長髮下凝視外界。她有個可愛的能力，能使人覺得自己特殊，這個特質吸引了許多顧客在白天及晚上的時刻走上晨間休憩的階梯。咖啡店辦得很成功。她的多發性硬化症大約在四年前發作，伴隨著破壞性極大的憤怒。她的先生在二年前開始有外遇，頻率很困擾人。她的恐慌發作大約在一年前開始，而喝酒行為仍然持續。

她牽著 Jennie 和 Julie，她 8 歲和 12 歲的女兒，比預約時間遲到五分鐘。「很抱歉我帶著小孩，因為我小孩的保母休息。」她露出有一點靦腆的笑容，「抱歉，這樣可以嗎？」

雖然覺得她比住院前好很多，她仍然注意到自己十分憂鬱。她主訴許多憂鬱症的神經生理症狀。她嘗試放鬆地微笑，但做得很不好，有時候會語言含糊，不是因為酒精的緣故，而是因為她最近多發性硬化症惡化的殘餘症狀。

如同社工主任所表示，Kell 有種很難用言語說明的吸引人特質。這一天，她看起來疲倦，言語間點綴著憂鬱的嘆息，當討論到賣掉晨間休憩的必要性逼近時，她開始哭泣，只因為她不能維持一位有效經營者的步調。不像 Jimmy 一樣，她沒有精神病歷程的證據，她的智力和認知功能良好。

當被問到自殺時，她開放地討論她最近的自殺嘗試，強調「我不是真的想要自殺，你知道的，我阻止我自己，沒有其他人可以阻止我。」她否認在出院後有任何特定的自殺意念或計畫，只除了「有時候我希望我死掉，但我需要活下去。」

Kell引發一些不同於與Jimmy接觸的考量。首先，她表現出憂鬱的情感以及報告許多和DSM-Ⅳ重鬱症標準一致的憂鬱症狀。此外，她表現出多重的精神疾病診斷。除了她的憂鬱之外，她有恐慌性疾患，同時也被認為有達到酒精濫用的標準。如同一般人所預期，憂鬱症的存在是自殺的主要危險因子。除了憂鬱症的典型表徵之外，臨床工作者也必須牢記有非典型憂鬱症的可能性。

外顯的憂鬱也可能代表另一個問題更嚴重的主要診斷的次級反應，它的症狀可能是病人害怕難堪而猶豫說出口。對有強迫性疾患和創傷後壓力疾患的病人而言，常見他們隱藏表面看不見的症狀或問題，當他們在報告憂鬱的主訴時。有一個研究報告罹患強迫性疾患的病人在尋求幫助之前，經歷的時間平均約為 16 年。[25] 特別令人感到困擾的是我們理解到全美的自殺人數據估計約有 2%是患有強迫性疾患的病人。[26] 身體型疾患，例如：心因性疼痛症候群和慮病症（可能是強迫性疾患的變形）可能也會和憂鬱症共病。搜尋這種共病疾患是重要的，如果這些共病疾患沒有治療，它們可能會巨幅增加自殺危險性。

罹患嚴重的精神疾病，例如：重度憂鬱症，是唯一與自殺危險性的統計相關最明確者。如果要回應下述問題：「什麼是預測長期自殺可能性的最佳策略？」我時常會回答：「從一個好的診斷衡鑑開始。」回顧那些自殺成功的例子發現，有高達95%的自殺事件，包括青少年和成人，是發生在有精神困擾的人身上，[27] 其中以重度憂鬱症的人數最高，其後為酒癮、精神分裂病、雙極性疾患，以及有嚴重邊緣性人格疾病人。[28]

Kell的焦慮強度令人感到困擾，因為有愈來愈多的證據顯示經常經歷恐慌發作的人有較高的自殺危險性。如果恐慌發作和嚴重憂鬱伴隨發生，如同 Kell 的狀況，那麼我們就應該豎起「紅色的旗子」。在一個針對將近 1000 位情感性疾患的病人所做的研究中，Fawcett 發現有經歷到恐慌發作的憂鬱症病人報告的自殺率是其他病人的三倍，並且約占此研究第一年自殺率的三分之二。[29, 30] 其他研究也支持有恐慌發作的病人的自殺意念會增加，但這種情況是否確實會增加自殺企圖尚不明確。[31]

在第二章和Jimmy的案例討論中，我們談過壓力源和失落在自殺危險因素中的重要性。不像Jimmy，Kell有一些破壞力極大的壓力源：健康的失去、婚姻的惡化、有效工作能力的喪失（她發現自己語言的含糊不清特別困擾她，並且感覺它「讓我覺得像是喝醉酒一樣」）。在不久的將來，她即將面臨失去她的咖啡店。這個可怕的壓力源清單大大地增加她長期的自殺危險性。

嚴重而使人衰弱的疾病，例如：Kell的多發性硬化症，是與成功自殺最有關聯的因素之一。當有疾病導致行動力下降、身體外型受損、慢性疼痛，或功能喪失，如同我們在第二章中看到促使Bruno Bettelheim 採取自殺行為的所有失落類型，我們都應該特別注意。Kell的多發性硬化症顯著地改變她的生活，導致生活變動的輕度癱瘓、語言不清、尿失禁，以及嚴重的視覺問題。晤談者應該注意任何疾病對病人所造成的衝擊，其中病人預期發生無法逃避的功能喪失，以及令人害怕的死亡。像側索硬化症「Amyotrophic Lateral Sclerosis（Lou Gehrig's Disease）」、杭丁頓氏舞蹈症（Huntington's chorea）、 阿茲海默症、嚴重的糖尿病、嚴重而慢性的阻塞性肺部疾病（chronic obstructive pulmonary disease）和癱瘓等對某些個體而言，可能比他所能面對及所願意選擇接受的更令人痛苦。

病人的生理疾病和他根本的人格結構的互動也令人值得注意。有些人，當受到有破壞性的人格結構，例如：自戀型、戲劇型、邊緣型人格的限制，在面對和處理他們的疾病歷程時，會遇到極度的困難，而其他人很幸運地有比較成熟的因應技巧，因而對疾病的因應情況相對較佳。

依循上述概念，Leonard 描述了三種人格類型在遇到壓力時可能比較容易自殺。[32] 第一種類型是有控制性的人格。這些病人傾向於不斷地操控他們的環境。他們通常很難被驅使，以及覺得需要「在所有事情之上」。他們時常追尋權力和權威的角色。當這種人因為嚴重損害身體的疾病而突然失去控制力，他們可能藉由死亡而企圖逃避衝擊。

第二種有危險的人格類型特徵是依賴／對生活持不滿態度——一種患有邊緣性人格疾患、自戀性人格疾患和被動攻擊人格結構者常見的特質。這樣的人在他們清醒時，常惹惱一長串照顧他們的人。當最後一個人際支持來源終於關掉關心的大門時，這些人突然失去任何情緒支持的方法。自殺可能隱約成為唯一有用的選擇。

第三種容易導致自殺的人格類型是那些和重要他人發展出極度共生關係的人。這些人有高度的危險性，一旦他們的維持性支持者死亡或遺棄他們時。

所有這些例子再度強調第二章所談論的最重要的自殺標誌之一，自殺常代表一種人際現象。如同我們在Jimmy身上所看到，自殺危機的評估不只包含對指標案主的評估，同時包括對他周遭關係人的評估。有時候，如同Jimmy的情形一樣，可藉由使用確認資料的晤談來進行，當無法獲得實證來源時，晤談者就只能依賴病人所提供的訊息。在另一個案例中，對人際因子的詳細評估是有必要的。接下來我們來看一些與Kell的重建對話，可能可以對這些人際衡量的重要性提供一些洞察：

臨床工作者：妳曾提過妳覺得不會殺害自己，因為妳覺得妳必須活下去。我感到納悶是什麼強迫妳活下去。

Kell：（指著門）他們。

臨床工作者：妳的小孩？

Kell：當然。我不能這麼對他們。特別是Julie，她可能永遠無法復原，那一點都不公平。（停頓）我告訴你，如果他們不存在，我現在就會這樣做，那很簡單。

臨床工作者：妳先生呢？妳覺得他需要妳嗎？

Kell：（揚起她的眉毛並且微笑）讓我這樣告訴你好了，醫師，大約一個月以前，我轉向Kevin並且告訴他，如果我殺害自己的話，他可能會比他所想的更加感到難過。你知道他說了什麼？

臨床工作者：什麼呢？

Kell：沒說什麼（停頓），一點都沒說。他轉動眼睛，搖搖頭，然後走出房門（停頓）。喔，他趾高氣揚地離開前的確說了一些話。

臨床工作者：他說了什麼？

Kell：「妳真的瘋了。」

臨床工作者：就在那之後不久，妳嘗試自殺，是嗎？妳認為那次對話是誘因嗎？

Kell：我不知道（不停地搖頭）。你認為呢？

臨床工作者：我也不知道，妳現在只是看起來有點像在生氣以及感到沮喪，我可以理解為什麼會這樣。

Kell：嗯，我是，我真的是這樣，兩種情況都是（停頓）。你認為同時有這兩種感受是可以的嗎？

臨床工作者：當然是。

Kell：（非常輕微地上、下點頭）嗯。

臨床工作者：妳對未來有任何希望感嗎？

Kell：如果你指的是我是否看到讓我可以度過所有這些事情，以及幫助我的小孩在適度良好的童年中成長的希望？是，我會的，我必須如此，如果多發性硬化症沒有先殺掉我。但如果你指的是我看到我會再度快樂起來的希望，（停頓，然後在椅中向前傾）不可能，你、我都知道這種疾病會逐漸惡化，你、我都知道我可能最終會坐輪椅，或者比那更糟。我不認為那種景象會讓人有希望感，你認為有嗎？

這段中肯的對話說明評估病人是否會回到一個支持性或有敵意的環境的重要性。如果病人的家人和／或朋友提供一個關懷的周圍環境，這種情況對病人是有利的，但仍然可能會發生一個矛盾的問題，如果病人開始對「成為每個人的負擔」感到有罪惡感。毫無疑問 Kell 面對的是一個有敵意的環境，他先生的外遇以及尖酸的言論，暗示他在心理的感覺上已經離開家了，留下Kell獨自面對她逐漸增加的恐懼和失能感。一個人可以藉由下述問題，理解案主周遭的人際張力和她或他的自殺想法：

1. 如果你想要自殺，你認為那會如何影響你的家人？
2. 你認為你的配偶會有什麼感覺，如果你殺害自己？

3. 如果你殺害自己，你自己會對家人和小孩的責任有什麼想法？[33]

像這樣的問題可能可以幫助發現有關人際大漩渦或活下去理由的證據，例如：Kell想要照顧她小孩的需求。在較黑暗的一面，晤談者尋找線索，顯示一個假定的支持系統實際上希望案主死掉，臨床工作者對這一種死亡願望的辨認不是對潛在的支持系統的一種道德判斷，而是企圖看到在這樣一種環境中所可能造成的死亡交錯現象。對此種因素的輕忽錯失，可能代表晤談者容易招致危險的天真態度。在Kell的案例中，一個人會感到困惑，什麼樣的婚姻關係的破壞性會無法回復？就某種程度而言，Kevin Flannigan 想要離開嗎？

潛意識的死亡願望可能在家人對自殺做適當預防的散漫態度中展現出來。臨床工作者可能會發現先前心理健康專業人員的安全性建議，例如：拿走家中的槍枝，並未被家人遵守，另一方面，家人可能會抗拒讓有嚴重自殺危險的病人住院。從心理防衛機制的觀點來看，家庭成員可能由於否認或潛抑死亡願望而看到錯誤的樂觀景象。

另一個更令人困擾的狀況是，臨床工作者毫無疑問會遭遇一種真的有惡意的死亡願望。也許配偶長久以來一直拒絕離婚，或一個憔悴的重要他人一直無法報復。這些家庭成員，不論對或錯，可能會在意識上希望病人死掉。我們不知道有多少人，當他們遇到身邊擺放著空藥瓶而「睡著了」的家庭成員時，是等了數小時之後才尋求幫助。

我記得有一位我從急診室收入住院的病人，在我們進行晤談時，她的配偶對她大喊，「為什麼你不乾脆吃下那些該死的藥丸？事實上，我會把它們塞進你的喉嚨，相信我，我不會通知救難隊」。這種惡意的互動應被臨床工作者視為一種警告訊號。它可能意味著要求病人住院會是較恰當的處理方式，相對的，如果病人離院回到一個比較支持的環境，可能會十分安全。

具有敵意的環境的另一個問題是，案主可能會對家庭成員同樣感到生氣，由於想要報復，案主可能會殺害他們自己，希望因而「做給他們看，當我走時，他們會感到遺憾。」對這種問題的反應，例如：「你認為你的葬禮看起來會像什麼？」可能可以提供關於案主自殺動機的啟發性洞察。有些案主回答的方式可能類似「一旦他們了解到他們對我做了什麼，他們會受到強烈震撼」。一種類似的情況，有些作者視自殺為殺人的衝動轉而向內的結果——帶有諷刺意味而令人滿足的象徵式謀殺。[34]

另一種有經驗的衡鑑臨床工作者應該小心注意的生氣形式，可能在自殺行動發生時浮出檯面。自殺引發那些被遺忘的怒氣。在某些例子中，它是一種修正後的生氣形式，因為它們意味著被傷害。

讓我們暫時回到 Kurt Cobain 的自殺遺言（見第二章），我們就可以看到這種歷程。Cobain的信似以一種微妙的方式表達被動攻擊的味道，這在自殺的複雜情境中並非不常見。這種被動攻擊的暗流在信中的第一行，反常地，透過 Cobain 手寫而沉重而自我詆毀語文表露無疑。當我們重讀這些文字時——「從一位老練的呆子的口語來說，雖然他顯然寧願是一位柔弱而幼稚的被抱怨者」——顯然他的信中的自我詆毀是戲劇性，或者甚至可以認為是過度戲劇化的。它們讓重要他人沒有機會表達對他的怒氣，因為他已經把自己貶低到極致。事實上，他自我詆毀的告誡讓重要他人感到微妙的壓力，覺得無法去駁斥它們的真實性——這基本上讓他拉回平手。如果一個人對剛剛有意傷害他的某人感到生氣，要說一些比較慰藉的話，坦白說是令人討厭的，即使是在死後說。

更複雜一點的情況是，自殺行為加諸在自殺者親友身上，令人感到困擾的心理困境，一種需要獨自繼續和生活奮鬥的困境。有些倖存者所知覺讓他們感到困擾的狀況是，自殺的遺言充滿對活著的人的新要求。Cobain 對他妻子的死亡要求，「Courtney 為了 Frances，請繼續走下去」，是一種雙面的利刃。殘留的雙親之一，在單親角色和強烈哀傷的極度創傷之下，現在需要獨自面對生活的許多挑戰，而自殺的人已經跳脫這種情境。這種現象的極端是自殺者親友在辨認出這種怒氣時，時常還得為有這種感覺而感到罪惡。臨床工作者可以利用對此種情形的了解，大大地幫助自殺者親友處理因自殺者成功自殺所引發的情緒餘波。

對我們的目標而言，更重要的是對理解這些動力對危機評估本身有立即的幫助。同樣憤怒和背叛的感覺，在自殺行動失敗以後，時常在朋友和家庭成員身上發生，雖然程度比較輕微。事實上，重複企圖自殺可能引發在臨床工作者安全出院計畫中的重要他人，對病人產生不知不覺增長的怒氣。這個歷程在Kell和他先生之間正是如此進行著，如同我們所看到，他對她的隱藏性威脅——如果她自殺，他會比她所想的更加後悔——的反應：「你這該死的瘋子。」

與此種由憎恨引發的自殺動力有強烈對比的是，由憐憫所引發而同樣有力量的自殺動力。有些人為了幫助他人而殺害自己。如同在第二章所討論的，自殺可以帶給自殺者親友的釋放感愈明顯，晤談者就應該愈要謹慎注意。當病人知覺自殺是「我真的可以幫助家人的唯一方法，我的精神分裂病不斷地在迫害我們，我們無法負擔這些住院費用，同時我無法讓我的小孩看到我這個樣子，他們需要一個比較好的父親」，此種情況特別不利。

讓我們回到Kell的特定世界，有些指標顯示自殺危機較低。首先，Kell否認目前的無望感，儘管多少有點不具說服力。在第二章中，我提到 Aaron Beck 的研究建議無望感存在可能是一種不祥的徵兆。事實上，無望感隨著時間甚至可能比憂鬱情緒嚴重度成為更可信的致命性指標。從邏輯觀點來看，當病人看不到其他選擇時，自殺通常代表最後的選擇。[35] 甚至，無助感常伴隨著此種狀態的絕望。病人通常因為一種主要理由殺害自己——逃離看起來無法避免且無法承受的痛苦。

進一步詢問Kell發現她是一位虔誠的天主教徒，由於相信自殺是一種極大的罪惡，她認為它最終的結果是無止盡的詛咒。在此種想法下，宗教可能成為使她排除死亡選擇的主要意義架構。但我們會談的紀錄提供另一個窗口，讓我們看到Kell的另一個更有力量的意義架構，這個意義架構，依個人之見，代表她與活生生的世界的最強烈連結：她小孩的幸福。其他病人可能有不一樣的意義架構，例如：照顧年老的父、母親、社區計畫、宗教／精神上信念、愛國主義，或與特定次文化的連結，例如：自行車文化、運動，或戒癮匿名團體。臨床工作者在執行每一個自殺衡鑑時，都應該花部分時間尋找這種有力的制止物。

雖然和小孩連結常常代表一組有力的制止物，但它們也可能反常地發生危險的轉變，當案主開始覺得如果父、母親死掉的話，小孩可能會過得比較好。Kurt Cobain在他的自殺遺言中痛苦地陳述這種心情。下述問題可以幫忙檢視這種想法：「你預測你小孩的未來會如何，如果你真的去世的話？」

一種怪異而使人不安的偏執可能會以這種情況進入與小孩有關的想法中。自殺的父、母親可能會認為她或他的小孩在她自殺後會過得更加不好。例如：存活下來的雙親之一可能有酒癮和／或生理或性虐待小孩的歷史，並且這樣情況仍在進行中。自殺的父母可會思量在殺了她或他自己之前，帶走小孩的生命。這雖然很少見，但我們只要看報紙就可以發現這樣的悲劇。如果這樣的結果有可能發生，臨床工作者應該要直接詢問是否這樣的想法正在醞釀中。有許多敏感的詢問方法，例如：可能會被起訴的主題，如果有強烈怒氣存在，這種怒氣可作為一種管道，了解病人是否有暴力性衝動，而此種衝動接著會逐漸和拿走小孩生命的想法連結起來。以下是這些敏感性主題的可能順序：

案主：我是個徹底的失敗者，至少我先生是這樣說的。他無時無刻不這麼說。

臨床工作者：聽起來這些年你們兩個之間累積了許多憤怒。

案主：你最好相信它，我可以很肯定地說我痛恨這個虐待人的王八蛋。我死了以後他會感到後悔。

臨床工作者：你指的是你殺死自己以後？

案主：是，那就是我的意思（停頓）。也許我不會殺死自己，我不知道，我就是再也不知道了。

臨床工作者：在你對他這麼生氣的情形之下，你有想過要殺死他嗎？

案主：沒有，這樣我會在獄中老死。而且我的小孩會發生什麼事呢？誰要來照顧他們呢？

臨床工作者：在那種想法之下，你提過如果你自殺，你先生會有一些負面衝擊，你覺得那對你小孩的負面衝擊是什麼呢？

案主：（長時間的停頓）很可怕，（停頓）我無法想像那會是什麼情況。我無法想像留下她們和他一起的樣子。那是不對的，他是一個怪物，他真的是。

臨床工作者：可能和這種想法同樣困難的，你曾經想過，或腦中閃過，在你結束自己的生命之前先殺死你的小孩？

案主：（長時間的停頓，案主開始啜泣）我那樣想過，但它是很恐怖的想法。我真的不知該怎麼做了。我只想結束這所有一切。就這樣，結束。

臨床工作者：我相信對你而言那是一個相當痛苦的想法。我知道你很愛你的小孩，我確信那些想法來自你的痛苦，告訴我，如果你可以，你究竟曾想怎麼做這件事？

案主：（案主嘆氣）我很難說這件事，但我想過讓他們服藥，只是很短暫，幾星期以前（再次嘆息）。但那不是一個答案，我現在知道。

在某些時候，下列的詢問方式是有用的。臨床工作者可以直接問病人如何想像他或她自殺以後孩子的未來情形來開始討論。

案主：我先生永遠不會改變，他喜歡傷害我們，我們毫無未來，我現在了解自殺是我唯一的選擇。

臨床工作者：你提到「我們」，你認為你自殺後，小孩會發生什麼事呢？

案主：（長時間停頓）我真的不知道。沒有一樣好的。

臨床工作者：有時候，父、母親會考慮把小孩一起帶走。你想過這樣的想法嗎？

案主：有，的確有……那是很糟的想法，但我有。

臨床工作者：你想過要怎麼做嗎？

回到Kell這個案例，在她的報告中有另一種正向的訊息：她的臨床問題沒有突然改變，不論朝正向或負向。突然發生嚴重的失眠、煩亂，或顯著的激躁不安可能顯示病人正迅速地接近一種他們無法忍受的痛苦水準。另一方面，我們有時會聽到別人常引述的臨床觀察，在第二章一開始提過，臨床上無法預期的進展狀況可能會遮蔽不祥的結果。病人的平靜可能出現在他決定自殺之後，突然間，病人感覺到痛苦的結束是可預期的，有關病人生命的重大決定已經完成了。

另一個令人感到好奇的問題是，有些嚴重憂鬱的病人會在他們的病情開始有進展時有企圖自殺的傾向。在他們憂鬱的低潮時，較不可能發生自殺。這個發現可能與一個事實有關，即當他們開始進步時，他們重獲行動力和能量，雖然他們仍然遭受強烈憂鬱情緒。當臨床工作者面對最近剛服用抗憂鬱劑的病人時，應把這個事實牢記在心。

進一步的晤談讓我們發現 Kell 沒有最接近親友的自殺模仿對象，沒有朋友或家庭成員曾企圖自殺。家譜中的自殺軌跡應該受到關注，當案主看到他們和某位親愛的自殺親友有相似之處時，特別可能會產生危險性，如同下述反應：「是，我的姑母Jackie在她快30歲時自殺了，她是我最喜歡的姑母。我母親總因為我就是太像她而責罵我（停頓）。也許我是。」如同第二章所提，特別是對青少年，我們應該小心注意他們是否有自殺合約或模仿自殺行為，就在他們的同學或名人自殺之後。我們應該要例行地詢問青少年：「在你學校或朋友中是否有任何人曾企圖自殺？」如果新聞媒體專注在一位學生或名人的自殺，臨床工作者應該探討青少年病人對問題中特定自殺的想法。

從 Kell 的案例討論所摘要出來的議題可以再強調一些關鍵原則：

1. 醫學疾病，例如：嚴重的糖尿病、風濕性關節炎、多發性硬化症可能會增加自殺危險性，特別是如果它會導致行動喪失、身體缺陷、功能／生活失常或慢性疼痛。

2. 晤談者應該例行性搜尋無望感的證據，如果案主沒有自動提及，晤談者應該直接詢問。
3. 有敵意的人際環境可能會大幅增加自殺危機，有些病人的家屬和／或朋友可能有意或無意暗中破壞安全計畫。
4. 一種強烈的意義架構，例如：堅定持有的宗教信念或對小孩的承諾，可能可以降低危險性。臨床工作者應該直接詢問以發現這樣的信念。
5. 臨床狀況突然或非預期性的正向或負向改變，包含突然或非預期性的焦慮增加或減少，都可能代表危險性增加。
6. 一些建立在幫助他人或減少他人負擔的合理化藉口——「我死了，他們會過得比較好，老實說，他們會」——應該要謹慎評估。
7. 發現家人有自殺歷史，以及青少年之間的自殺模仿行為，臨床工作者應該主動深入檢查。
8. 自殺衡鑑應要包含主要精神疾病檢查，例如：重度憂鬱症、酒精／街頭藥物濫用、精神分裂病、分裂情感性疾患、雙極性疾患、強迫性疾患、創傷後壓力疾患、恐慌性疾患、嚴重的人格疾患，例如：邊緣性人格疾患。

統計和臨床的危險因子：迅速的摘要

當心理健康專業人員、物質濫用諮商員，或學校諮商員面臨時間限制、臨床要求和其他日常壓力時，有時很難記得上述討論的所有危險因子。有兩種由字母縮寫所組成的量表可以促進他們的回憶。SAD PERSONS 量表，由 Patterson、Dohn、Bird 和 Patterson[36] 所發展，是一個有用的相關危險因子檢核表。NO HOPE 量表，由筆者發展，[37] 更進一步強調需要詢問無望感和其他重要危險因子，以評估自殺可能性。

SAD PERSONS 量表	NO HOPE 量表
性別（**S**ex） 年齡（**A**ge） 憂鬱（**D**epression）	無意義架構（**N**o framework for meaning） 臨床狀況的外顯改變（**O**vert change in clinical condition）
先前自殺嘗試（**P**revious attempt） 酒精濫用（**E**thanol abuse） 喪失理性想法（**R**ational thought loss） 缺乏社會支持（**S**ocial supports lacking） 有組織的計畫（**O**rganized plan） 沒有伴侶（**N**o spouse） 生病（**S**ickness）	有敵意的人際環境（**H**ostile interpersonal environment） 最近出院（**O**ut of hospital recently） 前置人格因子（**P**redisposing personality factors） 有用死來幫助他人的藉口（**E**xcuses for dying to help others）

如果臨床工作者規律性地探索這些危險因子和本章所描述的其他因子的交錯現象，他們可以確信他們正在使用穩當可靠的知識基礎。此外，這些因子的大量存在應該增加臨床工作者對自殺可能性的懷疑。

當我們看到 Jimmy 和 Kell 所顯現的危險因子時，我們討論到它們有些涵義暗示有慢性的自殺危機。但下述的問題還是要留待處理其他像 Jimmy 和 Kell 的臨床工作者來回答：這些人的危險性有多急迫？他們需要住院嗎？

慢性和立即的自殺危機：致命性三元素

讓我們從 Kell 開始討論。也許顯示 Kell 沒有立即自殺危險的最重要指標是她否認目前的自殺意圖，以及沒有傷害自己的組織性計畫。她同時也表達出相當強烈的活下去理由——為了她的小孩 Jennie 和 Julie，她需要活下去。然而，Kell 還是有長期的自殺危機。這點說明了區分慢性自殺可能性與立即自殺可能性的有用性。如果一位病人在一段長時間之下有許多自殺危險因子，那位病人可能有慢性自殺危機，臨床工作者也需要定期檢查病人是否出現自殺意念。這是 Kell 的狀況，她有以下的危險因子：有重大精神疾病（重度憂鬱症、恐慌性疾患和酒精濫用）、許多重大生活壓力事件、功能喪失、使人衰弱的疾病（多發性硬化症）、無望感／心情低落的傾向、嘗試自殺的過去史、最近出院，以及可能實際代表有敵意環境的緊張婚姻關係。

但許多危險因子的存在，並不一定顯示有立即的自殺危險。經由案例顯示，儘管Kell有一長串的危險因子，她可能被認為安全而以門診病人來處理。因此，做衡鑑的臨床工作者所面臨的壓力問題是：什麼因素可能暗示 Kell 有比較立即的危險會嘗試自殺？

依個人之見，三種最有用的指標——致命三角——是：

1. 病人嘗試嚴重的自殺行為之後立即顯示出來的特性。
2. 病人表現危險的精神疾病症狀暗示有致命性。
3. 病人在晤談中分享自殺計畫或意圖，暗示她或他正嚴肅地計畫不久之後的自殺（或由實證來源提供訊息暗示有這樣的計畫）。

這三元素當中的任何一個出現，都應該提醒臨床工作者自殺可能即將來臨。在這樣的案例中，關於上述分類，臨床工作者應該強烈考慮住院，即使病人反對。依個人之見，三元素的最後一種元素，主要依賴臨床工作者的晤談技巧，是唯一最重要的自殺可能性指標。這個晤談歷程是如此重要，因此本書的第二部分完全用來探討它的微妙之處。

同時，當我們在理解致命性三元素的第一種元素時——病人在嘗試一次嚴重的自殺行動之後所立即呈現出來的——，某些觀點特別有臨床關聯性。首先，臨床工作者想要判斷所使用方法的可能危險性。衝動地吞下輕微過量的阿斯匹靈遠較槍殺自己或喝鹼液來得不危險。由了解特定藥物的致命程度以及有管道獲得它們的醫師所導致的服藥過量，遠較非醫師所做的同樣威脅行為更令人憂慮。

第二，臨床工作者希望評估是否病人看起來真的想死。換言之，病人是否有留下讓人搭救的餘地？晤談者應該尋找這些或類似的因子：病人是否選擇一種她或他可以輕易被人發現的「死亡地點」？病人是否選擇一種附近有求助支援的地點？病人是否留下有關自殺意念的任何線索，例如：可以輕易被發現的自殺遺言，以帶來協助？病人在嘗試自殺之後是否聯繫某人？[38] 這些問題的答案可以提供關於立即危險性的重要證據。這些問題的重要性將在第六章中進行更深入的探討。

請注意Kell缺乏致命性三元素的所有元素。雖然她最近有自殺嘗試，但情況並不嚴重。她吞了少量的藥丸，阻止自己，然後在企圖自殺後覺得後悔。在考慮三元素的第二和第三元素部分，Kell沒有證據顯示有精神疾病，她否認目前有自殺意念或意圖。她目前的安全性更進一步受到由她的小孩和宗教信仰所形成的強烈意義架構所支撐。儘管她有許多危險因子，Kell可能沒有立即的危險，雖然她還是需要緊密的追蹤。

Jimmy的狀況相當難以捉摸。他比較接近光譜的另一端——遠離慢性危機與趨近急性危機。他的危險因子包括他的青少年年紀、性別，從心理學觀點而言，考試「低分」對他而言，可能代表一種災難性壓力源。然而，令人感到好奇的是，和Kell相較之下，他似乎有更少的危險因子。他確實有較不強烈的壓力源，藉由任何絕對壓力客觀測量方法。不像Kell，他最近既沒有自殺嘗試行為也沒有住院，但他覺得比較危險。

是Jimmy具有的致命性三元素中的第二元素，精神疾病症狀，最令人感到困擾。而臨床工作者在詢問Jimmy的特定自殺想法或計畫時的不自然狀況，致命性三元素的第三元素，將危險的材料帶到表面來。更詳細的詢問關於他的自殺計畫和他禁止自己做這個行為的能力，對決定他的立即危險性是有必要的。例如：我們可能會發現刮鬍刀是為了自我傷害目的而購買。也許自殺態度真的已經產生了。進一步的訪談可能顯示Jimmy相較他剛開始晤談時，比較疏遠最近的自殺計畫。住院，即使是非自願，都可以證明對確保安全是有必要的。

在此種情形之下，Jimmy代表危險因子的數量並不一定能提供危險性的適切評估的例子。進入案主的部分內在世界，深埋自殺想法和意圖的最私密細節，是有需要的。正是這裡，在病人自殺計畫的具體世界，讓我們可以發現死亡的真實預兆。引發這種自殺意念的實務藝術將是第二部分的主題。

註 釋

1. Griesinger, W.: ***Mental Pathology and Therapeutics, 2nd Edition***, 1882 (from the series " The Classics of Psychiatry & Behavioral Sciences Library" edited by E. T. Carlson). Birmingham, Alabama, Gryphon Editions, Inc., 1990, p. 178.
2. Patterson, W.M., Dohn, H.H., Bird, J., and Patterson, G..: Evaluation of suicidal patients: The SAD PERSONs Scale. ***Psychosomatics*** 24: 343-349, 1983.
3. Patterson, W.M., 1983, 343-349.
4. Conwell, Y., and Duberstein, P.R.: Suicide among older people: A problem for primary care. ***Primary Psychiatry*** 3: 41-44, 1996.
5. Centers for Disease Control (Violence): Suicide in the United States, CDC Website, April 1999.
6. Hirschfeld, R.M.A.: Algorithms for the evaluation and treatment of suicidal patients. ***Primary Psychiatry*** 3: 26-29, 1996.
7. Husain, S.A.: Current perspectives on the role of psychosocial factors in adolescent suicide. ***Psychiatric Annals*** 20: 122-127, 1990.
8. Centers for Disease Control and Prevention: Suicide Deaths and Rates per 100,000 (based on 1995 statistics), CDC Website, April 1999.
9. Elliott, A.J., Pages, K.P., Russo, J., Wilson, L.G., and Roy-Byrne, P.P.: A Profile of medically serious suicide attempts. ***The Journal of Clinical Psychiatry*** 57: 567-571, 1996.
10. Roy, A.: Depression, attempted suicide, and suicide in patients with chronic schizophrenia. ***Psychiatric Clinics of North America*** 9: 193-206, 1986.

11. Wilkinson, G.., and Bacon, N.A.: A clinical and epidemiological survey of parasuicide in Edinburgh schizophrenics. ***Psychological Medicine*** 14: 899-912, 1984.

12. Breier, A., and Astrachan, B.M.: Characterization of schizophrenic patients who commit suicide. ***American Journal of Psychiatry*** 141: 206-209, 1984.

13. Drake, R.E.. Gates, C., Cotton, P.G., and Whitaker, A.: Suicide among schizophrenics: Who is at risk? ***The Journal of Nervous and Mental Disease*** 172: 613-617, 1984.

14. Hellerstein, D., Frosch, W., and Koenigsberg, H.W.: The clinical significance of command hallucinations. ***American Journal of Psychiatry*** 144 (2): 219221, 1987.

15. Junginger, J.: Predicting compliance with command hallucinations. ***American Journal of Psychiatry*** 147 (2): 245-247, 1990.

16. ***The Holy Bible, Revised Standard Version***. New York, Thomas Nelson, Inc., 1971.

17. Lion, J.R., and Conn, L.M.: Self-mutilation: Pathology and treatment. ***Psychiatric Annals*** 12: 782-787, 1982.

18. Roy, A., 1986, 193-206.

19. Drake, R.E. et al., 1984. pp. 613-617.

20. Amador, X.F., Friedman, J.H., Kasapis, C., Yale, S.A., Flaum, M. and Gorman, J.M.: Suicidal behavior in schizophrenia and its relationship to awareness of illness. ***American Journal of Psychiatry*** 153: 1185-1188, 1996.

21. Drake., R.E. et al., 1984, p.617.

22. Busch, K.A., Clark, D.C., Fawcett, J, and Kravitz, H.M.: Clinical features of inpatient suicide. ***Psychiatric Annals*** 23: 256-262, 1993.

23. Clark, D.C.: Suicidal behavior in childhood and adolescence: Recent studies and clinical implications. ***Psychiatric Annals*** 23: 271-283, 1993.

24. Fremouw, W.J., de Perczel, M., and Ellis, T.E.: ***Suicide Risk: Assessment and Response Guidelines***. New York, Pergamon Press, 1990.

25. Hollander, E., Kwon, J.H., Stein, D.J., Broatch, J., Rowland, C.T., and Himelein, C.A.: Obsessive-compulsive and spectrum disorders: Overview and quality of life issues. ***Journal of Clinical Psychiatry*** (***supplement 8***) 57: 3-6, 1996.

26. Dupont, R., Rice, D., Shiraki, S., et al.: Economic costs of obsessive-compulsive disorder. ***Pharmacoeconomics*** April: 102-109, 1995.

27. Callahan, J.: Blueprint for an adolescent suicidal crisis. ***Psychiatric Annals*** 23: 263-270, 1993.

28. Fawcett, J., Clark, D.C., and Busch, K.A.: Assessing and treating the patient at risk for suicide. ***Psychiatric Annals*** 23: 245-255, 1993.

29. Fawcett, J., Scheftner, W.A., Fogg, L., Clark, D.C., Young, M.A., Hedeker, D., and Gibbons, R.: Time-Related predictors of suicide in major affective disorder. ***American Journal of Psychiatry*** 147: 1189-1194.

30. Fawcett, J., Clark, D.C., et al., 1993, pp.247-249.

31. Cox, B.J., Direnfeld, D.M., Swinson, R.P., and Norton, G..P.: Suicidal ideation and suicide attempts in panic disorder and social phobia. ***American Journal of Psychiatry*** 151:882-887.

32. Fawcett, J.: Saving the suicidal patient-The state of the art. In Mood Disorders: ***The world's Major Public Health Problem***, edited by F. Ayd. Ayd Communication Publication, 1978.

33. Fremouw, W.J. et al., 1990, p. 44.

34. Everstine, D.S., and Everstine, L.: ***People in Crisis: Strategic Thera-***

peutic Interventions. New York, Brunner/Mazel, 1983.

35. Beck, A.: Hopelessness and suicidal behavior. ***Journal of the American Medical Association*** 234: 1146-1149, 1975.

36. Patterson, W.M. et al., 1983, pp. 343-349.

37. Shea, S.C.: ***Psychiatric Interviewing: The Art of Understanding***. Philadelphia, W.B. Saunders Company, 1988, p. 426.

38. Weisman, A.D., and Worden, J.M.: Risk-Rescue rating in suicide assessment. ***Archives of General Psychiatry*** 26: 553-560, 1972.

第二部分

揭開自殺意念：

原則、技術和策略

第四章

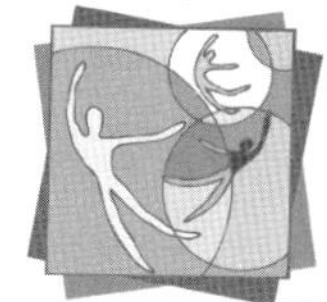

晤談開始前：克服談論自殺的禁忌

你所獲得的答案，端賴你所問的問題而定。

Thomas Kuhn[1]

第二部分的結構簡介

詢問案主，讓他開放的分享關於他自我傷害的最主要內在想法，是件難以進行的工作，在第二部分的三個章節中，我們將綜覽這部分的藝術。在第五章具效度的技巧（Validity Techniques），將檢視一些詢問的方法（methods of phrasing questions），幫助我們在探討任何較敏感的問題時，可以得到較真實且重要的訊息。第六章揭開自殺的意念（Uncovering Suicidal Intent），將介紹一個容易熟練的晤談策略，自殺事件的時間衡鑑法（CASE 法）來幫助探知自殺意念（suicidal ideation）。

第五章和第六章著重在直接、明確的詢問和問題了解。相對地，本章就是著重用較間接的方式來引出自殺意念，接下來我們也會探討一些常見的阻抗，這些現象可能會使治療者和案主進行下面兩章所談到的詢問和策略時，遇到阻礙。

迷思、阻抗、陷阱和障礙

在討論關於自殺的主題時，常有一些易造成混淆的因子需要注意，如：非語言的溝通、案主的抗拒、文化偏見和反移情；此外，普遍的迷思也可能產生陷阱。臨床工作者要有效的詢問有關自殺的問題，首先要能確定不論意識或潛意識兩部分都要詢問。如：Kuhn 在本章開頭引述所言，對於問題的回答，能反映真實狀態的程度常常有限。

第一個要提出的最重要迷思，就是有些人會擔心詢問自殺計畫（suicidal plans）將反而提供病人一些新的主意。首先，在我的了解及臨床經驗中，這個情形並未發生。當然我確實曾聽邊緣性人格違常者表示，這樣的詢問提供他新的想法（引發他產生自殺念頭），但事後這情形總被證實是他們企圖操弄、威脅晤談者。

此外，自殺的意念並不神秘，有關自殺的報導，在電影、電視、肥皂劇，及抒情歌曲等都常被提到。病人是需要被保護，並且要注意防範他自殺的。最後，可能是最重要的，自殺是極其困難去做的事，除了和晤談者討論自殺主題外，還需要更多的討論，以引導他們再次進行自我毀滅的決定。

心理學家平靜和實際的探討自殺想法，常是提供一個平台，讓病人長時間關於自殺的靜默，可以被打破。公開討論自殺的經驗，也許只是讓病人將它說出來，但出其不意地，自殺的意念不再是被隱藏的罪，而變成是個問題被解決。

❖ 案主的偏見和恐懼

在第一個迷思中，我們提到在探討案主自殺的內在世界時，並不必害怕這樣會給予他們更多自殺計畫的刺激。第二個迷思應該提到的就是，真實會自殺的病人將會發出暗示，也可叫「洩漏的迷思」（leakage myth）。這出自一個錯誤的信念，認為一個人若足夠痛苦到要殺害自己，可能透過語言或非語言的方式，散發出他們目前正身處在痛苦的證據，實際上雖然許多人會這麼做，但也有一些人並不會發出訊息。

在自殺的那天，自殺者的親人、同事，甚至治療者，都可能覺得他們看來不錯，他們有時會把自己呈現出很好的樣子，尤其是當他們覺得個人的內在世界是不可被接受或墮落時。有些較矛盾（ambivalent）的病人，他們可能會透漏一些自殺意圖，或坦白的提到他們有自殺的想法，給朋友或家人知道，但除非家人或朋友立即更進一步追問，否則這訊息會就此跑掉。自殺這主題在報紙及網站上算是很熱門的話題，但非常矛盾地，在一般生活中，許多人都避免談論，除非他有一些操弄傾向。

這樣的禁忌常是致命的障礙，對於為什麼我們的案主不能開放地回答有關自殺的問題是值得檢視的，其實這障礙可被有效的轉化，在我們的討論中將會發現，並非所有的障礙都是來自案主，治療者若不能問一些好問題或了解他們，或不懂得該詢問些什麼，也會產生障礙。接下來我們來檢視一些讓人抗拒分享自殺想法（suicidal thought）的因素：

1. 案主感受自殺是脆弱和羞愧的象徵。
2. 案主感受自殺是不道德或罪惡的。
3. 案主感受自殺的討論是嚴格的、禁忌的主題。
4. 案主擔心晤談者會把他當做瘋了。
5. 案主害怕若自殺的意念被允許或公開的話，會把他定住（locked up）。

6. 案主真的想要死，並且不想讓其他人知道。
7. 案主並不覺得有任何人能幫他。

這是個令人畏懼的清單，臨床工作者在與案主討論前，要面對這麼多的防護因子，所以臨床工作者若能夠開放地詢問關於自殺的問題，並將後續的阻抗轉化，這將是個很重要的能力，在第五章和第六章將對相關的技術有較多著墨，現在先來看一般常態化（normalization）的晤談技巧，有時能夠讓上述阻抗在還未明顯產生之前，就被處理掉。

在這技巧中，當臨床工作者要討論自殺這問題時，要先除去案主害怕被視為怪異、脆弱或不道德之人的擔心，常態化常被當做溫和的引導去討論敏感主題的方式，讓病人知道其他人也有類似的想法、感受或痛苦。有關自殺意念，臨床工作者可能直接問「當人們感到極端不愉快時，有時會有想殺害自己的想法，你有任何想殺害自己的念頭嗎？」當實際且細膩的詢問他們時，可讓病人確認治療者並沒有覺得他們很古怪或不正常。

❖晤談者的偏見和恐懼

或許比案主本身的焦慮更危險的是，因臨床工作者的偏見而讓自殺行為的討論受到影響，它可能是一種評斷性且在不經意中被帶入治療，這類的焦慮有時根植於態度的偏見或反移情，案主可能將它曲解為治療者在警告自殺於道德上是不被允許，如果病人透過一些語調或身體語言找到道德責難的證據，他們將把自殺再變成秘密。

先將這個問題放在心中，治療者很重要的是要敏銳地覺察到他們對自殺的態度，以及對這類議題的反移情，這內在的工作需在晤談之前做完，因為它會對晤談技術使用的成功或失敗有重要的影響，這關鍵性的工作需要在晤談開始前就做，但內部的探索並不是一個能完成而停止的覺察，而是一種持續進行的經驗過程。

臨床工作者在做自我探索之前，可以先思考案主會害怕分享自殺意念的原因或清單，這會對治療者產生不同的啟發。治療者可嘗試的用那些問題問自己，簡單說就是「我是否對自殺也傳達這些信念，這使案主不容易和我討論自殺」，這新的糾結先放在心中，讓我們再次來看這清單：

1. 我是否覺得自殺是脆弱的象徵，所以應該感到羞愧？
2. 我是否覺得自殺是不道德或罪惡的？
3. 我是否覺得自殺是禁忌？（我們可以嘗試先問自己，有沒有在工作之外和其他人討論過自殺，例如：與家人和朋友討論過他們是否有自殺的想法，若答案是「沒有」，這表示自殺這主題對你而言，含有某種程度的禁忌。）
4. 我是否覺得自殺在本質上就不合理，以及曾經嚴肅想過自殺者中，有些人應該是十分瘋狂的？
5. 我是否對自殺意念的傳達有過度反應的傾向？我是否太快允許病人到醫院（是不是曾有督導曾評論我太快允許他們就醫），我對病人的照顧有上法院的焦慮嗎？

在第一章曾提到坦誠去看自己對自殺的感覺，和了解從「自殺是錯誤的」，到「自殺本身有它的正面收益」，是個連續分布的向度，Chiles 和 Strosahl 在他們所著的有自殺性的病人：《衡鑑、治療和個案管理的原則》（*The suicidal Patient*：*Principles of Assessment ,Treatment and Case Management*[2]）書中的附錄，有個不錯的習題，提到許多不同的自殺哲學觀，回顧這些想法對我們而言是值得的。

有個讓我們熟知自己在這些哲學上想法的方式，先看作者（Chiles 和 Strosahl）在這兩端的描述：

Ⅰ：自殺是錯誤的：

自殺對生命尊嚴是種暴力。

自殺對倖存者而言有不利的影響。

自殺與謀殺並沒有太大不同。

Ⅱ：自殺有時是可被允許的：

當其他選擇是不堪忍受時，自殺是被允許的，例如：有不可治癒的身體疼痛。

Ⅲ：自殺並非道德或倫理的議題：

自殺是一種生命現象，就像生命中其他現象該被研究和探討一般。

Ⅳ：自殺在某些情況下是個正面的反應：

只要是在理性和邏輯的思考之下，人有天生的權利去做任何決定，這包括自殺的權利。

Ⅴ：自殺有本質上的正面價值：

自殺有正面的價值，因為可以即刻地和重要的祖先，或愛的人再結合。

上面所列 Chiles 和 Strosahl 的看法，可讓人去探索個人的信念，我建議可先做個別的練習，然後再到團體，結果將是令人著迷的，在這團體中，任何可引發個人強烈情緒的部分，都是個人很重要的點或偏見。

有5個問題可更直接的幫助臨床工作者去了解自己對自殺的態度，在我們閱讀時不妨同時詢問自己。

1. 在我的家人和朋友之中，我知道有哪些人曾經自殺嗎？（如果有，當時我對這件事感受為何？現在的我感受又為何？我覺得這麼做是對的嗎？這件事的發生對我後來做與自殺相關問題的晤談有什麼影響？在我詢問案主有關自殺意念的問題時，是否浮現哪家人或朋友的印象？）
2. 我是否曾想過將自己的生命拿走？
3. 在一個艱難的情境下，我是否可能想像自己會做自殺的選擇？
4. 若我的重要他人或我的孩子將自己殺死，我的生命會有什麼不同？
5. 如果病人問我「你相信你會自殺嗎？」我會怎麼回答呢？

有一個反移情（countertransference）的議題，許多晤談者不去談，但我想是存在於我們之間：就是若我們揭開了嚴重的自殺意圖，將潛在產生一些混亂，例如：自殺計畫浮現時，我們需要延長更多評估的時間、且家庭的成員也必須被納入，我們需要處理被激怒的病人或者是同樣激怒的家人。最後，如果自殺發生的話，我們可能還要花一天時間上法院，因此若我們要做好我們的工作，我們可能需要花更多時間、心力。這反移情可能反映在一些行為習慣上；如：根本不詢問有關自殺的問題，等到晤談快結束時才問，對於自殺問題的討論缺乏準備、匆忙的評估，或只用一些詢問的技巧，這可能讓案主減少談論他的自殺意念。

另外有一個潛意識的過程，讓我們不會那麼小心地探索自殺意念：那就是我們都會有計畫的逃避焦慮，因為當臨床工作者發現案主有嚴重的自殺意念，這將會立刻的衝擊到他們的生活品質，甚至可能延伸到辦公室外。有時他們可能在下班後仍會待在辦公室未回家，因為擔心病人的安全，或者在想先前的決定是否正確。因此真實的情形是案主有嚴重的自殺意念，對臨床工作者是立即的潛在壓力源，不論是在他工作時或下班後。

或許也可以這麼說，臨床工作者可能強烈的希望案主不要自殺或自暴自棄，這不僅是關心案主，也是晤談者潛意識或有時會意識到的自我中心的關注，特別是臨床工作者不想要覺察到自己處在令人煩惱的處境。我必須承認我有時會自私，在晤談時我不希望發現案主有自殺的意念。在未經檢查之下，這樣的感受容易影響對自殺意念的詢問方式：

病人：有時，事情並非如此簡單，我先生不能停止吼叫，狗也一直在吠，小孩也在喊叫——太多，太多了。

臨床工作者：你沒有想到要傷害自己吧，有嗎？【用比較哀求的語調說】

病人：不，我真的沒有這樣想過。

臨床工作者：好。

如上述引導性的問句，特徵是策略性的暗示案主，自殺在道德上是不被允許的，或若他說出自己有自殺意念將會被評斷。而真實的狀況只是晤談者潛意識的希望不要有嚴重的問題顯現。不幸的，被晤談的人清楚的接到晤談者希望得到「不」（或否定）的答案，在一般情況下，被晤談的人會嘗試取悅晤談者，在此，效度就變成一個需要討論的議題。

我曾經看過一個例子，有個病人對第一個晤談者否認他有自殺意念，之後第二個晤談者再跟他接觸（在病人和第一個晤談者談過之後），這晤談者避開使用否定的詢問，後來他發現病人曾在五天前自殺過。技術是有用的。

自殺意念讓人困惑和增加焦慮的不愉快，接下來可產生苦惱、憤恨或更強烈的負面反應，John Maltsberger在他以心理動力觀點做自殺衡鑑之著作，《自殺危機：臨床判斷的概念形構》（*Suicide Risk*：*The Formulation of Clinical Judgment*）指出，有自殺意念的人，特別是邊緣性人格違常、自戀性人格違常、反社會人格和物質濫用者，特別容易讓臨床工作者感到生氣[3]，強烈的顯示反移情的恨意（countertransfer hate）出現，根據Maltsberger，這恨意可透過嫌惡和怨恨反映出來。這感受可發生在我們所有人及情境上，且更常出現在對住院病人和藥物濫用改變者計劃的單位，這些單位的工作者他們需長時期和一些有令人嫌惡特質的人一起。其他問題可浮現在這封閉環境中，在這具壓力的環境中，可讓彼此的憤怒更加提高，尤其是對於一些問題型病人，會讓人覺得他老在唱反調，我們最佳防衛這種感受的方式是，接受我們會對他們有情緒反應，第二種最好的防衛是自我反思（self-reflection）地和站在客觀立場的同事討論，這兩種方法的結合使用，將會很有幫助；此外，休假也會有幫助。

另外一個重要的經驗會讓我們對表達自殺意念的人產生明顯的反移情：那就是早期自己曾經驗病人自殺，也許沒有其他經驗會產生如此深刻的感受。無論我們有多努力，多有天份或唸多少書，在我們的工作生涯中，都有機會會因病人自殺而失去病人，尤其是服務的對象是一些較難處理的人，如：精神分裂症、躁鬱症、物質濫用和邊緣性人格違常者。

如果這自殺的失落在心理上未被適當的處理，這臨床工作者可能會躊躇不捨和衍生極大的反移情力量，這衝突能使人產生困惑和使自殺的衡鑑受到影響，包括：做決定時過度謹慎；對這過程感到嫌惡；評估較簡短草率；及對有自殺意念的病人感到生氣；或臨床工作者在非語言的線索中顯現他對這主題感到不舒服；或者表現出輕鬆帶過的態度，因認為你不能預測自殺，所以不必如此過度認真的描繪它。針對上述情形，來自督導及同事的支持和溝通，可長期而有效地避免傷害產生。如果這些傷害情況發生，治療會有助復原。

沿著相同的方向思考，但這個步驟更靠近我們一點，若在我們的生涯中，我們產生了自殺意念，在倫理上，我們是否適合再處理有自殺意念的病人？自殺就像與神約定的自然禁忌，在我（作者）四年的精神科住院醫師訓練中，這個問題從未被討論，也未被提醒它是重要的，這訓練的疏漏，應該更被注意，尤其現在心理健康專業工作者的憂鬱、物質濫用和自殺問題日益增加時。在我的意見中，這問題應該像治療者會被病人的肉體所吸引的倫理問題一樣，被討論和說明。

就像大多數的倫理問題，這可引發強烈的情緒和不同的意見，接下來的想法是我個人的，我不假裝它有確定的答案，我（作者）希望藉此引發讀者自己的答案，我個人覺得所有心理衛生和藥物濫用改變計畫，都應該有一門課是探索內心對自殺的認識看法，並從病理到個人偏見和信念等層面去加以認識。這課程應要直接的提出像上面所說的複雜倫理問題，以及較仔細的討論晤談技巧和引出談自殺意念的策略。在這課程中，受訓者將被直接觀察如何引出自殺意念，直到指導老師認為受訓者可熟悉這關鍵性的晤談技巧。

這些想法暫且先置於心中，接下來讓我們先看看，如果我們與自殺案主一起工作時應該注意的問題，因為我們工作的對象和我們都是人類，其實都有可能會產生憂鬱和自殺想法。當這些想法出現時，治療者可能會感到罪惡，要避免這罪惡感，治療者可能潛意識甚至意識地避免詢問案主他們的自殺意念。

這問題不止如此，即便治療者進入自殺的主題，治療者可能在非語言的表現上傳達出不安，這會大大降低案主談自殺意念的意願。甚至有個非常危險的問題，治療者會潛意識的忠告案主朝治療者自己的想法靠近。治療者可能潛意識的將個人對自殺的看法影響案主或批判性的促使案主遠離這決定，這反而可能驅使案主朝自殺而行。

如果我們有自殺想法，有很高的可能性是出現在案主談論他的自殺意念時（晤談者要百分之百關注案主的關鍵時刻），我們可能被自己的痛苦沈思和決策過程影響而分心，當我們在傾聽案主的內在爭辯時，治療者實際上在權衡他個人贊成或反對，在本質上，我們並不適合在治療時間來處理個人的問題決策，因為這樣治療聯盟對案主而言，不再是安全的地方，而治療者也不再能單獨的協助這案主。

請讀者仍將所有這些想法先放在心中，但要記住一個重點，臨床工作者有時也可能會有自殺的想法，我們都只是人，但不好或愚蠢的想法不應該影響我們工作的品質。在我的意見中，沒有方法可主觀地判定這衝擊程度，因此一個外在且更客觀的意見是會需要的。接下來，我覺得如果臨床工作者出現自殺的想法，會有兩個倫理原則需要面對，第一，這臨床工作者要即刻尋求心理健康專業的介入協助，這步驟是對自己和病人都該盡的責任，不論是多有天份、訓練多好的臨床工作者，當他被強烈的自殺想法困擾時，他都難以給予案主最好的照顧。

第二，臨床工作者，即使是私人執業，應該每週尋找外界督導或諮商，他們可以客觀的評估臨床工作者的狀況，對正在進行中的特定案主的影響。這諮商員或督導可以給予建議，建議某些病人是否應轉介或宜有醫療的介入。我相信臨床工作者和臨床工作者的督導若能直接溝通，這將是明智的。藉由遵循這些原則，我們將可以更良好地處理自己個人心理沮喪的狀態，幫助自己復原，我們也將更舒服，且覺得將自己的能力擴展到最大的，以繼續幫助我們的病人。另外一個觀點是，當我們可對自己及我們的同事採取開放的態度，將有助於去除自殺主題的烙印，更進一步降低我們談論它的禁忌。

到目前為止，我們探索了不同迷思、偏見和人類的脆弱，這些對自殺意念之詢問的影響，提及些潛在的障礙，和化解轉換常見的暗示阻抗，或許是有價值的。

降低案主不願討論自殺情形的技巧

當詢問關於致命性時應要直接，可用一些特定字眼，例如：殺死你自己（kill yourself），自殺（commit suicide）或把你的生命結束（take your life），我不認為這樣的詢問有何誤解的危險，案主需要知道晤談者在說什麼。事實上這鎮靜而坦白的詢問，是要傳達給病人一個重要的訊息——和我討論自殺的想法是沒關係的。這會即刻讓病人得到再保證和令他放鬆，並增加安全的感受。長期來看，這可能讓潛在有自殺危險的病人之後仍願回來求助，在數週以後，如果病人的自殺意念變得嚴重，他可能會記得有個地方可以分享他這「恐怖的秘密」，而這有可能會拯救一個生命。

關於在詢問自殺時選擇字句的重要性，可用下列例子來說明，一個晤談者問一個青少女「你有任何想要傷害（hurt）自己的想法嗎？」這女孩回答「不曾有過」。但因為這女孩有許多自殺的危險因子呈現，臨床工作者之後再問，「你有任何想要殺害自己的想法嗎？」這臨床工作者很驚訝這女孩的回答，「喔，是的，我想了許多關於這方面的事，我藏了許多藥丸，並想找一天試試看把它吃了」，這臨床工作者果敢的問她，為什麼剛剛否認呢，她回答「你並沒有問我關於自殺的事，你是問是不是想傷害自己，我討厭痛，甚至我選擇自殺的方式都是較不痛苦的方式。」

另有數個有關自殺詢問時可注意的部分，摘要如下：

1. 病人的反應較少遲疑時，可能暗示他有自殺的想法，即使他可能否認。
2. 若回答的方式像「不，不是真的」，這通常顯示他可能已有一些具體的自殺意念，有些案主會以為我們對聽他談自殺意念並沒興趣，除非他認真的考慮行動，晤談者通常可透過詢問，打破這抗拒，晤談者可用平和的語調問「你有什麼樣的想法，即使是很短暫閃過的？」
3. 晤談者要小心地尋找任何病人有欺瞞或感到焦慮的身體語言線索，坐立不安、音調改變、嫌惡的眼神、嘴唇皺起，都可能是欺騙或矛盾的訊號。從這點來看，可以發現當病人感到不舒服時，也是我們更進一步探索的時機，我們可以這樣問「這似乎讓您難以說明。我很困惑，您現在的感受如何？」
4. 依我的觀點，要盡我們可能的認出病人欺騙或矛盾的非語言線索，因此當要引出自殺意念時，應該避免做筆記。臨床工作者要全神貫注地投入晤談過程，這未受阻礙的注意力會鼓舞互動投入的過程（engagement process）和臨床直覺過程（intuitive pro-

cess）。在做自殺衡鑑時如果有用寫字板，應將它暫放一旁。

5. 臨床工作者要儘量避免任何對自殺主題感到不舒服的非語言表現，如：增加將視線從病人身上離開的頻率，聲音變簡明，或增加一些緊張性的習慣，如：轉頭髮或煩躁甩筆。錄影帶常是很有幫助的，讓臨床工作者覺察到這種潛意識的習慣。

6. 不論臨床工作者的工作多繁忙或感到多困擾，在引出案主的自殺意念時，都要盡力表現出匆容不迫的樣子。如果病人感到你並沒有在聽或投入，可能會覺得難以忍受，尤其是有著生氣情緒的病人。邊緣性人格疾患的案主（Borderline client）對於急迫氣氛會特別敏感，並很快就引起生氣的情緒。臨床工作者的反應方式，可以如：「用您的方式慢慢來描述這些想法，我知道有時談論自殺的想法是有些困難的，但我們要一起來整理你的感受」的說明，來提供邊緣性病患再保證。再保證常能讓病人在生氣的情緒外化成行動之前，將生氣的感受卸除。

7. 臨床工作者應該養成一個習慣，即在引出自殺意念時做自我省察，至少問自己一次這兩個問題，「我現在的感受是什麼？」「我自己現在有沒有任何部分是不想聽真實的情況？」這對發現反移情的議題而言，是個很棒的提問，以免讓反移情變成問題或阻礙，這也是進入個人臨床直覺歷程很有用的通道。

另要提醒臨床工作者一個簡單但重要的一般性原則，當案主馬上說「不」或「沒有」（「No」）的答案時，臨床工作者不應輕信，因為許多人儘管已呈現自殺意念，仍能平靜的否認。即使曾發生，臨床工作者不應該在單次的否認後，就離開這個議題，正如之前所說，任何的抗拒都可能出現，如果病人在第一次被問到他的自殺意念而平靜的否認時，臨床工作者可繼續問「有些人會快速的閃過有關自殺的念頭，如果你不曾認真想過自殺想法，那是否曾閃過這樣的想法？」另外一個很有用的問法是，「在所有壓力下，你是否曾想過希望自己死去或一覺不醒？」

在此觀點之下，我們完整的觀察了不同的心理或人際陷阱，這些都有可能會阻礙我們揭開案主的自殺意圖，接下來可能要將注意力放在以更仔細的對話詢問其意念想法的部分上。自殺意念的引出是個藝術，當我們的問題輕輕掠過時，我們外在的表達就像是染料，而我們與案主的關係就像畫布一般，其實案主的狀況究竟為何，如何描述才精確，會受描述者的想法和他所見的影響，就如 Kuhn 在本章開始時所提出的，藝術家（臨床工作者）的問題將決定答案的方向，並進而影響如何轉化成畫布中的作品。有些案主對某些臨床工作者會比其他臨床工作者分享較多自殺意念，有些臨床工作者被允許去看案主的靈魂和等在那裡的自殺行動，有些則不被允許。接下來的兩章將嘗試告訴我們為什麼會有這種差別。

註 釋

1. Bayles, D. and Orland, T.: ***Art & Fear.*** Santa Barbara, California, Capra Press, 1993, p.93.
2. Chiles, J.A. and Strosahl, K.D.: ***The Suicidal Patient-Principles of Assessment, Treatment, and Case Management.*** Washington, D.C., American Psychiatric Press, Inc., 1995, pp.245-246.
3. Maltsberger, John T.: ***Suicide Risk: The Formulation of Clinical Judgment.*** New York, NewYork University Press, 1986, pp.134-136.

第五章

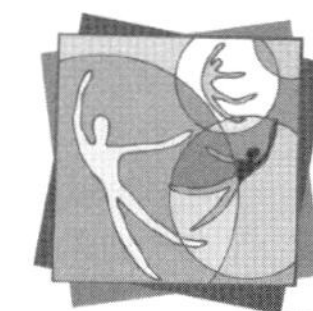

具效度的技術：揭開複雜秘密的簡單工具

我的真實經常是被字詞的迷霧所模糊。

Oscar Wilde 世紀的交替（*Turn of the Century*）[1]

緒　論

效度（Validity）是自殺衡鑑的基石，沒有什麼比研讀效度更重要了，因為這直接決定了晤談所蒐集的訊息的有效性，若案主不能讓臨床工作者進入問題的核心，去了解他的自殺計畫，再好的臨床工作者，也只能對案主即將發生的危險做沒有根據的猜測。

如前所述，儘管有許多文獻提供危險因子和臨床判斷的資料，卻較少有關於正確的對話，囑附和臨床工作者詢問自殺意念的策略資料。然而毫無疑問，依據臨床工作者對案主的投入程度和提問的風格，兩個臨床工作者在晤談同一位案主時，可能得到相當不一致的，有關自殺意圖的資料。本章和第六章試圖藉由介紹和示範提升投入的技巧來降低扭曲。

似非而是的，研究引出自殺意念的特殊策略，需從一般晤談的原則開始，有時看似與自殺衡鑑無關，但臨床工作者所做的是為了引出有用的訊息。因此在本章我們將探索六個具效度的技術，直接去探索敏感的話題，例如：性虐待、物質濫用、家庭暴力、反社會行為和自殺。這些具效度的技術（Validity Techniques）是：

1. 行為事件（Behavioral incident）。
2. 羞愧減少（Shame attenuation）。
3. 溫和假設（Gentle assumption）。
4. 症狀擴大法（Symptom amplification）。
5. 特定性問題的否決（Denial of the specific）。
6. 常態化（Normalization）。

在第六章我們將用這些具效度的技術當做基石，發展出彈性的策略，以引出自殺意念、計畫和意圖。

許多初學者共有的第一個問題是，晤談者能在這個黑暗中發揮哪種基本的作用，我們並不知案主的心中在運作什麼，這心靈的細緻不容易從一個人轉到另一個人身上，即便是用直接的對話，內在經驗的複製過程中，都可能有資料遺失、扭曲和其他問題的發生，案主的話語其實總有朦朧的部分，就如 Oscar Wilde 在本章開始時所說，案主字詞的編織只是迷霧。

在第二章描繪的在自殺大漩渦的深層處，想自殺的病人會開始計劃自殺，當他的痛苦增加，可釋放的潛在選擇愈少，他的自殺計畫愈強，他就愈會選擇這個方法。當實際的細節被計劃，行動的準備也跟著開始。計畫的強度和程度以及行動的萌生，是反映案主即刻危險的最佳指標。當案主愈能允許我們看到他內心世界的秘密，將表示我們的協助愈能幫他轉化限制，讓自殺不再是唯一的選擇，但問題是，我們只能靠案主在口語表達時，將自己的模糊度逐漸降低。

在本章我們將探索一些晤談技巧，來減少這種模糊性，本章將從兩個層面來檢視效度：(1)我們能不能明顯的增加案主自我報告的有效性；(2)如果可以，有哪些特定的技巧和策略，可以允許我們彈性的變更晤談風格，以提升效果。

很重要的是，我們要記得這具效度的技術已發展了超過二十年，它不僅是可提升有關自殺意念的相關效度，也可用於其他隱藏的敏感題材。所以我希望讀者可應用這些技術於其他領域，就如應用在自殺意念的探索一樣。

這六個具效度的技術都會用相同的形式呈現。首先，會有簡明的定義，並補充一些潛在的原則。其次，每個技巧會提供五個例子說明。每一組說明會以一些例子和相關敏感主題的探索開始，並以自殺衡鑑的例子做結束。最後，會提供簡短的臨床陷阱（caveat），以避開使用這些技術時，可能發生的潛在問題。

1. 行為事件

焦慮、困窘、家庭秘密的保護、防衛機轉的運作（如：合理化和否認）和有意識的欺騙都算是阻抗，也是造成案主提供扭曲訊息的可能原因。當臨床工作者詢問案主的意見，而這和案主的立場相反，或者是案主會評估在目前回答什麼才是正確想法時，這些扭曲比較容易出現。

「行為事件」被定義成臨床工作者對案主的一些具體行為事實或一連串想法所提出的任何問題[2]。常見的兩種型態，第一種方式是，臨床工作者直接的詢問，即用一種非廢話（no-nonsense）的方式來探詢特定的行為細節，如：「實際上你吞了多少顆藥」，或「當你把槍放在嘴巴時，你有把安全栓拿開嗎？」注意如何經由蒐集行為事件的訊息，得到比依賴案主分享個人看法更多的有效的資料，例如：「當你把槍取出時，是否將要殺害自己？」

第二種方式是，臨床工作者詢問案主，讓他描述接下來發生什麼（如：你那時在做什麼？）或接下來有什麼想法、感受（如：你當時在想什麼？）。第二種方式，利用連續的方法，幫助晤談者透過詢問，讓事件再重現，基本上，這產生一個走入案主自殺企圖的方法，顯然的，這種走入能夠明顯的將遺忘或被壓抑的事引出。這兩種行為事件的形式，提供準確切割案主意識或潛意識扭曲的機制。

舉例來說，如果臨床工作者想要知道病人是否經常地約會，病人可能對一個具評價導向的問題（如：你定期的有約會嗎？）用簡單的「是」來回答，因為他對於零星的約會模式感到困窘。為了克服這問題，臨床工作者可藉由詢問他過去一年的約會頻率來了解這敏感的問題。如果臨床工作者發現在那十二個月間，他只有數次約會，這時可知道他較缺乏約會的活動，而這並不會讓病人感到困窘，學者Gerald Pascal認為臨床工作者的判斷應以事件本身為主，而不是根據案主對細節的解釋，若我們假設任何人（包括我們自己）能客觀地描述具有強烈主觀意涵的事情，這是很不明智的期待。

❖ 範例（Prototype）

1. 那時候你的父親說些什麼？
2. 接下來發生什麼？
3. 當你說你拋開一切，你正做什麼？
4. 你將刮鬍刀片放在你的手腕上嗎？
5. 在過去的兩個星期，你是否曾有過想殺死自己的想法，即便是一閃而過的？

❖ 臨床的陷阱（Clinical Caveat）

行為事件對於揭開隱藏的訊息是一個很好的方法，但它非常的耗時。在自殺衡鑑時，若時間的花費能得到更有效的資料，這是值得的，在其他的晤談任務下，行為事件的使用則需要節制，舉例來說，要做完整的初次衡鑑所花費的時間，光是使用行為事件的探詢方法，就需要耗費大約五到七小時的時間。我們會因此得到一個豐富的資料庫，臨床工作者也應採取一些特別的策略來讓資料的使用更靈活，也儘可能持續註記資料的來源、應用。顯然臨床工作者需要挑選何時使用行為事件，尤其在探索較敏感的問題時，如：具殺傷性的話題、家庭暴力、性虐待和自殺。

2. 羞愧減少

羞愧減少可以提升臨床工作者的能力，以無攻擊性的方式去詢問那些病人可能因羞愧和罪惡而較遲疑去談的問題和行為（如：酗酒、偷竊、暴力、自殺意念）。[3] 臆測的態度有可能造成被侵略的感受，而透過和病人一起去經驗這些行為的詢問方式，則較容易讓病人有被接受和無條件積極關懷的感受。[4] 臨床工作者需了解有些病人會合理的過濾一些訊息，而透過不會讓他有過度自我控告的詢問，則較有可能得到確定的反應。

例如：若問「你的脾氣不好，所以容易和人打架嗎？」這臨床工作者的問法是很尖銳的。此時可用這句話替代詢問「當你在酒吧只是想讓自己較愉快時，你是否會覺得有其他的人在挑釁你？」這個問題是較容易回答的，故當病人肯定回答「是」後，臨床工作者可用行為事件的序列去詢問，了解病人過去打架的次數，藉此來了解病人的狀況。

請想像有一瞬間當治療者懷疑病人有反社會人格時，案主可能會有某個程度的欺騙傾向。臨床工作者可能用這個方式開始詢問，「你知道你看來有幾分像會隱瞞或欺騙他人的樣子，我是不是把你標記了？」這樣詢問會快速的讓人感到被攻擊，其實也會讓我們得到的訊息是較無效的。但重要的一點是，臨床工作者要如何在初次會談時，判斷病人所說的真實性為何，及如何得到真相。

從先前會談所蒐集的個人史資料，可當做羞愧減少的橋樑。接下來的例子，讓我們先呈現案主所提，個人兒童時期曾遭酗酒父親嚴重虐待的歷史，臨床工作者可用下列方式詢問，「Mike，你知道之前你曾告訴我，父親是個會虐待孩子的人，這聽來似乎是個恐怖的過去，我很驚訝你必須透過說謊來保護你自己，你了解我的意思嗎？」此時討論欺騙行為的通道已開。

這病人回應「是的，先生，如果我沒有做作業，而他問我是否有做功課，我會回答他『有』，之後便逃跑，如果我沒這麼做，而他發現我沒做功課，他將會打我和罵我，我沒有騙你。」從此部分開始，有關說謊的主題便可被正式地討論，臨床工作者可繼續進行羞愧減少的部分，「成長需要學習說謊，因為你必需，我想你應該仍是個好的說謊者，也許有些時候，你並不想要這麼做，是不是呢？」病人可能回答「我是個大說謊家【笑】，相信我。」

從前面所提羞愧減少的例子，很重要的是要注意在詢問時，語調不能帶著控訴或責難，不管是要加入新的問題或延用之前所陳述的資料，羞愧減少都是非常有用的技術，有助我們揭開反社會行為及其他敏感的話題。

❖範　例

1. 你近期是否遇到財務的壓力，讓你覺得喘不過氣？你是否曾覺得因為溫飽而有偷竊的需求？

2. 你是否發現你的老闆最近對你的案子不合理的挑剔？

3. 你是否有酒精控制的問題，並覺得喝酒時的感覺很好？

4. 有時在飲酒會讓人有想殺了自己的想法，你有發生這情形嗎？

5. 你告訴我你很反對自殺，但我很好奇在近來經驗那麼大的壓力後，你是否有自殺的想法，或覺得這是自然的？

❖ 臨床的陷阱

羞愧減少並不是同意不恰當的行為，臨床工作者不應跨越他應有的立場，若發現案主誤會你的意思時，要立即向他說明。有效的羞愧減少是嘗試去了解行為的合理性，來修正案主知覺在現實中不被同意的部分。

3. 溫和的假設

正如羞愧減少一樣，溫和的假設也是試圖讓敏感話題能夠更開放地討論的技術，當使用溫和的假設，臨床工作者會假設某些行為曾發生，並就此提出問題。[5] 這技術藉由探討有關性問題的研究者所發展，他們發現若以這個方式詢問，例如：「你有多常自慰？」比用另一方式詢問，例如：「你自慰嗎？」更能產生有效的答案，如果臨床工作者對這表現出有興趣，病人有時會遲疑，此時可再加入「即使只是稍微」這樣的說明，例如：「你有多常自慰，即使不常？」如果之前的關係不錯，而且我們在問話時的語調是溫和、不帶評價，則病人較不會感到困擾。

讓我們用相對的問法來問病人是否有出現某行為，這類不屬於溫和假設的問法常會以「你是否有……」來開頭，例如：在聽到病人用大麻後，想再知道他有沒有用其他的藥物，則臨床工作者不應這樣問，如：「你有沒有用其他的街頭藥物？」而應該用這個方法替代詢問，如：「Jimmy，你還有用什麼其他的街頭藥物？」後面的詢問方式才是屬於溫和假設的問法。

❖範　例

1. 你有多常被警察攔下？
2. 你有多常打架，即使不常？
3. 還有什麼街頭藥物是你較喜歡用的？
4. 你和你太太多久會發生一次爭辯？
5. 你還有想過什麼殺害自己的方式？

❖臨床的陷阱

沒有人能真正的解釋為什麼溫和的假設是有效的，但它真的管用，或許是因為藉由臨床工作者傳達的方式，讓案主覺得臨床工作似乎對這行為頗熟悉，因此覺得其他人也可能有過這種情形，間接的讓他感到自己不會那麼怪異，但某些時候也會讓案主感到晤談者似乎在期待某個肯定的回答，簡言之，溫和的假設是有強烈引導性的詢問，使用時也要小心。

這種方式不適用於某些想試圖取悅臨床工作者的病人（如：有戲劇性或強烈依賴人格疾患）或覺得跟你在一起有威脅感的病人（如：小孩或智能受限者）。如果對上述那些人用溫和假設的方法，可能得到不真實的答案，因為他們會誤以為那些事已被推測發生了。在我的看法中認為，溫和的假設不適用在對兒童探討有關潛在的受虐議題，在這種情況下若使用溫和的假設，可能產生錯誤的引導，而發生有關虐待的錯誤記憶。

4.症狀擴大法

這個技術是奠基於觀察，因為病人有時對他們混亂行為的頻率或次數會有忽略的情形，如：他們喝酒的量或他們賭博的次數及頻率。當使用症狀擴大法，可透過在問題中設定次數或量的上限來避免病人的扭曲機制。當病人忽略或忘記個人問題的次數時，臨床工作者仍要覺知病人可能有重要的問題。[6] 在使用症狀擴大法時，臨床工作者應該要訂出一個實際的次數。

例如：臨床工作者問，「你一個晚上用多少烈酒——一品脫或五分之一？」而病人反應，「噢，不是五分之一，我不知道，或許是一品脫。」不管病人的極小化行為，臨床工作者仍要警覺到有問題，儘管他會忽略個人的問題。這個技巧中的優點是它避開了面質的氣氛，儘管病人明顯的忽略這行為。在症狀擴大法的技巧中，反而幾乎就像勇敢的藝術家允許他的伙伴去爭辯一樣，允許案主持續地、全然地運用他本來的防衛機制——在這個例子中是使用是極小化（minimization）。

這個技巧對於得到家暴加害者的有效資料是很有用的，例如：問家暴加害者「你曾打過太太幾次？」在清清喉嚨後一會兒，一般他們會回答，「不常，我不知道，或許二次或三次」，相對於此，若我們用症狀擴大法的方式問，「你曾打你太太幾次，任何方式都算——二十次、三十次？」用此問法，同樣的案主可能回答「我的天！沒有三十次吧，我不知道，應有十五次或十次吧，太難記住了」。

需要再提醒的部分是，症狀擴大法是想要得到一個實際的量，晤談者要設定一個數字，且儘量要設偏高一些。

❖範　例

1. 在你的生命中，你曾和他人打過幾次架——二十五次、四十次、五十次？
2. 在你的生命中，你曾經因使用酒精性飲料，而跌倒幾次——二十五或五十次？
3. 你實際上打了你父親幾次——二十次、三十次？
4. 你曾經放棄自己多少次，即使你不想引人注意——四十次？
5. 當你自殺想法最強烈時，你那時每天約花多少時間想要殺死你自己，每天的一半，還是 80%或 90%？

❖臨床的陷阱

要確定當我們在定上限（upper limit）時，這數字要定的合理，不要定的太離譜，而讓案主覺得你根本就不了解這些東西，我曾經碰過一個例子，當臨床工作者問案主使用街頭麻藥的情形時，他問「當你在使用 peyote buttons 時，你每次使用多少——一百或二百？」當提供較不合常理的詢問後，案主則會對臨床工作者提出質疑，「醫生你不太了解這街頭麻藥，是不是呢？」

5. 特定性問題的否決

即便病人已經否認了一般性的詢問，如：「你還有使用什麼其他的街頭藥物？」若我們嘗試用特定性的可能假設——詢問他，將發現一般性詢問所得不到的資訊。這類技術可刺激病人的記憶，相對於一般性詢問[7]（generic question）較不容易有錯誤否定，例如：在特定性問題的否決的技術中，若我們想了解病人是否有濫用街頭藥物，可以這樣問，「你嘗試過古柯鹼嗎？」「你抽過快克嗎？」

「你用過甲基安非他命（crystal meth）嗎？」請注意每一個詢問都是一個行為事件，當行為事件串聯發展出有意義的詢問，便可做為特定性問題的否決的例子，一般而言，在臨床上要串聯數個問題之後，才叫特定性問題的否決的技術（至少要三個或以上的問題）。

❖範　例

1. 你是否曾想要從橋上或建築物上跳下？
2. 你是否曾想過要用一氧化碳自殺？
3. 你曾想要射殺自己嗎？
4. 你曾想要服過量的藥嗎？
5. 你曾想要吊死自己嗎？

❖臨床的警告

很重要的一件事是要分別詢問每一個「特定性問題」（each specific）。要允許每一次的問答間有個空檔，之後才問下個問題，不要將這些問題串在一起，例如：「你曾想要射殺自己，服藥過量，或吊死自己嗎？」

在臨床上有時會誤將問題串在一起，認為可在單一問題過濾到許多訊息，但這樣常會讓病人混淆，因為有時他們只會聽到一部分就回答，或只選自己想答的部分回答，最後因病人的否定答案而讓臨床工作者曲解，或不易得到真實訊息。

6. 常態化

就如第四章所描述，當病人對自己的症狀感到焦慮或困窘，臨床工作者讓他們知道也有其他人有相同的症狀和感受，有時是有幫助的。[8] 通常可用下列溫和且伴隨詢問的方式進行，如：「有時當人們感到沮喪，他們會感覺自己對性失去了興趣，你有發生過這種情形嗎？」

Edward Hamaty 醫師曾描述一種關於常態化的變通方式，他發現這對面臨生命衝擊的重大疾病病人（如：癌症及後天免疫缺乏症候群——AIDS 病人）很有幫助。許多他的病人都有明顯的否認。首先，這些病人都用否認的方式，但最後應該要了解他們需要醫療的協助，及對困難的未來做適當的計畫，當病人要去除他的否認時，這醫師常可能這麼說，如：「John，我們認識一段時間了，我想我可以直率的和你分享我的感受，如果我有 AIDS，在經過這衝擊後，我可能會感到生氣或悲傷，誰知道或許我會恐懼。」在這例子中，這行為已被常態化了，這不是其他人，而是醫師／或晤談者的感受，我們提供的這技巧，稱為「自我——常態化（self-normalization）」，我發現它非常有用。

❖範　例

1. 有時當病人極度焦慮時，他們的思考會變得如此的痛苦，以致於它們聽起來像是聲音一樣，你曾有這經驗嗎？
2. 有時當人們真的很生氣時，他們說了事之後又後悔，這常發生你身上嗎？
3. 有時當人們對自己的體重感到擔心，他們會做一些事來確認自己不會增加體重，例如：在吃完東西後強迫催吐，你曾如此嘗試嗎？
4. 我有些病人告訴我，當他們感到真的很沮喪時，他們會發現自己在哭或覺得自己好像在哭，你曾注意到自己有類似狀況嗎？
5. 我的有些案主告訴我，當他的憂鬱很嚴重時，他們會想要殺自己，你曾有過這類的想法嗎？

❖臨床的陷阱

如果病人想要誇大他的臨床狀況或想要詐病，常態化的方式可能成為反指標（counterindicated），因為它給病人一個線索讓他知道他該說些什麼；此外，對一些想滿足晤談者的預期，或潛意識想從病人角色中得到好處的人而言，這個方法也都是個問題。有個修正常態化的方式可以避開上述困難，如：「有時當人們感到沮喪，他們會發現自己的食慾變化，可能是增加或減少，你有注意到任何改變嗎？」因為像上面的例句，並沒有給病人任何暗示及特定的方向，效度就會增加。

策略性的技巧（Strategic Tips）

前面所述的六個具效度的技術，可以讓整個會談更細膩和平順。在本章結束時，會呈現一個晤談案例，但在說明這例子時，很重要需先澄清下列幾點。

這六個具效度的技術，除了行為事件外，它們之間不難區辨，沒有重疊。行為事件則會和其他五種技術重疊，就像當我在討論特定性問題的否決技巧時，就會有行為事件。再如：「你還想過什麼殺害自己的方式？」這很清楚是個溫和的假設的例子，但同時也是行為事件的例子。從指導的目的來看，當行為事件也可分類為其他的技術時，我們傾向將它稱為其他特定的技術，以提供更多描述的訊息，如：「你還想過什麼殺害自己的方式」，我們會稱它為溫和的假設。

從接下來的對話，我們看到當不同技巧結合時，將更有影響力，如：「在你工作時，當所有壓力加在你身上（羞愧減少的技術），你曾經幾次因此而說自己生病或受不了（溫和的假設）。」注意其實也可將三種技術結合在一起，就如前述的例子，我們可在最後加上症狀擴大法的技術，使它變成：「在你工作時，當所有壓力加在你身上，你曾幾次因此而說自己生病或受不了，就你知道是十次或二十次（症狀擴大法的技術）？」

有些學生會混淆羞愧減少和常態化，這兩個技術的基本原則都是基於無條件的正向關懷，及對特定病人合理化的行為感到理解的過程。然而它們的區辨可從他們合理化（rationalizations）的部分加以區辨，在羞愧減少部分，它的合理化常是因為當病人知覺某種困難，而需要做某些問題行為來因應，如：「從你過去一年的財務困難來看，你是否覺得今年想要漏報稅？」相對的，在常態化部分，合理化的情形通常與其他人有時會做的處理方式類似，如：「有時有些人會告訴我，他們覺得隱瞞自己收入的訊息或許較好，你是否也會有類似的想法，或甚至曾提供錯誤的報告？」

在接下來的對話中，請注意這行為事件的力量，不僅切除病人的扭曲，也切除臨床工作者的假設或投射，在下面所述的例子中，當病人說出「我對她失去了耐性」，技巧的效果最能顯著地展現出來。

晤談的說明

病人：我太太和我這幾年來無法好好相處【停頓】，上個週末我們真的鬧翻了。

臨床工作者：告訴我發生什麼事【行為事件】？

病人：好……剛開始，她要我去找工作；現在這對她而言是重要的，她要我馬上去應徵工作，不要等到第二天。她開始生氣和吼我【停頓】，我似乎不能多做些什麼，所以我對她失去了耐性。

臨床工作者：你所指對她失去耐性是指？【行為事件】

病人：我離開了，以去除我發怒的情緒。我沒有打她或做其他事，但等她走到廚房，我從後門出去，兩天沒有回家，也沒打電話給她。我也沒去找工作，只是心裡都記掛著這些事【許多臨床工作者，包括我自己①都會覺得「對她失去耐性」是指有身體暴力，但從行為事件的說明中發現，可先去除這個假設】。

臨床工作者：看來你們兩位似乎真的很不愉快，當你和她爭論後，情緒都很強烈【羞愧減少】，你是否曾發現你不能處理你的氣憤並毆打她？

病人：不曾真的。

臨床工作者：你所謂的「不曾真的」是指？【行為事件】

病人：我並不曾真的毆打她。

臨床工作者：你曾打她嗎？不論任何方式，包括掌摑她？【行為事件】

病人：我曾掌摑她幾次。

臨床工作者：你曾激烈的掌摑她，並讓她因此而受傷嗎？【行為事件】

病人：不曾真的這樣【停頓】，或許眼睛曾有一、兩次瘀傷。

臨床工作者：就你的記憶，你曾打過她幾次——二十次？三十次？【症狀擴大法】

病人：並沒有那麼多次，或許六次或七次。

臨床工作者：她曾因此受傷而縫傷口或送急診嗎？【行為事件】

病人：噢！不曾如此。

臨床工作者：現在我知道你在一個艱難的環境成長，這可能讓你習得用打架的方式解決衝突【羞愧減少】，你曾經打過幾次架？【溫和假設】

病人：很難真的說出次數。

臨床工作者：三十還是四十次？【症狀擴大法】

病人：【停頓】嗯！真的沒有那麼多次，我不知道，十五或二十次吧。

臨床工作者：曾對人使用武器嗎？【行為事件】

病人：從來不曾。

臨床工作者：槍或任何東西？【有條件的特定性問題的否決】

病人：沒有。

臨床工作者：球棒或短棍呢？【特定性問題的否決】

病人：不曾。

臨床工作者：指節防衛具呢？【特定性問題的否決】

病人：【病人輕咳】不，並沒有。

臨床工作者：那小刀呢？【特定性問題的否決】

病人：嗯！我有數次曾拿出小刀。

臨床工作者：有多少次你曾因此而傷到人呢？【溫和假設】

病人：只有一次，沒什麼大傷害。

臨床工作者：有去縫針嗎？

病人：有，但沒有很多（針）。

臨床工作者：多少呢？【行為事件，注意這不是症狀擴大法。那技術需要提出一個實際數字，而此處沒提供數字。】

病人：只有 6 或 7（針）吧。

臨床工作者：Billy，你之前告訴我，你父親會虐待你，這聽來真的

很糟，你是否曾發現，你必需要說很多謊，才能保護自己不被他傷害？【羞愧減少】

病人：是的，在他喝酒後，你要說他想聽的，然後就要快點閃開。

臨床工作者：我聽過有些類似被虐經驗的人告訴我，他們常不得已的要說謊，甚至到他們長大或他們也不想要這麼做時【常態化】。你有發現自己這樣嗎？

病人：【笑】，是的，我如果需要時也會說謊。

臨床工作者：在過去的幾年你有變成一個相當擅長的說謊者嗎？【羞愧減少】

病人：【較大聲地笑】，是的，我想可以這麼說。

在這個會談案例中，病人出現許多反社會特質（antisocial trait），經由具效度的技術讓案主難以扭曲真相。這些剝開覆蓋事實的技術是前述對話中最重要的部分，如：他說自己從來沒有毆打妻子身體，在他的認知中有錯誤的詮釋，認為毆打是要用拳頭才算，這使晤談者了解可以用行為事件的循環來知道真實狀況。

現在我們回到晤談的具效度的技術策略，這並不是用於案主想要操弄而扭曲事實，而是用在因為他們害怕或不好意思說出真相。自殺案主的情緒、特徵常會有些迷霧，就如本章開始時 Oscar Wilde 所描述——這迷霧常出現在案主想要自殺和臨床工作者想要預防它之間。

註 釋

1. Pearson, H.: ***Oscar Wilde, His Life and Wit.*** New York, Harper & Brothers Publishers, 1946, p.129.
2. Pascal, G.R.: ***The Practical Art of Diagnostic Interviewing.*** Homewood, Illinois, Dow Jones-Irwin, 1983.
3. Shea, S.C.: ***Psychiatric Interviewing: the Art of Understanding, 2nd Edition.*** Philadelphia, W.B. Saunders Company, 1998, p.393.
4. Rogers, C.R.: ***Client Centered Therapy.*** New York, Houghton Mifflin, 1951.
5. Pomeroy, W.B., Flax, C.C., and Wheeler, C.C.: ***Taking a Sex History.*** New York, The Free Press, 1982.
6. Shea, S.C.: ***Psychiatric Interviewing: the Art of Understanding.*** Philadelphia, W. B. Saunders, 1988, p.372.
7. Shea, S.C., 1988, p.372.
8. Shea, S.C., 1988, p.402.

譯　註

①：指作者。

第六章

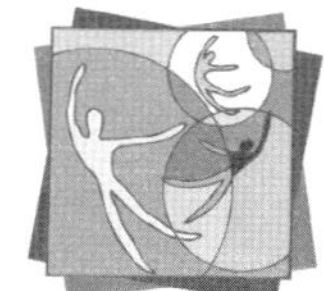

引出自殺意念：實用技術和有效策略

自殺有種特別的語言
就像木匠他們要知道使用何種工具
他們從不問為什麼要建造

Anne Sexton，美國詩人[1]（1973 年死於一氧化碳中毒）

緒　論

從 Anne Sexton 對自殺的簡短描述可以讓我們學習許多，這是個有效的說明，在最後的分析中，自殺都沿著一個方向在走。案主必須選擇一個方法和計畫讓他們成功。當臨床工作者開始能夠了解案主表達時的細微差異，將反映他可進入案主自殺思考的程度。臨床工作者對於詢問案主的內在計畫應更熟練和自然，案主能想到多少細節通常反映出案主可能行動出來的程度。

心理健康專業人員或物質濫用諮商員的工作常會特別有壓力。在每日的工作中，我們被期待去詢問他們企圖想要結束個人生活的原因，這並不是一般典型的工作敘述，大多數臨床工作者在接受這種訓練前，很少會有談論這禁忌話題的經驗。相對地，有經驗的工作者幾乎需要每天去和掉入自殺意念的案主去談這個問題，如果未檢查自殺的傾向，最後案主可能真朝結束生命的方向而行。其實在工作中，有不少案主是有明確的自殺傾向，但問題是他們是否願意和我們分享。

在這種時刻，晤談者需要如：測量的工具般保持最高的敏感度，當在探討案主的自殺世界時，臨床工作者要引出所有與行動有關的細節，這類細節剛開始看來似乎不重要，但後來可能提供處理和治療的重要線索。這些細節也可以當做臨床工作者要更接近案主內在秘密的通道。

本章我們提供不同的原則來增加我們進入案主世界的可能性，同時將仔細描述奠基於第五章所說的六個具效度的技術上，更具彈性的晤談策略——自殺事件的時間衡鑑法（CASE 法）。

我們的討論將根植於兩階段的架構，首先，我們將討論在自然和不介入的情況下提出自殺主題的方法；其次，我們將描述如何用簡單、容易了解的語彙來有效利用 CASE 法。

在開始討論這些階段前，有經驗的晤談者要如何和案主建立有影響性的共事關係，常是很令人傷神的。關於一些決定性的交易訣竅（tricks of the trade），可以在其他書中找到更廣闊的討論，讀者若有興趣要學習如何開始和案主晤談，及如何提升工作同盟及轉化抗拒等的技巧，我建議可閱讀下列書籍：

Othmer and Othmer's 所著之《使用 DSM-IV 的臨床晤談》（*The Clinical Interview Using DSM-IV: Vol. 1*[2]），Morrison's 所著之《初次晤談》（*The First Interview: Revised for DSM-IV*[3]），Benjamin's 所著之《助人的晤談：個案說明》（*The Helping Interview: With Case Illustrations*）[4]，Sommers-Flanagan's 所著之《臨床晤談》（*Clinical Interviewing, 2nd edition*[5]），和我個人（本書原作者）所著之《精神醫學晤談：了解的藝術》（*Psychiatric Interviewing: The Art of*

Understanding, 2nd Edition）[6]。

階段一：設定一個詢問自殺相關訊息的平台

晤談者要製造一個氣氛，提高案主分享自殺計畫的可能性，對於分享這內在的感受，是個不尋常的狀態。病人和晤談者一起時會感到非常的安心舒適，但面對他們的痛苦則是極度不舒服。有時在絕望時，強烈的痛苦會驅使他們分享個人的自殺想法，以獲得一些釋放，病人痛苦的強度和情緒的升起，常可克服意識和潛意識的禁忌。

病人有時會自發性的進入這強烈的情緒混亂狀態，有時則需晤談者技巧性的引導以進入此狀況，在第三章可看到經由引導使得Jimmy Fredericks這位有精神病狀態的大學生進入強烈的情感狀態，臨床工作者採取深度且精細的方式，以進入案主的精神病性想像世界的決定，證明對揭露這位學生的危險意念是重要的。

情感負載題材（affectively charged material）的探索，有時可引導精神病人進入輕微的解離狀態，當意識和潛意識的防衛卸下之時，直接的詢問有時可得到令人驚奇的直接回答。此時潛在著危險的精神病歷程，如：命令式的幻聽，被外力控制感和宗教執著，可被病人開放的描述。

實際上臨床工作者碰到非精神病的情況，比精神病者多了許多。有沒有任何有效的方式，讓臨床工作者更快地接近案主的自殺想法？於此我提出兩個情感負載的切入點可放於心中，首先，可由⑴憂鬱和無望；或從⑵危機、生氣、焦慮或混淆的感覺中進入。如果案主不能自發地提起有關自殺的議題，臨床工作者可小心地指導案主經由上述兩個部分開始去討論，當案主的情感變得更加高張，他（她）的痛苦上升到接近頂端，晤談者可得體地開始進入自殺意念的探討。其中用力努力避免短促且猛烈地詢問自殺問題。讓我們從實際的練習中來看描繪的主要原則。

在這例子中，我們將敘述一個案主被轉介來做出院後的酒癮問題諮商，這案主對於他濫用酒精的後果採否認的態度，但對於自己的憂鬱症狀則可清楚覺察。注意看這物質濫用的諮商員如何有技巧的設定階段，來讓案主從逃避進入自殺意念的主題，進而到讓案主的痛苦浮近表面。這晤談者選擇快速地抓住案主痛苦的思想，希望透過情緒的急流，提供潛在自殺想法一個真實未掩蓋過的觀點。

臨床工作者：Jason 先生，你之前告訴我你不認為你飲酒是個主要的問題，你是否注意到你在家或工作上有什麼事持續發生？且從你的觀點中什麼是你主要的問題？

病人：我很擔心我的婚姻，不要說都是我的錯，我需負部分責任，但不是全都是我的問題【停頓】，我對每個人都感到厭倦，包括我的治療者也說我有問題，但我的妻子也是有責任的，相信我。

臨床工作者：告訴我有關那些事吧！

病人：我似乎不曾做對，也不曾做的足夠，她就是不能說些「你做的很好或謝謝你」的話，她就是不能，這讓我總覺得自己很渺小，很沮喪，所以我生氣、喝酒，所有人都會這麼做。

臨床工作者：聽起來非常辛苦，這樣對你的工作有幫助嗎？

病人：並沒有，我的表現愈來愈不好，我曾熱愛我的工作，我曾創作一些特別的東西，但現在每個人都是競爭者，我不能相信任何人，連訂契約也是個難題。

臨床工作者：告訴我一些關於你的工作，如何的發生變化。

病人：有一個發生在今天早上的例子，我辦公室的經理有一個比價和訂約的會議要進行，我走進辦公室找她，秘書告訴我她來電說生病了，我問她是否有留計畫書在辦公室，結果竟然沒人知道，她甚至連資料也沒影印，我很難相信【聲音生氣】，我在電話中對她發脾氣，她說我該體諒她生病，這太過份了，再也沒人願負責任，此外，我也想到，不論在工作或家裡，我都是有問題的，令人厭倦的。

臨床工作者：你有看到任何可以讓你跳出這些狀況的方法嗎？

病人：不，並不能，她不會改變，因為我才是問題【諷刺性地說】，天啊！【搖頭並嘆息】

臨床工作者：你看來像被打敗的樣子？

病人：是的【停頓，看起來悲傷且壓抑】、是的。

臨床工作者：你現在看來真的像被打敗的樣子，似乎想要哭？

病人：【開始哭】天啊，這似乎無法結束。

臨床工作者：你曾想到結束嗎？就是想殺死你自己的感覺。

病人：有時我會有那些想法，【停頓】我不知道其他的了。

臨床工作者：你看來有很多痛苦，從你所告訴我的可以感覺出來，你處在很多壓力下，若你有自殺的想法也不奇怪，或許我能給你一些協助，你曾想到怎麼做嗎？

病人：我曾想要服藥，這是主要的。

臨床工作者：你曾藏藥嗎？

病人：是的，我曾拿了許多藥放在家裡。

臨床工作者藉由進入病人被打敗和無望的感受，然後再深入病人的自殺意念中。病人的情感藉由開放、非評斷性的詢問，伴隨同理的表達，被小心的帶出來。出人意料的部分，臨床工作者的成功是因為他沒有做一些不當的處理，特別像是當病人歸咎他喝酒是因為缺乏太太的支持，這臨床工作者明智地選擇不去提病人的否認，這樣的面質可能降低病人去談他的自殺想法，並可能付出遺漏有效訊息的代價。

這個病人並沒有自發地暗示他的自殺意念，但有不少的案主會暗示自己的自殺意念，當發現案主的暗示時，臨床工作者可以開始準備引出自殺意念。如果自殺的想法被自發性地引發，臨床工作者則要繼續追下去，如下面案例所述：

病人：我的太太與我非常不同，過去幾年我似乎過得很空洞。

臨床工作者：你的意思是指？

病人：離婚之後，我是自動機械的示範人員，但最後全都毀了，一切似乎如此的恐怖且空虛，不值得繼續下去，就如現在，但我有控制，也曾有過不錯的時候。

臨床工作者：你提到不值得繼續下去，你曾想要結束生命嗎？

病人：是的……且目前仍是。

臨床工作者：你曾想要怎麼做？

病人：我想要服藥，而且我也曾這麼嘗試……

如果臨床工作者沒有從案主的談話觀察到這細微的差異，這對話很可能會快速地轉移到新主題，而且錯過最適當的詢問點。病人似乎潛在地傳達著「問我有關自殺」的訊息，當這想法被帶出時，此時宜給予一個開放討論的通道（gate），若臨床工作者就此走過，那會是不明智的，如果沒有跟上，則晤談者將會發現彼此間不易有分享，這自殺意念將保持靜默，不再被提起——這將是一種致命的處境。

有兩個其他的技術重點要提及。首先，如果一個通道失敗了，晤談者可嘗試另一個不同的通道。例如：一個精神病患，若晤談者從病人的憂鬱來切入時，可能否認他的自殺意念；同樣的病人，若晤談者從他（她）獨特的精神病歷程來切入，則案主有可能分享他（她）之前抑制的自殺意念。

第二，有些晤談者是藉由詢問一個輕度的模糊問題而切入自殺的主題，實質上是要讓被晤談的人討論他（她）的自殺意念，如果病人不能跟隨這引導，臨床工作者應該著手直接詢問他（她）之前所說明的部分。這模糊的詢問技術對於顯現特別焦慮的病人是很有用的，它提供了另一扇門，或許對進入自殺的探討是有幫助的，現舉例如下：

病人：似乎沒有什麼是重要的，什麼事看來都不對勁。

臨床工作者：你的意思是指？

病人：我不能睡，不能吃，每一分鐘似乎都比以前糟，當我說自己的不幸之時，並不是開玩笑的。

臨床工作者：你是否曾想過用什麼方法結束你的痛苦？

病人：是的，我曾想要轟開自己的腦袋【緊張的笑】，這聽來有些感傷吧？

臨床工作者：聽來很嚇人。

病人：是的，它是。

臨床工作者：你是否有槍放在房子中？

病人：是的，就在我的床邊。

每當這階段被設定，就是臨床工作者開始對病人的自殺意念做真實的探索，如：Anne Sexton 所提出的，自殺的表達就像木匠決定要用何種工具。

階段二：用 CASE 法引出自殺意念

❖ 問題與挑戰

就臨床工作者而言，現實問題常與揭開自殺意念史的有效性有關。時間的限制、管理照顧的壓力，及由上而下的人力調配增加了工作的負擔，以及目前的社會是充滿訴訟的，這也會增加臨床工作者原已夠沈重的壓力。

此外，複雜的自殺衡鑑好像大多發生在錯誤的時機：在極端忙碌的門診或混亂的急診室，這利害關係頗高，因為失誤不僅是讓一個不必要死的人賠上性命，同時也會產生法律問題；此外，還有個人的權利問題。在許多自殺衡鑑中，我們發現會讓臨床工作者感到痛苦的，除了困難的任務之外，還有處在極端的壓力下和不具包容的環境，在此狀況下會發生失誤也就不奇怪了。

常見發生在引出自殺意念時的錯誤包括：疏漏（omissions）、扭曲（distortions）和臆測（assumptions）——這是潛在致命的三種問題。在我的經驗中，自殺衡鑑中大部分的錯誤，不是因為粗劣的臨床決策，而大多是臨床決策（clinical decision）沒問題，但資料來源不完整或拙劣。

在臨床實務工作中，目前已發展出可信且不受環境及個人狀態影響的晤談策略，這有效的晤談方法應該具有下列特性：

1. 這方法要易學。
2. 這方法要易記。
3. 這方法不需要馬上被寫下。
4. 這方法有助於確定有關自殺意念的廣泛資料都已包含（如：疏漏的錯誤降低）。
5. 這方法應該讓從病人身上得到之訊息的效度增加。
6. 這方法應該要容易教；和這臨床工作者的技術水準應該要容易被測出。

CASE 法就是符合這樣的標準。對引出自殺意念而言，CASE 法並不是一個正確的方法（right way），而只是一個方法（a way）。臨床工作者可視個人風格而直接採用整套方法或僅挑適合個人的部分，這方法並不試圖成為晤談的食譜（cookbook），它只是要鼓勵臨床工作者去發現適合自己的，可引出案主自殺意念的方法。請先將此概念放在心中，讓我們將注意力轉回透過CASE法，去解決問題的建議上。

❖ 原則和解決方法（Principles And Solutions）

在第五章所提及的六個具效度的技術是CASE法的基礎，這個方法是為了降低案主的扭曲和臨床工作者的臆測。在接下來的發展，CASE法也是要回答二個部分的問題：首先是，為什麼晤談者常常錯失重要的資料；其次是，有沒有辦法降低這疏漏？要回答這問題，可再看看匹茲堡西部精神醫學機構與診所發展的督導系統（supervision system），這系統易學且好用（facilics）[7,8,9]，揭開臨床工作者如何有效晤談，並同時兼顧投注和時間管理的奧妙。易學好用原則（Facilic principle）的基本要件，就是臨床工作者可避免在心理上因為龐大和複雜的資料而造成疏漏所犯的錯誤。如果臨床工作者因為龐大的資料而感到被擊潰，則他們常會覺得這是沒有辦法做到，或難有進一步的處理，這時就會有許多因疏漏而導致的錯誤。

如果臨床工作者能把大量的資料，將它明確的劃分在不同的部分中（regions），因疏漏而導致的錯誤將會減少。當資料依所需劃分成不同部分時，臨床工作者將更容易將資料組織，且能較清楚的知道想要的資料是否完整，並且較不容易在晤談過程中感到被擊倒。如果在每部分所需的資料能被邏輯地推衍發展，對晤談者內在而言，較可感到每一步都合理，且不必靠強記。當簡化的資料庫被完成，下一步就是開始將這些難題劃分，這樣將晤談的資料做處理會有助學習且不易被忘記。

關於引出自殺意念，易學好用原則是將適切的問題或與具體自殺計畫相關的資料，切成四個或更多可管理的部分，這些部分代表四個連續的時間架構。它是從過去到現在，每個部分根植於自殺意念和行動（action）的探索，是否在特定的時間區塊中出現，因此它們是按時間年代順序排列的（chronological），每個時間區域會被完全探索，臨床工作者要保持這病人能聚焦在每個時間部分上，不要隨病人漫談或跳出這個區域，除非有很好的理由。

這臨床探索的四個部分，順序如下：

1. 目前的自殺意念和行為。
2. 近期的自殺意念和行為（約遍及這八個星期）。
3. 過去的自殺意念和行為。
4. 立即的自殺意念和未來計畫實施的方式。

圖6.1呈現這些事件，在CASE法中，所謂的自殺事件（suicide events）是一個廣泛的定義，它包含死亡的慾望、自殺的想法或感受，和實際的自殺動作與嘗試。

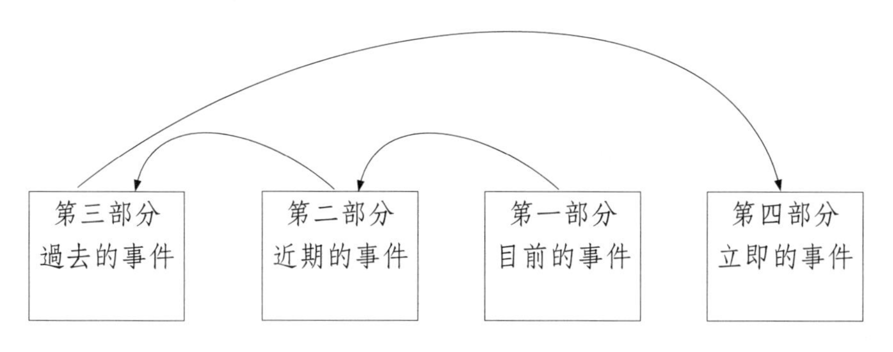

圖6.1 CASE法

摘自 S.C. Shea.：《精神醫學語談：了解的藝術》（***Psychiatric Interviewing: The Art of Understanding, 2nd Edition***, W.B. Saunders Company, Philadelphia, 1998）

這連續的路徑，大多數是經由和病人交談而得。自然地，臨床工作者要能根據病人的狀態而做修正。但一般而言，如果病人出現立即的自殺企圖，則要即刻的探討這企圖的細節才合理，接著才要討論最近期的自殺意念和較先前的意念。我們發現，當我們探討近期和過去的自殺意念時，可提升病人的投入，因為他們會感覺談這個是沒有關係的。最後，當信任度到達最高，對於探討他最即刻的危險，也就是病人目前的自殺計畫是很有用的。在這部分，任何臉部表情的細微差異或說話的遲疑都可能是病人有自殺危險的指標。

這種按時間順序排列的方法是非常簡單且不容易忘記的，大多數臨床工作者在研讀這CASE法後，自然地會很快放在心中，並儘可能快速的用在自殺意念的探討上。但在每個時間部分中，我們仍要決定什麼訊息需要被探索，一般會藉由組織這些晤談材料進入最小的時間部分中來幫助決策。

在接下來的四個段落，我們將描述在CASE法中，每個時間區域的特定策略的運用。我們將藉由案主所處危機的逐字記錄，來讓這些策略的說明更有生命。所以這CASE法的每個步驟都會示範給讀者。在這晤談的進展中，我將會分享一些我的臨床想法和決定，儘量讓情境像處在真實的狀態中，讓讀者有機會替代地看到彷彿如真實的臨床工作者在處理複雜的自殺危機般。這討論將有助於將本書前面幾章所討論的許多因素放在一起，也可以當做最後一章的橋樑，它是著重臨床決策的過程（也就是自殺衡鑑的第三個或最後一個成分）。

❖第一部分：目前自殺事件的探索

當一個案主呈現立即性的自殺意念，很重要的是要去揭開他具體計畫的內容，這訊息可以引導臨床工作者去決定會談的頻率，和是否需要危機處理的介入或入院與否的問題。如果病人呈現實際的自殺嘗試（suicide attempt）或態勢（gesture），此時，了解事件的嚴重度是個重要的關鍵，因為就如第三章所述，嚴重的自殺嘗試是個致命性的準則之一，嚴重的自殺未遂常是需要立即住院的指標。

究竟什麼樣的特定訊息可以讓臨床工作者較正確的了解案主所呈現的自殺未遂行為（或嘗試）的危險程度？什麼樣的訊息又將提醒臨床工作者住院是必要的？這答案似乎要進入案主的自殺嘗試的歷程，以及了解案主他（她）對於沒有死的感受為何？經由這些了解才能有助於衡鑑。

1. 案主如何嘗試去殺他（她）自己？（案主用什麼方法？）
2. 他（她）用的方法，嚴重性如何？（若案主服藥過量，是服什麼藥？藥量？若案主割自己，割哪裡？需要縫嗎？即便他選擇的方法不是很危險，如：用氨比西林〔ampicillin〕過量，但若案主在一個錯誤的印象下覺得這方法是致命的，則仍應視案主為自殺嘗試較激烈者。）

3. 案主想要死的程度為何？案主是否告訴任何人之後他想要的嘗試？案主是否有給任何人暗示？案主想要嘗試自殺的地方是隔離的地方，還是容易被人找到的地方？案主有寫遺囑、確定保險狀況、寫自殺遺言？或在前述事件發生時，有沒有跟重要他人說再見？
4. 案主對於他的嘗試有沒有成功的感受？好的問話方式如：「你對於自己目前仍舊活著的事實有些什麼想法？」
5. 相對於衝動的舉動，這個嘗試的規劃有多完整？
6. 在這嘗試中，藥物或酒精扮演的角色為何？
7. 在這嘗試中人際因素是個主要的角色嗎？會感到失敗嗎？（「如果沒有我一切會更好」）對其他人生氣嗎？（有些自殺嘗試潛在性地要讓其他人感到罪惡）
8. 有特定的壓力源或一組的壓力源來加速他的嘗試？
9. 在嘗試之時，案主感到多無望？
10. 這嘗試為何失敗？案主發現了什麼？和召集了多少協助？

回答這個問題能夠提供一個清楚的窗口，讓我們進入案主在嘗試自殺時的內在世界。這個窗口提供最好且有用的訊息以了解案主行動的可能嚴重度，如前所提，所有統計上的危險因子並不能告訴我們是否特定案主企圖要死。有些案主可能在操弄做態時意外地殺了自己，但大多數人殺死自己，是因為他們決定要殺他們自己。這訊息的彙集可說明案主模糊深處的決策歷程。

在初看之下，特別地是對訓練中的臨床工作者，這可能好像出現一個嚇人的問題清單需要記住。幸運地，之前所提到的六個具效度的技術之一的行為事件，可提供給臨床工作者一個更邏輯的取向，甚於記憶。臨床工作每次應用行為事件，他（她）會：(1)詢問行為資料的特定部分（如：「你將槍放在你的頭上嗎？」）；或(2)詢問案主發生什麼事的階序性描述（如：「告訴我，接下來你做什麼」）。

在CASE法，臨床工作者用一個連續的行為事件詢問案主，請他從開始到結束地描述自殺事件。臨床工作者可藉由談論某個特定事件而開始這個過程，例如：「Jones 先生，請幫助我了解您用藥過量期間發生了什麼事，嘗試帶我一步接一步地走過昨天晚上，讓我們從您自殺意念變得很強的那個地方開始。」如果有哪些部分遺漏，臨床工作者要回到那地方，藉由行為事件澄清和探索，直到臨床工作者有自信，他（她）已正確的了解發生了什麼事。本質上，案主被詢問而產生一步接一步像口語錄音的記錄般（verbal videotape）。臨床工作者用這取向能經常地揭開大部分的過程（即便不是全部），上述的問題清單當被推展成對話時，常不需要太多記憶。

讓我們先看對一個處在危機狀態案主的處理策略，在會談當時，我在一個社區心理健康中心工作，我的任務之一是擔任一個危機團體的精神科醫師，這團體為Life Management Service（LMS）。這危機團體被設計為幫助病人預防住院治療，和鞏固住院病人的復原。每個案主都被安排由指導者，一個有天份的臨床工作者Paul，或由他的另一個團體治療師面談。當案主被選入這個計畫時，被轉介來我這邊做一個完整的初步衡鑑，包含生理心理社會的衡鑑、DSM-Ⅳ的鑑別診斷和醫學評估，在我的部分結束後，我將與團體的治療師接觸討論，並共同決定治療計畫。

這危機團體每個工作日碰面二次，嘗試讓團體治療能適合每位成員的需求，所以若有案主的危機是輕微的，則他可能在每週一、三、五參與每天一次療程（session），連續參與三個星期。若案主的危機較嚴重，則可以每個工作天都參加，每天兩次療程，且連續六個星期。

一個週一下午，我見到 Barbara，她那天早上已和 Paul 會談過，在一個朋友的堅持下，她在星期五晚上到急診室來，在星期五傍晚。Barbara 將她的自殺計畫告訴她的朋友，雖然她還沒有真正嘗試，但在考量她自殺計畫的本質之下，如同我們很快會看到的，她的朋友對 Barbara 安全的考量是適當的。

剛開始，Barbara 的主要照護醫師和危機小組的臨床工作者都覺得 Barbara 需要住院，但 Barbara 並不認為。臨床工作者認為有採取強制住院的必要，當他們和Barbara說明這想法時，Barbara仍拒絕入院，因此他們若要她入院，則要束縛她，後來 Barbara 就說她好多了，並保證不傷害自己，而且也同意要尋求門診治療。Barbara 認為入院將會有烙印的可能，而且最終會達到反效果。

精神科醫師被商請會診，在經過許多考量後，這團隊裁決若強迫Barbara，將不能得到實際的效果，因此最後結論是Barbara並不需要住院，因為她後來也顯得頗為平靜，但這仍然是一個困難的決定，就像我們將呈現的紀錄會證明，Barbara 的自殺想法是經過深思的，絕非短暫閃過的想法。但支持 Barbara 可以門診的原因是：她有一個支持度很高的丈夫，將會陪她度過整個周末，她同意規則性的打電話，直到周末過完，並且同意星期一的會診，評估她若適合參加團體的話，她會加入 LSM 團體。

在 Barbara 來之前，Paul 簡短完成他的臨床筆記供我參考，他的評論是「我想我們可以讓她在團體中，但這是個不確定的冒險。」他露出一個較僵硬的微笑及眨著眼睛，傳達出這是一種不怎麼有趣的早晨非語言訊息。Paul是一個有經驗的臨床工作者，對積極自殺的案主並不陌生。在他的危機團中，有三分之一的案主有邊緣性人格的問題。當他在決定自殺潛在的可能和是否要住院時，他有個冷靜的頭腦，以及一種感覺，他用他的生活幫助案主，讓他們的資源流通，避免不必要的住院。對於Paul忽視Barbara的安全其實並非一個好的信號。他後來提到他已告訴 Barbara，她是否進入這團體會在他與我繼續討論後才決定。如果我覺得她門診參加LSM團體就可以，他要我告訴她，她已被安排在團體中；如果我覺得不合宜，我可告訴Barbara，Paul和我要先開個會討論最後決定。

還有一個在會談的臨床情境中，應該放在心中的事：我進行的是整個生理心理社會衡鑑，以DSM-IV的診斷準則做鑑別診斷、醫學衡鑑和決定她是否在門診是安全的，這些要在六十分鐘裡完成，我的臨床文件也要在衡鑑同時間內做完，因為在下一分鐘又有新案主將等待我，這是在社區心理健康中心典型的一天。

當Barbara進入我的辦公室後，她遲疑的說Hello，快速地被一個憂鬱的模樣打斷，她好像帶了很多負擔，身體感覺明顯地過重，和心理上似乎有很多的壓力。她的頭髮似乎需要洗了，頭髮長度大約在耳朵旁，圓臉頰，化淡粧，看來衣著有點不合宜。當 Barbara坐下，看過這攝影機，她露出緊張的微笑，我能感覺到她盡力呈現她可以控制自己，她像一個生命的戰士，但這場仗還沒完全過去。

當這會談著手進行時，自我貶損和認知扭曲一直存在她的話語中，就像惡魔在她腦中耳語般。這可能顯示病人處於中度或重度的憂鬱期，她的狀況同時又因呈現有嚴重恐慌及合併懼曠症而更加複雜。當她描述她去雜貨店及帶孩子去學校的掙扎時，她以「我再也不能多做什麼，我先生需負責全部，我讓他們全都不好過。」在這時，她的肩膀開始起伏，並且再也無法忍住眼淚。

並不是所有訊息都是令人喪氣的，Barbara 展現一個較有活力的勇氣，她能在回答時很快重新振作，並帶著含蓄的機智，她會將她的掙扎放入希望的觀點而較不會有太多辛酸，並會面對自己的問題。會談約二十分鐘後，則可開始準備進入她的自殺意念世界。我可以感到 Barbara 蠻喜歡我的，而這投入開展的不錯。當她提到她的孩子時，眼淚再度流出，並開始討論如果她死的話，家人是否會更好，此時進入她目前事件（presenting events）部分的大門已可進入，我們可以利用 CASE 法。

Barbara 並沒有實際呈現自殺態勢或嘗試，換句話說，她被送到急診室是因為有混亂的自殺想法，這被當作目前呈現的自殺事件，以CASE法來探索，我們選取當她哭泣時我和她的一段對話。

臨床工作者：明顯地妳很沮喪，看來似乎常哭，妳發現自己有多常哭呢？

病人：嗯，我才剛開始，我有很長一段時間哭不出來，即使我想哭，你知道的，我曾想如果能哭出來，我會覺得比較好。

臨床工作者：好。

病人：但很長一段時間我全然不能哭，也完全不能做任何事。

臨床工作者：過去一個月如何；有多常出現這種情形？

病人：嗯……幾乎都如此【病人微笑】。

臨床工作者：好。

病人：幾乎做所有事都一樣【羞怯淺笑】。

臨床工作者：看來好像一切都很糟。

病人：是【點頭說】。

臨床工作者：好，當事情變得愈來愈難處理時，妳有什麼想法，是否有想到要殺死你自己？【溫和假設】

病人：嗯……我有一個計畫。

臨床工作者：好。

病人：我【停頓】那也是我至此的原因，嗯……我有寫信給我的其他親人們，我不要他們感到罪惡【開始哭】，我要他們知道我做的是對他們最好的選擇，【停頓】然後我去……，你看，他們去渡假……我的孩子與我的父母去渡假，在六月底，所以我寫這信，和開始去買藥，我去我最喜歡的露營地，我開始吞下藥片，讓自己昏睡，然後我準備開槍射自己。

臨床工作者：好，你計劃什麼時候做這些【行為事件】？

病人：當他們在六月外出時。

臨床工作者：在六月？

病人：嗯……我買Tylenol和睡眠藥物，你知道Tylenol-PN①，和，嗯……Benadryl②和嗯……。

臨床工作者：你大概藏了多少藥片【行為事件】？

病人：我大概拿了二十瓶。

臨床工作者：是很多。

病人：是的。

雖然並沒有出現特定的自殺態式，我用一個行為事件的序列去澄清計畫的內容，和計畫的行動，如：「你開始藏什麼藥物？」和「你大約藏了多少藥片？」這回答「……約二十瓶」是讓人不安的。

由Barbara計畫的程度，我關心且有點驚訝，將第三章所提的危險因子放在心中，Barbara 看來有欺騙的可能，以自殺衡鑑的臨床技術觀之，她寫了信（遺書），選擇一個明確的方法，並到人湮稀少的夏日小屋去執行，更嚴重的是她計畫中的一部分，就是用槍自殺，這方法很少會失敗。

即使用CASE法，也要注意當描繪連續的細節時，行為事件是如何，這可得到很有意義的貼切訊息。行為事件可引導去抽取非預期的訊息，這些可能都與之前的急性危險有重要的關係。更加重要的事實是行為事件的使用，發現了可能自殺的準備。（例如：Barbara 貯藏藥物的細節可能是日後自殺的準備。）

這對話也包含容易忽略但較混亂的部分，就是關於他的孩子的部分，「我想我要他們知道，我做的是對他們最好的選擇」。在這裡我看到 Barbara 殺害自己的合理理由：用心於幫助他人——在這個例子是她的孩子。我必需承認在晤談中的這一點，Paul 所謂的「冒險的嘗試」是有些掩蓋了事實。在這會談中，我嘗試產生一個像口語的錄音帶，經由一致的使用行為事件，我將呈現一個更好且更有效的技巧，當我分開的使用每一個行為事件，並等待她的回覆，相對於將它們串聯。雖然如此，有用的訊息一樣可被提供。

臨床工作者：目前你是如何走出？什麼原因使你來這？你有打電話給醫師嗎（案主的治療師）？【行為事件的設定】

病人：沒有。

臨床工作者：人們如何發現這情形【行為事件的設定】？

病人：我犯了一個錯誤，我告訴了一個熟人。她說了一些關於夏天的事，我說別把我納入，她說「什麼？」我告訴她我的決定，並跟她說這是我唯一可以解決或克服的方法【開始又哭】。

臨床工作者：所以，你跟她分享這件事【溫和的說】。

病人：是的，我不知道為什麼，我從不曾這樣做過，我從不曾告訴她或其他人我的感受。

臨床工作者：或許某部分的原因是因為妳不想死和想讓一些人知道妳的狀況，我不知道真正理由，但應該是有原因的，好，妳提到服藥和槍殺自己，妳有買槍或其他東西了嗎？【行為事件】

病人：我們有槍。

臨床工作者：妳有把槍拿出家裡之外嗎？【行為事件】

病人：不，它放的較遠，它不會丟掉，它不會，我想當我去上班，我可以將它放在我父母的車上，在他知道以前。

從這點，我開始較不關注究竟 Barbara 或 Paul 誰是較瘋狂的，處理 Barbara 把她當做門診病人似乎是在「不確定」之上，藉由持續的追踪她是否有槍及做了什麼，是行為事件技術很好的示範。但她的答案很難確認，另外很容易忽略的評論是關於安全性，她說：「我犯了個錯誤，我告訴了一個熟人。」這說法似乎透露了 Barbara 感到不滿意，因她的計畫被中斷。

她到目前為止的回答，可當做一個前兆，我們可以從她的回答中支持她目前應該是安全的，這底線仍在，因她選擇告訴其他人。此外，如果 Barbara 描述她的秘密已被知道是正確地，她的朋友大概不能說已經探求她的告解。Barbara 某種程度擬要分享她的秘密，她到急診定是在五月份末，在她計劃嘗試（自殺）前一整個月，這也可提示 Barbara 有明顯的矛盾，關於執行她的計畫。

我企圖藉由評論提高她的矛盾，例如：我說「或許一部分的妳並不想死，和想要讓其他人知道，我不知道，有一些理由讓妳好想要分享它。」我小心的避免去說她一定不想死，因為這樣的說法可能會讓案主有面質的感受，換言之，我小心的模糊我的假設，所以在說明時，我會用「或許」（perhaps）當開頭，並在結束時說「我不知道或不確定」（I don't know）。然後我會提到一個事實，進入她的預期中去提到這件事對她的意義，「有一些理由讓你想要分享它」。

從這點，有些部分我覺得不太對，Barbara 似乎沒有在會談時所感到的那麼危險，但我也難以相信危機臨床工作者讓她回去那可能有槍的房子，我決定再澄清。

臨床工作者：目前那槍仍在房子中嗎？

病人：我先生在這個週末已拿走了。

臨床工作者：我想妳應該把槍丟掉，且擺脫任何的藥物，它們仍在那裡嗎？

病人：它們仍在，但我將會把它們丟掉。

至此，狀況似乎好些了，槍已被拿開，Barbara 已做正確的決定，這是很好的徵候。有些細節部分我並沒有說明，讀者可能並不知道，但那也是重要的。危機臨床工作者也告訴 Paul，Barbara 在整個週末有接受危機支持計畫（crisis support plan），她準時的報到，和表現出熱忱去尋求幫助，她的狀況有進步，急性的自殺危機已過去，這點也可從她先生口中驗證她好多了，她先生並不覺得她有即刻的自殺危險。我的最後一個問題，是探索她目前的自殺事件以做為結束，並準備到 CASE 法的下個區域：近期的自殺事件。

❖ 第二部分：近期自殺的事件之探討

在這個部分，臨床工作者將要引出自殺想法和行動的類型，在病人過去的兩個月間，希望從病人自殺計畫和企圖的程度來獲得更多了解。這具體和周詳的計畫，及更頻繁和強烈的意念，臨床工作者應更注意這急性的自殺危險因子。這個部分也能提供一個了解病人對自殺的正、負面想法，包含病人認為死亡可以帶來什麼，這些都有助了解病人的即刻危險程度。

在看過引出許多與自殺有關的理由和過程後，我們更確信這兩個月來案主的心境，傳統上這較少被探索，但我相信這可以揭開許多急性危險的相關訊息，所以探究這兩個月的狀況可以確認我們的注意焦點。

在本書的前面，當我們探索自殺的現象，知道自殺的人通常花了相當多的時間來準備，自殺不是個簡單的行動，這行動的道德、手段、方法，及確認是有效的，都要被檢視，就像 Anne Sexton 在本章開始之時所說的。

有些人或許毫無掛念，甚至只考慮自己的立場而要自殺，但我相信大部分的人都有更多矛盾的感受，這矛盾的感受通常會造成對自殺行動產生趨避（approach-avoidant）的衝突。在我的了解，並沒有研究嚴謹的探索這個現象，但在他們有自殺企圖之前的那段時間，這是合乎邏輯的。所以對許多人而言，在他們有自殺行動之前，他們自殺傾向的強度和決定殺死自己的力量常是有所變動的（見圖 6.2）。

對有些人來說，自殺的意念隨著時間的變化而持續的上升，直到行動當時達到最高峰，對另外大多數人而言，像圖 6.2，他們自殺意念的強度並非是逐步的增強，而是隨著他們的壓力，可改變個人問題的傾向，對死亡的恐懼、個人症狀的變化或對酒精及藥物的沈醉等情形而有所起伏。

圖 6.2 呈現一位同時有酒精和自殺意念案主的變動。在 A 點，這個案主有急性自殺的危險，在這特別的夜裡，他將子彈上膛和把槍放在口中，這危機的產生是由於他的女朋友突然要和他分手，他

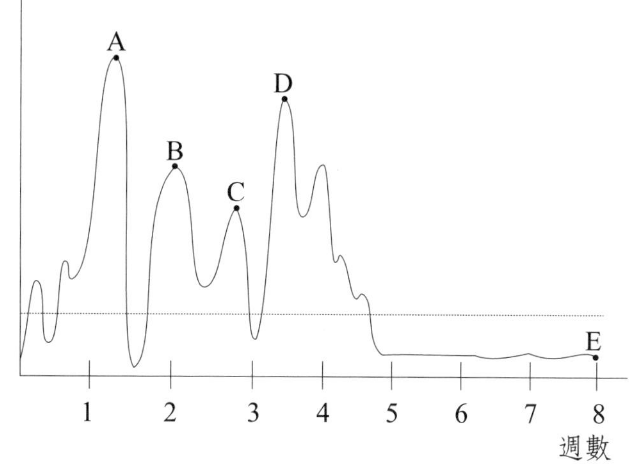

圖 6.2　初次衡鑑前二個月，案主自殺意念變動之例子

在喝了兩瓶酒之後，讓這危險變得很激烈，兩天後他的女朋友返回，這自殺意念又幾乎消失。在 B 和 C 點又發現因為和女朋友的爭吵和擔心被放棄，自殺意念明顯的上升。之後喝酒的情形增加，在D點又有家庭暴力事件，案主此時又出現拿上膛的槍。在會談的前三週，這狀況戲劇性的平靜下來，喝酒的情形下降，且他和女友暫時談和，在此點案主同意接受諮商，並被排入「等待名單」。

在他第一次接受心理健康衡鑑時，已有三週沒有自殺意念，即便在過去的兩個月中案主有過嚴重的自殺企圖，也不難發現有些案主已有幾個星期沒被自殺意念干擾。從案主近期兩個月的病史，我們知道他可能突然的想要自殺，例如：他的女友突然想要放棄和好，或他喝酒的情形迸發，自殺意念可能快速的再重現。但真正的重點是：臨床工作者能否知道病人近期的混亂不安。

想像臨床工作者用最常見的方式詢問案主，如：「你近期有沒有任何自殺的想法？」或「你有沒有想要殺死自己的想法？」乍看，這第一句似乎已是夠好的問句，它是直接且可切到重點，是個夠好的問句，但再看之下，可發現它有溝通上的陷阱，這治療師和臨床工作者對「近期（recently）」可能有不同的定義。在我的經驗中，案主傾向將它解讀為約這兩個星期左右。在第二個問句中，它沒有提供時間的範圍，許多的案主也會假設是近期，並又把近期定在這 2 到 3 個星期。

讓我們看這假設在我們案主身上的衝擊，他可能抓取到的訊息是他沒有要殺自己，因為目前的生活不錯，他可能對上面那兩個問題都確信且即刻的回答「沒有」，他的聲調和非語言表達都可能強烈的支持目前時間點上的狀態。在這情形，臨床工作者可能假設近期並沒有什麼重要的意念。臨床工作者可能又問「在過去你曾試圖要殺害你自己嗎？」這個詢問，尤其是過去曾經有過嘗試的人，將會很快的轉入最近的狀態和不良的意念，並開始引入過去曾有的嘗試和可能因此入院的紀錄。但通常這忽略並不會被修正，所以臨床工作者可能在第一次會談時，並不能得知兩個月前他曾將槍放在口中，也不能發現案主自殺意念的反覆和衝動性。

在現在的臨床環境和複雜大量的資料需要做為治療計畫的情況下，在直接督導的工作中，我可以看見類似精疲力竭的情形屢次出現。這 CASE 法是特別設計來避免這情形。用 CASE 法，對之前的兩個月，可得到潛在豐富的訊息，藉由得知他曾有的自殺計畫的類型，以及在多久之前他曾有過這些計畫。讓第一手的行為資料和臨床工作者的推測是相互對照，以有效的了解即刻致命的危險性，這評估的展開過程可藉由決定：

1. 這特定計畫的企圖性。
2. 這計畫在多久前有化為行動。
3. 案主花多少時間在這計畫上。

這資料雖龐大，但它的價值卻無可估計，從前列臨床工作者匯集最有效的目標和可理解的資料，應該可得到最好的推測，推測關於病人潛在的致命性危機，但晤談者的推測，最好是奠基在案主最近的心智狀態。幸運地，在第一部分的探索，需要處理的部分在最少的時間中已蒐集。再次地，行為事件將被廣泛使用，只是將伴隨其他具效度的技術，包括溫和的假設、特定的否定、症狀擴大法等技術。

兩種不同策略將被用來探索近期自殺事件。但讀者應該可以視需求而做彈性的調整，沒有所謂的正確取向，但我相信誠實的嘗試並應用下列原則可快速提升臨床工作者的能力和發展可信的資料庫。

第一個策略取向是直進的（如圖 6.3），在臨床工作者完成探索近期事件的部分，「溫和的假設」被用來描繪病人下一個考慮的自殺方法（如：你還有想過什麼其他殺害自己的想法）。然後臨床工作者使用連續的「行為事件」去建立多久前病人曾按照這方法行事，若病人曾有用槍的想法，可用下列方式串聯訊息：

1.「你有槍在家嗎？」
2.「你曾把槍拿出來並想要用它來殺自己嗎？」
3.「你有把這槍裝上子彈嗎？」
4.「你有將槍放你的身體或頭上嗎？」
5.「你把槍放在那裡多久？」
6.「你有把安全栓拿下嗎？」
7.「是什麼原因阻止你扣下板機？」

關鍵字代號
S = 自殺計畫
GA = 溫和的假設
Bl = 行為事件
DS = 特定性問題的否定
⊖ = 否認意念

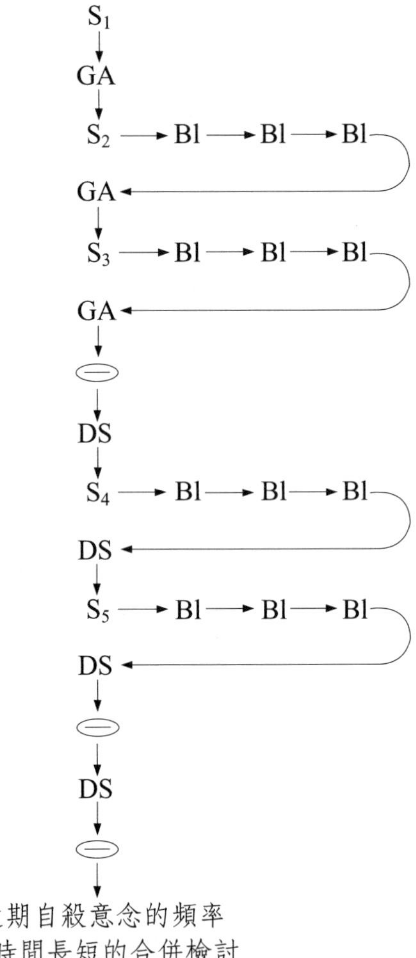

圖 6.3　近期自殺意念的探討

摘自 S.C. Shea.：《精神醫學晤談：了解的藝術》（***Psychiatric Interviewing: The Art of Understanding, 2nd Edition,*** W.B. Saunders Company, Philadelphia, 1998）

當臨床工作者知道病人在多久之前曾用此方法自殺未遂後，臨床工作者可再用「溫和的假設」建立第三個方法，如果它實際存在，則可以同樣用「行為事件」的方式來探索。臨床工作者可用數個「溫和的假設」來得知病人曾企圖自殺的方法，並在每個新得知的方法後面伴隨用「行為事件」的串聯來了解每個特定方法的行動內容。

當使用「溫和的假設」案主否認所有的其他方法時，臨床工作者可重複的使用「特定性問題的否決」，就如第五章所看到，這技術可有效地揭開之前所否定的敏感問題，使晤談者不會朝著一連串的方法探索，而是簡單的詢問在病人的文化中，可能使用的其他方法，但之前未曾討論。例如：如果案主曾提到用藥過量、舉槍和瘋狂的駕車行駛，臨床工作者可再利用這「特定性問題的否決」的簡短清單來詢問：

1.「你是否曾想要割或刺自己？」
2.「你是否曾想要吊死自己？」
3.「你是否曾想要跳橋或從高處跳下？」
4.「你是否曾想要燒炭？」

這樣的詢問通常可顯露更多的意念，在有些例子，之前否認的企圖會在此被發現，就如之前所提，如果一個新方法被發現，臨床工作再用一系列的「行為事件」技術去找出案主在多久前曾有這自殺企圖。

當建立了病人曾經考慮過的方法清單及每一方法的行動程度後，臨床工作者可進一步了解他們在這些自殺意念上的頻率、持續度和強度，可透過如下列的詢問「在過去六到八週，當你覺得不愉快的日子中，你花多少時間想到要殺死自己？」「症狀擴大法」這有效度的技術可被加入，如：「你知道，是每天的90%或70%？」

這探討過去兩個月自殺歷史的策略是易學易記，且對案主來說這過程是順暢細微地，經常可增加案主的投注，因為他們可發現原以為是非常羞愧的主題也可較輕鬆的談出。

讓我們回到 Barbara 的例子，可能發現她有關自殺潛在危險的新訊息，「溫和的假設」將被用來探討近期事件的部分。一般而言，「溫和的假設」用來探討他的新方法，如：「你還有想過什麼其他的自殺想法？」另一方面，如果臨床工作者懷疑案主有和之前討論目前事件，相同的行為或嘗試時，這臨床工作者可用「溫和的假設」聚集在特定的方法上，如：「Barbara 在過去的二個月你有多常想到要服藥自殺？」在下面和 Barbara 會談的過程中，我用後面的方法來了解她的情形。

注意當新方法被揭開，對於每個新方法，我用「行為事件」去產生「口語逐字記錄（verbal videotyape）」。有時小心的搜尋關於這些方法的細節，將會有驚人的發現，讓我們較了解案主是否已著手進行自殺，這些訊息對於案主即刻性的安全是很重要。

病人：它們仍舊存在，但我會擺脫它們。

臨床工作者：在過去的兩個月，你是否曾想要透過服藥過量的方式來結束自己，有多常發生？【溫和假設】

病人：嗯……在不久前我想我要割傷我的手腕，我進入浴室，讓熱水流出，且我知道我要切過我的手臂，我拿出刮鬍刀，但我沒有下手做，我不知道為何如此？

臨床工作者：我想要問，妳想到什麼讓妳打住行動？【行為事件】

病人：我不知道，我沒有哭或做什麼，我一人在家，我只想到這將是一團混亂和我兒子將會第一個到家。

臨床工作者：好，妳不想讓他看到這情形。

病人：不想。

臨床工作者：妳真的將刮鬍刀片，對著你的手腕嗎？【行為事件】

病人：不，我不這麼認為，我將它從紙中拿出且將它放在水槽。

臨床工作者：好，你覺得這持續多久？你知道的你站在那裡多久【行為事件】？

病人：我站了一會兒，可能約半小時，我在想「這樣真的值得嗎？」你知道我不想要任何人增加我孩子的負擔。

臨床工作者：好。

病人：我曾在EMT看到許多自殺者，及他們的家人和其他許多事，這樣做似乎是很傻，我不想這樣。

臨床工作者：這倒是真的，這麼做是留下一些破壞性的問題。這對妳而言是很重要該記得的，它能幫助妳不要做這些行為，但我有些困惑，這刀子的事件是最近或何時發生？【行為事件】

病人：這大概是三個用前發生。

臨床工作者：好，讓妳來此的事件是因為妳有想要用藥過量及有射殺自己的念頭，且這些妳有和妳的朋友說。

病人：是的，她應該……。

臨床工作者：妳有寫信嗎？【行為事件】

病人：是的。

臨床工作者：妳有在進行妳的遺囑或任何要確定的事……？【行為事件】

病人：這遺囑全都有更新。

我們的策略是有價值的，有些重要的訊息被揭開，這包含了一些不安（disturbing）的部分；和一些讓人較放心（reassuring）的部分。在不安的部分，我們發現了一個新方法，是割傷自己，這發生在相當近期。此外，在勉強讓人安心的部分，Barbara 有寫自殺的筆記給朋友，和回顧她的遺囑。所以，自殺對 Barbara 而言不再只是閃過的念頭，許多之前的想法被驗證，就如預測，這CASE法提供了讓許多難題組合的機會，這有助決定 Barbara 即刻的安全性。

關於這流露出讓人較安心的訊息，如之前所提 Barbara 回顧她拿刮鬍刀的部分，有助了解她為什麼沒有殺死自己的理由。用連續行為事件進入案主的決策過程並不是稀有的，案主重新回顧他當時行為的過程，似乎讓其內在思考再度被回想整理。當案主分享他的內在想法，臨床工作者被允許接近案主對於自殺正、負面想法的衝突，以及案主對這行動的道德看法，從 Barbara 的例子來看，這更支持了她的安全度。

自然地，在真誠的分享下，Barbara 提出她選擇生命的理由，她說「我在想這麼做是不是真的值得？你知道我並不想任何人增加我孩子的負擔」雖然我們的證據並非完全來自當時真正的狀況，但她的情感是真誠的，也讓我們看到她的深思熟慮。雖然在較早之前，她曾提到也許自己死掉後對孩子較有利，但在描述這些事件之後，從她的情感表現中可發現在內心深處，她覺得孩子是需要她的。因此我趁機增強她的想法，我說「這倒是真的，這麼做只是留下一些破壞性的問題，這點很重要妳要記得，它有助妳不要做那些行為。」在這過程中，我並沒有試著要她信服不要殺死自己，我只是增強她自己已經下定的結論。

現在我們要繼續去探尋她其他的自殺方法，溫和的假設將被用來揭開每個方法，直到她否認任何其他方法。每個方法，依順序將用「行為事件表」小心的探索。

臨床工作者：**現在讓我們再多談一些，在過去六到八週，妳除了曾想要割傷自己外，妳還有想過什麼殺害自己的方法呢？【溫和的假設】**

病人：真的沒有，我的意思是有許多選擇，有時我開車在路上會想到若是去撞電線桿或電話亭是很容易的事，但這不保證你會死，也可能因此而讓家人陷入困境。

臨床工作者：是的，那妳曾特定有企圖撞車的念頭嗎？【行為事件】

病人：不，我只是上了車後不知道要怎麼辦，但這不必放在心上。

臨床工作者：妳還有想到什麼其他殺死自己的方法嗎？【溫和假設】

病人：真的，就這樣，我不曾上吊過，我曾看過一位女士上吊，那很恐怖。

臨床工作者：妳說妳不曾這麼做，那妳曾想過或排除或……？【行為事件】

病人：好，曾想過【停頓】，但我沒有做，這只是一個選擇。

臨床工作者：妳曾拿繩子出來嗎？

病人：不。

臨床工作者：還有什麼方法【溫和假設】？

病人：我不曾想過任何其他方式。

注意 Barbara 在最後一個溫柔假設時，用總括的否認來回應詢問。當案主出現這類否認的反應時，則可利用下一個具效度的技術，就是「特定性問題的否決」的方式了解案主是否有潛藏其他的自殺方法，任何新的方法將用「行為事件」來探索，在一些最常出現的方法被回顧後，則要開始探索過去二個月其出現自殺意念的頻率和強度，注意利用「症狀擴大法」的具效度的技術，可用來幫助澄清：

臨床工作者：妳曾提到你想過要射殺自己，那是否有想過一氧化碳中毒或其他的方式。【特定性問題的否決】

病人：不，我們沒有車庫，所以沒有地點可這麼做。

臨床工作者：妳曾想過要跳大樓？【行為事件】

病人：不，那會痛，我不是那麼能承受痛的人【笑】。

臨床工作者：那關於駕車出車禍呢？

病人：沒有。

臨床工作者：好，很好，妳提到割傷自己，那妳曾想過要刺傷自己或用其他類似的方式來殺自己嗎？【特定性問題的否決】

病人：沒有。

臨床工作者：那現在我們想想過去的幾週或六週，妳花多少時間去想殺死自己的問題？【行為事件】

病人：蠻多的，比平常多。

臨床工作者：每二天二分鐘？還是三小時？還是十小時【症狀擴大法】？

病人：它只是出現在我的念頭中，我很難真正估計我花了多少時間。有一次我曾寫信，那個星期我幾乎每天都想這事，那時每天早上起來我都在想要寫信給誰。

臨床工作者：所以這件事是常在妳心中，而不是衝動。

病人：【打斷臨床工作者的話】喔！只是那時想。

臨床工作者：那在過去，妳曾嘗試殺自己嗎？

我們開始將重點移到談論過去事件。但在做這轉換之時，有幾個近期事件的重點需被探索結束。包括要先看在這個時間部分的第二個詢問形式。

首先，我們要決定 Barbara 應該是在門診團體或是住院，在這部分我傾向認為 Barbara 可進入危機團體中。儘管她有明顯的危險因子和考慮自殺的計畫，但她也有強烈的影響力量讓她難以真正行動，就是她的孩子；再者，從它的激烈自殺計畫中，可發現她仍有動機維護自己的安全，她將槍拿開；並在我與 Paul 的自殺衡鑑中她的態度都頗合作且反應不錯。

她的情感更自然，有出現一些幽默感，且在我用CASE法策略詢問時，她感到更舒適。這CASE法策略的好處是常見的，我們可從案主因臨床工作者的非判斷和平靜的傾聽中，而開始更自然的談論自殺和禁忌的話題中發現，在用CASE法且彼此間的關係更自然之後，臨床工作者可更實際的和安心的引出他們的自殺意念，且案主也會快速的感到臨床工作者對他們的了解，既不會缺乏反應也不會反應過度。

我之前曾提到用「行為事件」的獨特附帶效果，它常可以讓案主自然地討論對自殺的贊成和反對理由。從 Barbara 的例子，當注意聽之後可發現案主的傾向。有時在這瞬間，可透過再引導或詢問案主開放的討論，他（她）希望藉由自殺動作中達到什麼，而獲得更多訊息。在一本很棒且實用的書（《自殺的危機》，*Suicide Risk*），John Maltsberger 從案主們的觀點，指出自殺的衝擊：

1. 自殺是個引導他們進入無夢睡眠的方法（不存在狀態——nothingness）。
2. 它將會影響和某人或某事再結合的機會。
3. 它是逃開內心或外在迫害敵人的方法。
4. 它將破壞占據病人身體或其他部分的敵人。
5. 這將提供一個進入其他或更好世界的通行證。
6. 這可藉由破壞他們最好的資產（病人的身體）達到報復，並且看到對方痛苦。[10]

從病人的這些反應可以提供了解個體想要死亡或嘗試自殺的急迫原因。這自殺的可能原因影響是很大的，有時頗奇怪，特別是當人們覺得沒有其他方法可解決目前的痛苦或存在的問題，就如近來在聖地牙哥（San Diego）市郊的天堂教派（Heaven's Gate cult）39位成員集體自殺的事件，自殺可以讓他們到一個更好世界的想法，驅使他們走向死亡。這教派的成員預期他們將藉由搭乘一艘緊接於Hale-Bopp 慧星尾巴的外太空船，到達一個更好的世界。

我之前有提到第二種也是常見的詢問方式來探討這個部分。臨床工作者先列出案主企圖自殺方法的列表，並用「行為事件方法表」逐一回頭探討行動的程度。

在第二個取向，當臨床工作者探索完目前的方法後，「溫和的假設」被用來確認第 2 個方法，如果實際上它是被考慮過的話。在第一個取向，臨床工作者將用「行為事件」去描繪新方法的行動程度。但在這（第二個）取向並不是如此，當第二個新方法被發現時，臨床工作者即刻再進行詢問另一個「溫和的假設」，例如：「你還有想過什麼殺死自己的想法？」這樣持續用「溫和的假設」詢問，直到病人回答沒有任何其他方法，但臨床工作者並不是就此停住，臨床工作者繼續進行「特定性問題的否決」的使用，直到這列表（list）完成。圖 6.4 描繪出這個方法取向和前面所提的方法取向的不同。

在這點下，臨床工作者回去用一連串的行為事件去探討每一個方法，以發現病人傷害自己的情形，例如：臨床工作者可能說「在較早之前妳曾提到想要射殺自己的想法，是有槍在家裡或你很容易取得？」連續的行為事件澄清將取決於他拿槍的行動。在完成了解

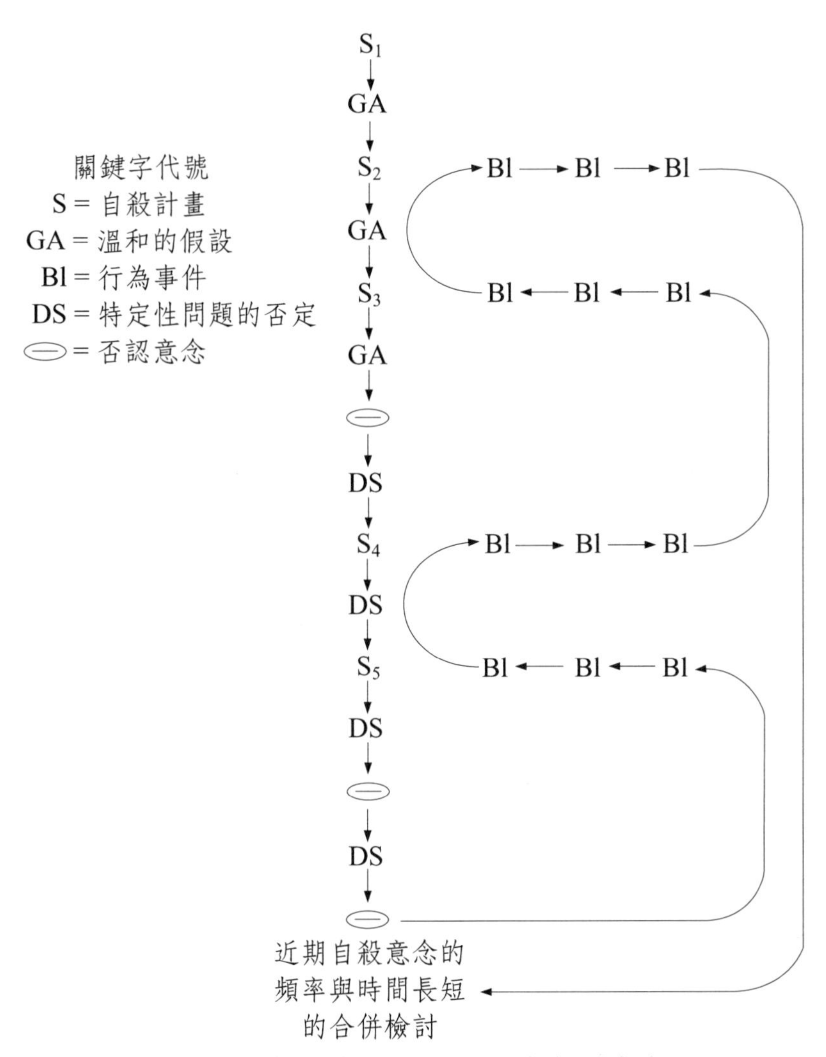

圖 6.4 近期自殺意念的另一個探討方式

摘自 S.C. Shea.《精神醫學晤談：了解的藝術第二版》，W.B. Saunders Company, Philadelphia, 1998。

病人第二個自殺方法的行動程度或決定後，再用同樣的方法去問第三個方法並依序而下。

從第一個策略，當所有的方法被以「行為事件表」來探索完成後，臨床工作者再檢查其近期意念的頻率、持續時間及強度，例如：這樣問「這些方法合併起來，在過去的六到八週，妳每天有多少時間有自殺的想法？」

這兩個取向都是很容易記的，在第一個取向，當每一個方法被揭發，臨床工作者就用行為事件去追踪他行動的程度；而第二個取向，是在用行為事件探討細節前，先將所有的方法列表，讀者可選擇適合自己或決定個人的偏好取向，甚至可自行發展新方法，這沒有所謂「對」的方法，但很重要的是臨床工作者要發展出一種清楚的策略，而不是只依賴臨床直覺或習慣。在第三部分，我們將從病人過去的歷史，引出自殺未遂的證據在某些細節，這個部分的探索算較簡單的。

❖第三部分：自殺事件的探討

奇特地，在初次衡鑑時，臨床工作者有時花很多時間在這個區域，病人若有多次的自殺企圖和行為（例如：有些邊緣性人格傾向者），則他可能有很多的自殺史可供探討，很可能在整個約定的會談中都在回顧這部分，且這一小時還不夠用。

在時間的限制之下，初次的衡鑑（initial assessment）通常需在一小時內完成，當時間出現此情形時，則問題出現了，就是究竟哪些自殺史是重要需彙整的？我的看法是，只要蒐集潛在讓病人的安全受影響的訊息，用這原則臨床工作者將要探討下列重點：

1. 他過去最嚴重的自殺行為企圖是什麼？（他目前的想法是否也是用同樣的方法？實際上這方法的致命性？病人是否也覺得目前的壓力和當時的壓力一樣的大？）
2. 他過去自殺未遂的次數約多少？（若次數很多，可能提醒臨床工作者操弄的問題，而因此較少被關注；或他們會發出警告給臨床工作者說他們真的耗盡了所有希望而引起較多關注。不管是哪種情況，最重要的是知道次數有多少次。）

3.回顧之前兩個月，最近一次的未遂行為和它有多嚴重？

關於上述問題的反應可以得到關於其目前安全性的新評估。例如：Barbara 一年前曾有一次危及性命的用藥過量和她目前被允許加強的照顧以保護她的安全。這用藥過量的歷史可顯示，她目前的自殺方法之前曾實際執行過，且有致命的危險，此外 Barbara 也被證明有動機和能力讓自殺企圖實現。更值得注意的是在晤談初期，她並未主動提起這嚴重的未遂行為，她的語調朝向自殺應設法被隱藏，自殺是和她不太相干的，若 Barbara 過去歷史的有效性沒有好好處理，這差異將會產生干擾。在類似的脈胳中，若 Barbara 承認過去一連串的自殺企圖或行為，則必須要詢問她目前安全保證的真實度。

接下來是 Barbara 過去的病史：

臨床工作者：關於過去妳是否曾自殺未遂？【行為事件】

病人：不，但我想過，我曾告訴醫師。

臨床工作者：好。

病人：但我不曾真的做過。

臨床工作者：妳曾在妳年輕時，我是指青少年或中學時有過不愛惜自己的行為，或多用了藥物，並想過這樣可殺了自己或傷害自己的念頭？【行為事件】

病人：沒有，我是個快樂幸運的小孩，我回頭看那時，死亡離我的想法很遠。

臨床工作者：妳是否曾有過自殺的想法，除了這三年外？【行為事

件】

病人：沒有，據我記憶所及。

臨床工作者：那這三年來，妳是否有過其他自殺未遂的行為？【行為事件】

病人：有過其他想法，但我不覺得這是激烈的【停頓】我記得我問我先生如果我死他是否會哭，那時我曾祈禱上帝，如果能讓我得到癌症或其他疾病，我就不必自殺。

臨床工作者：好。

病人：因為我的家人將比較能處理這情況。

臨床工作者：跟自殺而比？

病人：【病人點頭同意】我想要放棄自己。

臨床工作者：回頭看妳現在，妳是否也是在放棄自己？

過去並沒太多的材料呈現出來，這可能意味 Barbara 處在急性的危險中（acutely dangerous），她表示之前無自殺的企圖和未遂的行為，即便 Barbara 曾稍有自殺的想法。注意我持續地探詢，儘管她對於我的詢問（她過去三年有沒有其他的自殺企圖這個問題）予以否認。如此詢問並沒揭開更多自殺意念，但發掘到值得注意的事，Barbara 她說到「有過其他想法，但我不覺得這是劇烈的【停頓】，我記得我問我先生如果我死，他是否會哭。」令人困惑的，因為對她先生，她並沒有出現太多的驚訝和不安，這可能暗示著有某種的攻擊意涵，對於她先生的關心不足。在一些很小的問題上，卻常是對很多的夫妻造成困擾，最不好的情況就是他們不再溝通。在這個例子中，臨床工作者應在心中有些分類。如：「她是否有性格上的障礙，是否有被動攻擊的傾向（passive-aggressive）？「以 Barbara 來說，這被顯示是個有效的疑問，在較後面的會談，可以發現答案是肯定的，這發現也證明以 CASE 法引出自殺意念的優點，因為自殺是個禁忌且具爭論性的主題，這討論將會帶來表面的防衛，因此讓晤談中有所隱藏。

在完成探索過去事件的區域，臨床工作者目前要轉向最重要的時間點，去預測目前最迫切的危險。

❖ 第四部分：立即性事件的探索

在這個部分的重點是集中在「什麼是案主目前的自殺目的？」因此除了探索於會談時所提的自殺意念外，臨床工作者也要詢問案主於離開這辦公室或急診室後自殺的想法，當致力於探討目前的時間區域時，這內容是最容易記住的。

如果關心病人的安全或病人自我報告的有效，一個可靠的來源是關鍵。在Barbara的案例中，我們的危機介入團隊和LMS臨床工作者已和 Barbara 的先生接觸過，這很重要是去評估案主存在的支持結構，且如果需要也會設計特定的處置和計畫來提供給他們使用。

在CASE法的這個部分，了解危機計畫的課題，經常是藉由詢問問題的方式。例如：「如果今天晚上或明天你又有自殺的想法，你會怎麼做？」從病人的回答，通常是可推測病人的嚴重性或確定他的安全狀況，且這回答也提供一個腦力激盪的機會讓這計畫結束。臨床工作者用直接的方法詢問病人，他（她）目前對自殺的感受或看法，如：「你有任何要殺死自己的想法嗎？」

接下來的部分要引導臨床工作者去看一個關於生命安全契約（safety contracting）的爭議，雖然有些專家肯定生命安全契約的必要（它可提供萬一上法庭的需要，和阻止案主因自殺衝動而有的行為）；但有些則反對生命安全契約的必要（因為覺得這是多餘的，如果案主要自殺，他可說謊，所以為何要多此一舉）。我傾向要視情形而有不同的處理，因為人是複雜的，他們在生命安全契約上的反應常是充滿變數的，有些人生命安全契約對他而言是有價值的，但對有些是無用的，甚至把它當做反制操弄的工具。在 CASE 法中，臨床工作者要用個人的臨床判斷來決定獨特的個體在不同的情況下是否需要訂生命安全契約。如果適合則用它，如果覺得不妥就不要使用，沒有一個絕對的答案。

將這哲學觀放在心中，讓我們更仔細省察圍繞於生命安全契約的議題，我覺得它對某些人來說是很有用的工具，但對不少臨床工作者來說，或許並不會以此來看。在生命安全契約中最重要需記得的是，這契約並不能真的提供安全保證，我曾有個病人在我的辦公室完成生命安全契約，之後兩個小時就用藥過量自殺。

生命安全契約能否扮演相對的制止物？在我的經驗中，對有些人有時是一種方法，但對其他人而言可能並不存在；也或許對有些個體，生命安全契約有時可當個制止物，讓臨床工作者和案主做較有影響力的結合，和更具體的契約（如：寫文件）。要殺死自己是件困難的事，任何能讓自殺更困難的事，都可視為阻礙物。長期累積這類困擾和較信任治療師的病人，較會遲疑去打破個人的承諾；相對地，生命安全契約的阻礙力量，對初次會談案主的影響力明顯較少。

在訴訟的領域，初次衡鑑的生命安全契約文件對於控訴可提供一些法律上的支持，但不會太多。在某些細節部分也許可支持病人可能是安全的，但這些還是不足以證明臨床工作者沒有疏漏。因此在寫紀錄時，儘可能的找出臨床工作者覺得生命安全契約是具有效力的，這麼做有時可提高保護的作用。例如：臨床工作者可能寫下：「這病人給予生命安全契約可靠性似乎頗高，因為他呈現好的目光接觸，穩定的情感，肯定有力的握手，自然不遲疑的語調。」

如果第一次遇到這病人——或許在急診室——生命安全契約真的可有效挽回或阻止病人嗎？在這第一次的接觸情境下，生命安全契約的幫助或許很有限的。就算他（她）很快的擔保，如：Barbara在星期五晚上對她的危機工作者和在與我的會談中，所提供的生命安全契約是會有些許不同的效果，沒有人可以真的確定真實狀況為何，因為並沒有實證的研究可提供答案。

但在我的觀點中，挽留或阻止病人並非生命安全契約主要目的，尤其在第一次見面的情境中。生命安全契約的協議過程反而是個較敏感的衡鑑工具，在生命安全契約呈現之時，晤談者搜尋病人的臉部、肢體和語調有無任何欺騙或矛盾情感，晤談者訓練注意矛盾的非語言線索，若發現有疑問，臨床工作者可簡單的問「看來似乎連你自己都難以同意的樣子，在你的心中想到什麼呢？」這回答可以被關注。

還有一個重要的部分需明白，對有些人，最好避免用生命安全契約的議題，有些邊緣性人格違常或被動攻擊性格者，可能會對生命安全契約的部分有操弄。在凌晨兩點的急診室中，這挑戰可能丟回給臨床工作者，病人可能說「我不知道要告訴你什麼，我猜我是安全的，但另一方面我不能看見未來，你知道有誰能嗎？我並沒有水晶球，你知道嗎？所以我不能保證任何事，你帶來了一個問題。不是嗎？」

決定是否對嚴重的性格疾病病人詢問生命安全契約的問題，最好是直接藉由案主的治療團隊或和治療者談，在下一章中，CASE法對這類案主通常會明顯地改變。對邊緣性人格違常者引出他（她）自殺意念的有效方法或許與較成熟防衛的恐慌症病人不同，而這兩者的方法又與引出急性精神病病人的自殺意念有所不同，這

CASE 法通常需要彈性地應用在不同類型病人。

最後在這個部分值得提起的部分是，探討病人目前的無望程度，和病人是否對未來具有意義的計畫（productive plans），或者是否願思考出具體計畫來處理目前問題和壓力。這關鍵可藉由病人是否對心理衛生機構的追蹤有與趣和這興趣的真實度來觀察。

將這想法先存於心，讓我們回頭去看和 Barbara 的晤談，從這觀點，我認為進入我們的危機團體是她快速回復的最好機會。雖然出院的選擇是根據我探索她即刻的意念想法的結果，但進入這新部分有幾個問題我仍未問清楚，就是我還未問她在這整個週末她的自殺意念，Barbara 開始誤解我的問題，我問「在過去的幾天，妳是否有任何自殺的想法？」在非預期的岔開，得到一些令人驚訝的訊息：

臨床工作者：回到現在，妳是否覺得被放棄？妳在哪裡？

病人：我不知道。

臨床工作者：妳是否覺得全然無望？

病人：我感到毫無價值。【哭】

臨床工作者：妳是否看到任何希望？

病人：我不知道，那是我們嘗試做的。【臨床工作者拿面紙給她】

臨床工作者：是，那也是我問的原因，妳知道我想若妳能有一些希望，我們可以幫助妳較具彈性和嘗試處理這壓力，並協助妳去控制任何妳可能有的自殺想法，在過去幾天妳有任何自殺的想法嗎？【行為事件】

病人：是。

臨床工作者：我知道這很難啟齒，但妳做的很好。【溫和地說】

病人：星期四我已經頭痛了四或五天，一點都沒有好轉，讓我不能忍受，我想到若我把手提包中的藥丸吞完，或許我會死，也或者我會去睡一覺。

臨床工作者：是什麼原因阻止了妳？【行為事件】

病人：我不知道什麼原因阻止了我。

臨床工作者：最近妳還有什麼其他想法——就是這幾天？【溫和假設】

病人：只是想將計畫付諸行動。

臨床工作者：【澄清語調】……當妳在告訴妳的朋友時，妳想殺掉自己嗎？

病人：是。

臨床工作者：妳沒有住院，有嗎？【行為事件】

病人：沒有，他們原要我住院，Jeffries 醫師【急診室的內科醫師】星期五要我住院，後來有位心理治療者來和我談，就將我帶入這個計畫，這是住精神科病房的另一項選擇。

臨床工作者：好，我想這是個好的選擇，且讓妳不必住院，我想妳會發現這團體很具支持力，這治療者或許也幫助了妳有回轉機會。

Barbara 對於我詢問關於「無望感」的部分，她的反應並沒有明顯的呈現感到無望，反而她報告感到「無價值感」（worthless）並開始哭。藉由接近她的痛苦，無疑痛苦的處理要持續，但分辨「無望感」和「無價值感」是很重要的。當感到無價值是極端痛苦的經驗，但無價值並不等同未來蒙上一個黑色影子，而當感到無望時通常才是。在第三章討論危險因子時，Aaron Beck 提出隨著時間過去無望感與自殺企圖有很高相關。

在 Barbara 的例子中，改變的可能性可從她較不會有無望感及她願意嘗試參加危機團體中，看到一些安全因子，因為她願對未來做計畫，當她決定參與團體，某種程度也巧妙的驗證她並沒有明顯立即自殺的計畫。

從這點，我用連續的「行為事件」去再探索一些她的近期自殺意念。有些驚訝的聽到在她被送到急診室前，她就有想要以用藥過量來自殺的衝動，這危機小組並沒發現這訊息，且此衝動其實在整個週末都仍存在。但從 Barbara 和她先生的陳述中，可得到她目前即刻的危機已先度過了。

至此我幾乎要完成這自殺的衡鑑，在第 3 章中危險因子的部分，我強調危機評估中有效及支持良好的心理衛生系統的重要，在這即刻的系統下，Paul 和他的 LMS 臨床團隊提供了住院外的另一種選擇。

其他的再確認事件，是我在晤談初期有幾個自殺的危險因子未與Barbara澄清的。關於飲酒和物質濫用在目前並沒有呈現這問題；也沒有家族自殺史；且 Barbara 也沒有精神症狀出現，這訊息顯示 Barbara 缺乏需即刻住院的致命三要件。她沒有嚴重的自殺未遂，也沒有任何精神症狀，最後在CASE法中，她也沒有呈現即刻自殺的企圖。

雖然 Barbara 可能有些人格的障礙，但在晤談初期部分，也沒有明顯的證據顯示她是符合軸Ⅱ的人格疾患，如：邊緣性人格違常或戲劇性的操弄。接下來，我認為她適合利用生命安全契約，且準備讓她進入 LMS 團體，只要在訂生命安全契約時，她沒有任何隱藏的遲疑或矛盾。

臨床工作者：好，我想這是一個不錯的權宜方式，它讓妳不必住院，我想妳將發現這團體非常具有支持力，這治療師是很棒的，對妳也會很有幫助。

病人：好。

臨床工作者：好，目前妳是否有任何想殺死自己的想法和企圖？

病人：沒有。

臨床工作者：究竟我需要擔心，或妳需要擔心，還是Paul【團體的治療師】需要擔心，如果妳走出這裡會不會想殺掉自己？

病人：不會的。

臨床工作者：那妳能訂下契約保證，當妳想要傷害自己之前，妳一定會跟我們或危機治療者聯絡嗎？

病人：好。

臨床工作者：妳能擺脫嗎？

病人：能。

臨床工作者：妳，妳能用妳的眼睛看著我嗎？【病人微笑並看著治療者眼睛】我是認真地，而這也是妳的責任，且我信任妳。

病人：我可以。【看來較緩和】

臨床工作者：妳讓我們知道，我們的目標是讓妳不致於住院，並希望在這團體裡能得到一些真正的幫助。

病人：好。

臨床工作者：我知道要談這些很困難，因為自殺是個讓人害怕的事，有人會覺得有這想法感覺不好。但我希望妳能去學習，當我們願去談它時將傾向不會去做它，而當我們不願談它，則可能更危險，所以通常讓我們知道會較好【案主有好的眼神接觸且看來有真誠地動機】。關於有自殺想法，這想法變得更頻繁；開始計畫它，更頻繁計畫；把所有事串在一起，嘗試它；在妳實際要傷害自己之前，我們可以在上面任何一點介入，這是很重要該記住的。

病人：好。

臨床工作者：所有強烈的痛苦妳都有過，那妳有藉由喝酒來幫自己處理這痛苦嗎？

病人：不，我不太喝酒。

自殺意念的引出已完成，Barbara 也做了令人較確信的生命安全契約，且她的狀況似乎也出現改善。這CASE法的功能不只是一種衡鑑的工具，也是立即的治療介入。這個過程也做進一步的診斷，和生物心理社會（biopsychosoical）訊息的蒐集，例如：對她過去用酒精的情形做更多的了解。

在 Barbara 的例子，我們可看到臨床工作者如何蒐集關於案主自殺意念的訊息，並將晤談時所得的或已證實的案主資料，融入個人知識，來了解案主的危險因子。這些資料庫可做為實際臨床決策的基礎。

這衡鑑過程，有些訊息附帶完成——有些非常重要。這晤談者幫助病人去說出痛苦，許多時候病人實在獨自承受太久，或許慎重和嚴謹的詢問也傳達人性的關注，對案主來說，這關注可讓他們開始覺察到希望，就如 Barbara 這案主。

CASE 法可說是敏銳，但講求實際的方式，通常它有助於讓案主感到足夠安全，而願邀請臨床工作者進入自殺思考的秘密世界。這邀請不會輕易結束，但它被限於臨床工作者要知道自殺的語言（the language of suicide），就如 Anne Sexton 在本章開始時如此中肯的說明，這自殺的語言就是方法的語言：槍、刀子、一氧化碳等。這 CASE 法是進入這世界的通道，也能讓我們（指臨床工作者）能更清楚的去談論。

註 釋

1. Sexton, A.: "Wanting to Die" in The Norton ***Anthology of Modern Poetry***, edited by R. Ellman and R. O'Clair. New York, W.E. Norton & Company, 1973. p.1202.
2. Othmer, E. and Othmer, S.C.: ***The Clinical Interview Using DSM-*Ⅳ*. Vol. 1: Fundamentals.*** Washington, DC, American Psychiatric Press, Inc., 1994.
3. Morrison, J.: ***The First Interview: Revised for DSM-*Ⅳ*,*** New York, Guilford Prss, 1994.
4. Benjamin, A.D.: ***The Helping Interview: With Case Illustrations,*** Boston, Houghton Mifflin Co., 1990.
5. Sommers-Flanagan, R. and Sommers-Flanagan, J.: ***Clinical Inter-viewing.*** New York, John Wiley & Sons, Inc., 1999.
6. Shea, S.C.: ***Psychiatric Interviewing: The Art of Understanding, 2nd Edition.*** Philadelphia, W.B. Saunders Company, 1998.
7. Shea, S.C., 1998, pp98-131.
8. Shea, S.C. and Mezzich, J.E.: Contemporary psychiatric inter-viewing: New directions for training. ***Psychiatry; Interpersonal and Biological Processes*** 51: 385-397, 1988.
9. Shea, S.C. Mezzich, J.E., Bohon, S., and Zeiders, A.: A compre-hensive and individualized psychiatric interviewing training program. ***Academic Psychiatry*** 13: 61-72, 1989.
10. Maltsberger, J.T.: ***Suicide Risk: The Formulation of Clinical Judgment.*** New York, New York University Press, 1986, p.87.

譯　註

①：一種止痛退熱劑。

②：鎮靜性抗組織胺藥物。

第三部分

危機的實務衡鑑：

彈性的策略和有效的概念化

第七章
總整理：作出安全而有效的決定

當一個醫生告訴我說，他很嚴格地遵奉某種治療方式時，我總會對他的治療成效感到疑慮……。我個人在治療每一個病人時，是儘可能地將其視為獨特的個體，因為對於每個人所困擾的問題，其解決方式總是獨一無二的。

卡爾・加斯塔夫・榮格（Carl Gustav Jung），醫生

緒　論

沒有任何兩次的自殺衡鑑是會完全相同的。即使讓同一個臨床工作者和同一案主接連著進行兩次衡鑑，第二次衡鑑也會不同於第一次，因為前一次的衡鑑過程已經對情境中的兩個人造成改變，且兩人的關係也已有了變化。要能夠與他人分享如同自殺意念、自殺計畫這般個人隱私的訊息，是必須能信任對方才能採取這樣的行動的。而案主是否能在此時及將來有這樣分享自己隱私的意願，就直接取決於臨床工作者的言談、姿態和眼神，亦即臨床工作者的一言一行能否讓案主直覺地產生安全感。

其他還有很多因子決定著每一次自殺衡鑑的獨特性：臨床環境背景（例如：精神科診間 vs. 學校輔導室）；臨床工作者對案主的熟悉程度（例如：初次衡鑑 vs. 後續治療）；案主可能內含的心理

病理狀態（例如：沒有人格疾患的診斷 vs. 邊緣性人格疾患）；每個衡鑑參與者的心理特殊狀態（例如：嚴重酒醉的案主或是連續幾晚值夜班而筋疲力竭的臨床工作者）。

為了「把事情兜在一塊兒」，臨床工作者在執行自殺衡鑑的三項要務時，必須確實了解上述各項因子之間的相互作用。這三項要務包括，第一，應讓危險因子顯露出來；第二，引導案主說出自己的自殺意念；第三，根據前兩項資料來形成對案主的臨床概念（clinical formulation）。主持晤談者若能夠將每一次的自殺衡鑑都視為獨一無二的要務，那他就具有作出正確決定的能力，這樣的決定可能是決定案主是否可以安全地自行離開，或者必須被安排入院。案主的需求加上臨床工作者的需求是每次自殺衡鑑的共同創作者，而這些需求是在晤談所展開的臨床環境的要求中所塑造、形成的。

在三項自殺衡鑑的要務當中，找出危險因子大概是最簡單的了。一般而言，危險因子都有其歷史性和流行病學的特性；而要找到危險因子，晤談者一點也不需要考慮到案主自身的變化。相反地，要引導案主說出其自殺意念最有效的方法，則會隨著案主及晤談者雙方的狀態及心理需求而隨時改變。要能夠成功獲知案主的自殺意念，案主有與人分享想法的意願及臨床工作者助長案主之意願的技巧是同等重要的。臨床工作者慣用之臨床判斷的「觀點」類型也可能有很大不同，取決於案主對這些觀念的熟悉程度，還有案主本身的性格結構。因此在本章中，我們將著重於何時需要有彈性地處理自殺衡鑑的第二和第三項要務，也就是引導出案主的自殺意念，以及作出臨床決策，因為這也是帶給臨床工作者最大挑戰的兩項要務。

首先，我們將著重在一個有經驗的臨床工作者可以（也應該要）如何適應CASE法。接著的重點是了解破壞理想臨床情境的小精靈三人組——不一致的訊息、案主心理狀態的波動起伏，以及反覆不定的社會支持系統，因為它們的存在將導致一些錯誤的發生。我將描述它們如何妨礙危機衡鑑的過程，還有如何補救過度保護及保護不周所導致的錯誤，像是不需要住院的案主被安排入院，或是一個案主出院後隨即就嘗試自殺。最後，我們將全部都整合起來，透過檢驗七段臨床小短劇，來說明本書中所有討論過的原理法則。

想要學習困難的自殺衡鑑，沒有比在忙碌的診間和一片混亂的急診室這類真實的情境下，觀察它被實際執行更好的方法了。而這七項臨床小格言就是被設計來驗證我們多需要適應力和創造力。一個有功能的臨床工作者會努力於讓自己的技巧和策略能適合個別病人的需要。如同本章初始，Jung於近五十年前所寫下的警語，置於今天的情境中仍是相當有智慧的忠告。

衡鑑的環境：扮演有彈性地引導案主說出自殺意念的角色

「多多，我感覺我們好像已經不在堪薩斯州了……」

Dorothy，在電影「綠野仙蹤」片中

想要正確地執行自殺衡鑑，有部分的藝術就在於「知道自己所在的位置」，這是指當你在工作時，是否能從臨床的觀點看出自己所在何處。臨床環境也和其中的兩位參與者相同，都有其獨特的存在現象。說得更具體一點，和一個熟識且有成熟的防衛機制的案主同坐在隱密的辦公室裡，還是和一個完全不認識且有邊緣性人格疾患的案主坐在急診室裡，自是完全不相同的兩種世界了。前一個情境是在堪薩斯州，而第二種情境則是在綠野仙蹤裡的奧茲國了。

CASE 法的基本原則可適用於所有的衡鑑環境。然而基於手邊情境中的細節各有不同，這些基本原則能夠如何被有效地運用就會有明顯的差異了。我們將從描述一個情境架構開始，好讓我們可以實際操作，且以簡潔的方式來討論這些不斷變化的衡鑑環境的個別需求。

我們所討論的情境架構會建立在兩個軸線上（見圖 7.1）。第一軸為晤談者對案主的熟悉程度，軸的一端起始於臨床工作者對一位完全不認識的病人進行初次晤談，一直延伸到相反的另一端，即是治療者對熟識的案主進行後續的治療。第二軸是人格的病理狀態，軸的一端起始於對頂多只有很少數的嚴重人格問題的案主進行晤談，另一端則是對正和嚴重的人格問題搏鬥的案主進行晤談。這些人格異常可能包含典型的疾患，像是邊緣性人格和自戀型人格，其他也包含「獲得的人格疾患」，常見於嚴重的物質濫用者。

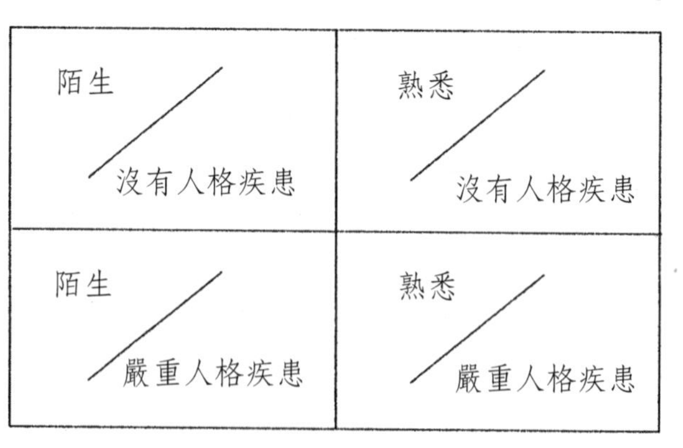

圖 7.1　衡鑑環境的矩陣圖

CASE法的彈性運用將視這兩軸的需要而定，我們可以透過一個 2×2 的矩陣來形成四種不同的衡鑑環境，以便更清楚地描述這兩軸的交互作用會呈現出什麼樣的差異性。

這四種被區隔出來的衡鑑環境多少有一點人為的意涵，案主一般而言並不會完全符合某一個情境。但是這個矩陣可以給我們的討論提供一個很有用的出發點。讓我們從兩個簡短的例子開始。一個臨床工作者在開始使用CASE法前，所面臨到最明顯的抉擇在於，晤談時究竟要蒐集多少範圍的資料。根據第六章，晤談者應該儘可能地調查下列四類不同的年代事件：⑴目前的事件；⑵近期剛發生的事件；⑶過去的事件；⑷立即的事件。以我們的第一個範例來說，如果要對一個正在接受治療中的案主進行自殺衡鑑，應該就不再需要調查他過去的自殺事件，因為此時臨床工作者對這些訊息應該都很清楚了。此外，近期所發生的大多數事件也都知道了，所以剔除這方面的詢問也沒有關係。然而治療者仍應調查第六章所提，案主目前的自殺事件和立即要發生的自殺事件。

在我們的第二個例子裡，將出現一個複雜許多的策略決定過程，臨床工作者必須決定究竟要花多少時間在自殺事件的直接評估上，就像CASE法所指出的那樣。還是應該反其道而行，改採用危機處置／認知治療的技術，直接把力氣花在降低自殺危機上。例如：在和有邊緣性人格疾患診斷的案主進行治療的過程當中，常值得注意的是一個有技巧的治療者如何利用認知行為技術，來幫助案主將其自殺危機轉化成其他形式。確實在「自殺衡鑑」中有許多時候我們必須確定案主對這些治療技巧的反應如何，而實際上，認知治療也成為自殺衡鑑中不可或缺的一部分了。

對於剛才提到的那類案主，如果我們像 CASE 法所要求的那樣，把很多時間花在他們自殺意念的細節上面，可能反而會變得沒有成效，而且可能人為地渲染了「自殺性言論」。因此，有經驗的治療者在跟邊緣性病人進行後續治療時，就應該適度地修正CASE法。這是一種理想的狀態，但並不一定行得通。在對類似的邊緣性病人進行初次評估時，如果此案主對外在的環境系統而言是陌生的，則並不一定能夠有效地採用和之前提到的相同治療方式。在這種情況下，最有效也最可信賴的確認立即性自殺危機的方法就是執行標準的CASE法。危機處理者可以彈性地對每一個邊緣性病人做個別判斷，看看是否應該這麼做。

後面這種危機處理者對不熟悉的邊緣性病人進行晤談的情況，說明了有很多其他的軸向會影響自殺衡鑑的現象學。比方說，「熟悉程度」一軸考慮的是晤談者對案主是否熟識，但「外在的環境系統」是否清楚案主的狀況也是個問題。如果系統對案主也是認識的，也就是知道案主有個治療師或者常常去急診室報到。那麼危機處理者就可能可以更有效地使用前面提到的認知技巧了。他可能會藉由和治療師一起回顧此案主的資料，或諮詢案主和其長期治療團隊所訂定的後續治療計畫來提高其評估效率。有時候，治療師甚至希望直接透過電話來提供治療。而這些重要的有利條件，在系統對病人毫無所知時是不可能發生的。

在其他的軸向中，可能會對臨床工作者修正CASE法有益處的如下：

1. 是否具有精神疾病？
2. 是否有激動（agitation）或就要出現暴力行為的徵兆？
3. 案主是否具有能提供有條理且正確的訊息之能力？

在考慮我們的矩陣所舉出的四種不同衡鑑情境之前，值得先探討一下前面這三個軸向對策略選擇的影響。

如同第三章中所提到的，目前出現的精神疾病代表著需要澄清更多疑問。讀者可以回憶一下值得臨床工作者注意的三種急性精神病患：⑴存在命令式的幻聽；⑵被外力控制的思想或感覺；⑶以自我傷害的方式來表現宗教執著，像是以類似耶穌基督的方式來自我獻身，或是自殘的行為。接下來的問題則是：這些疑問應該被放在CASE 法所討論的四個時間架構中的什麼地方呢？

通常，臨床工作者可以在晤談初期很自然地展開這些方面的調查，像是首次探索案主的心理歷程時。如果在這個時間點並不容易提及，那麼也可以把它帶入CASE 本身的問題當中。尤其在不知不覺地將談話導入自殺相關主題以調查第一部分（即目前的自殺事件，如果真有自殺事件正在發生的話）時，是最容易有效達成目的，因為這類主題可能是因精神異常的情緒歷程所致。這樣的調查經常會緊接著進入CASE 法的第二部分，也就是近期的自殺事件。

在後續晤談的早期，病人可能會暗示有聽到聲音，可能具有命令性，但是在當時他不明確地討論任何相關的細節。有一次在探討目前的事件時，臨床工作者準備巧妙地再談談這個精神異常的歷程：

案主：我已經考慮過各種不同的自殺方式，像是用槍或是用刀子。但我不知道哪一種比較好。

臨床工作者：Jim，稍早的時候你曾經跟我提過一些聲音，而且它們會變得愈來愈讓人討厭。它們曾經告訴你用哪一種方法比較好，還是曾給你一些其他建議嗎？

案主：有時候。

臨床工作者：它們是怎麼說的？

案主：像是它們會告訴我說，我最好選那種真的有用的，因為我不能讓它們失望。

臨床工作者：「讓它們失望」是什麼意思？

案主：（嘆氣）我並不是很清楚，它們就是覺得我讓它們失望了。它們總說我是個一無是處的徹底失敗者。

臨床工作者：它們曾經要你用槍或是刀子嗎？

案主：（古怪的微笑）它們比較喜歡槍。

臨床工作者：它們究竟叫你拿槍來做什麼？

案主：（案主傾身向前且悄悄地說）「射你自己，笨蛋，朝自己射下去。」【坐回去且微笑】

臨床工作者可以輕易地將主題由命令式的幻聽轉換成被外力控制的主題：「Jim，稍早你曾經提到說你覺得被自己身體裡的惡魔強迫著去做一些事情。我在想，不知道它們是否曾經要你對自己開槍，還是拿刀刺自己？」用上一點創意，臨床工作者甚至可以使用一些關鍵性的說法來引出危險的宗教執著意念（hyperreligious ideation）：「Jim，你曾經說過你覺得神對你有一些特別的計畫，所以你有不幸的宿命。我在想你是否覺得神或撒旦想要你用把槍或刀來殺害自己？」在所有上述的句子當中，我們可以看到如何將和自殺有關的精神病歷程疑問，自然地置入對正在進行或近期之自殺想法的詢問當中。

隨著晤談的進行，晤談者有時會遭遇的另一個問題是案主無法提供有條理或正確的資訊。此時問題就變成：「我應該執行多少CASE法的步驟？」因為目前進行臨床業務時，普遍都有緊湊的時間限制。每個人都不想浪費時間蒐集無效的訊息。

這樣的難題容易出現在受老年失智症和／或譫妄之苦的病人身

上。但同樣的困難也可能出現在喝醉酒的案主，或某些有嚴重的聯想鬆弛（loosening of associations）問題或有明顯的形式思考障礙（formal thought disorder）的精神病患身上。務必要記得的一個很重要的概念是，這些病人可能有衝動性自殺或因一時疏漏而變成自殺的高危險性。特別是那些精神錯亂的病人，就算他們說出來的話不太有道理，但他們無意義地嘟囔著要自殺的話語，也可能出乎意料地成為有明顯危險性的證據。例如：我曾經記得有一個住院的神志錯亂病人，在病床上暗示著說馬上就要自殺了。結果發現是在他的妄想症狀中，認為醫院裡的工作人員將會在晚上的時候來折磨他，「等到他們沒事的時候，反正他們都是要殺死我的【不如我先自殺了】」。

因此面對這樣的病人時，我會像對其他的案主一樣，很小心注意地了解其目前的事件〔如果有的話〕、近期的事件，和立即的事件。對這些病人來說，我會調整縮短CASE法中的其中一項，就是對過去事件的調查。如果我覺得病人目前的失智狀態影響他報告過去自殺事件的正確性，我可能只會簡短地帶過這個部分，然後去找像是配偶或其他家庭成員等更可信可證實的資料來源，來補充他過去的自殺史。對於有嚴重失智症的案主，不太需要引導他說出自殺意念，甚至可以完全不用提及，因為不會有什麼有意義的資訊可以提供幫助的。

另外一個可能會影響臨床工作者施行CASE法的原因，就是案主可能會變得愈來愈暴力，尤其是在急診室裡。我們應該嘗試找出每一位案主的自殺意念，但如果案主的反應是越來越暴躁或出現威脅性的舉動，此時就應該暫時放棄並找好安全的後援。所詢問的問題應該聚焦在探問案主目前的自殺意念和立即性的自殺意圖。如果案主已準備住院，全套的CASE法可以等他到達自己的病床，且有時間冷靜下來後再來調查。在急診室裡，工作團隊在處理這樣的躁動案主時，應共同協助晤談其他可提供確定訊息的訊息來源，以提供案主之立即自殺的潛在危險性。

現在我們已經看過一些可能影響我們執行CASE法的因子，接下來讓我們一個一個地來仔細討論，從矩陣裡所提出的四種衡鑑環境會有怎樣的策略運用。

❖ 衡鑑環境1：晤談者對有成熟防衛機制但陌生的案主探問其自殺意念

這種衡鑑環境是自殺衡鑑中最常見的一種型態，可能出現在各式各樣的場所。包括私人執業的心理診所、門診看病的診所、高中和大學的諮商室、急診室、物質濫用門診、藥物戒治中心，以及醫院。和之前所提到的精神病患、認知受損，或躁動案主所需要的特定調整有所不同的是，在此環境中，CASE法可以直接使用而無需明顯修正。

❖ 衡鑑環境2：晤談者對有嚴重人格疾患且陌生的案主探問其自殺意念

我們所謂的嚴重人格疾患指的是下列診斷：邊緣性人格、妄想性人格、類分裂性（schizoid）人格疾患、難以補償的戲劇性人格（poorly compensated histrionic personality disorder）、難以補償的自戀性人格疾患，以及某些不同的反社會性人格疾患。有明顯物質濫用問題的案主也可能被當成「假性人格疾患」，因為有證據顯示因為他們的上癮問題，他們會出現嚴重的人際障礙來當作自我防衛的方式，而這些人際互動困難的情況就像人格疾患一樣。有相當多的物質濫用者也會同時出現完整的人格疾患，而有此共病狀態的病人，尤其是合併邊緣性、自戀性，或戲劇性人格疾患的人，通常都會處於危機狀態中。因此，這類的晤談在急診室、醫院，以及物質濫用中心是相當常見的，但它們也可能發生在任何的臨床場合，包括學校諮商員的辦公室。

就某方面而言，臨床工作者所可能面臨的情況中，最具有挑戰性的其中之一就是對這類病人進行初次衡鑑。他們的出場常常有幾個顯著的特色，像是激烈的情緒、頤指氣使的態度、想要操縱別人的企圖，還有一群也是要求很多的生氣的朋友和支持者。簡單來說，這些都是處理危機之臨床工作者的家常便飯。

CASE 法可以讓這樣的臨床風暴帶來某種程度的冷靜。當臨床工作者對此方法中的細微差別都很熟悉時，則採用此方法可以提供一個明確而可信的工作架構。持續對許多案主使用CASE法的臨床工作者，在幾年後會開始發展出一種可信賴的臨床直覺，能分辨案主何時是想利用自殺來作為操縱的手段，而何時又是真的有想致自己於死地的意圖。

但如同我們先前所提到的，對這些案主施行CASE法原來就存在著左右為難的困境，因為直接詢問他們的自殺想法與計畫本來就是一種「加大賭注、提高風險」的做法。我個人的意見是，案主這種以自殺來操縱別人的行為歷程最好被看成是，在危機時期被他視為可以有效地獲得人際支援和專業支援的方法，而這也是他學習來的技能。這樣的行為已經比較不像是蓄意的，而更像是習慣性了。和這類的案主在一起時，我們並不想增強這種行為模式。臨床工作者有一點陷入進退兩難的情況，因為一方面他或她對案主並不是很了解，但又必須在不助長其操縱行為的前提下得知案主的自殺計畫。

讓我們更仔細地來看看這個常常遇到的困境。在操作完整的CASE法時，臨床工作者並不想要因為專注在案主的自殺意念上，而增強了案主以操弄自殺來開玩笑。但從另一方面來看，沒有哪個臨床工作者可以在第一次面對一個陌生的案主時，就確定地辨識出他是否有藉自殺操縱別人的行為，當然也無法確定如果否認他的自殺意願，則此陌生案主會不會因此衝動地將自殺行為付諸實行。因此，臨床工作者必須嘗試著了解案主的致命性究竟有何可能，而這也是 CASE 法現有的課題。

以我的看法，在最壞的情況下，就是晤談者和心理健康照護系統對案主都完全陌生，而且也沒辦法得到可靠的資源時，則應該施行完整的CASE法。適時地使用CASE法，在提供架構以決定是否應該住院時，也許可以幫忙破除現有的被扭曲的資訊。如果警覺到可能有讓案主獲得次級獲益（secondary gain）的可能性時，臨床工作者可以在探問案主的自殺意念之前，先頻繁地採用完整的危機處理步驟來降低案主的強烈情緒，並藉此降低案主的操縱。在早期階段中，如果在使用具體的問題解決和焦點解決方法時，還能同時具有和案主發展合作同盟關係（alliance）的能力，則案主在接受後續的 CASE 法晤談時，就常會減少操縱行為和自我誇大的可能性。

在前面所述的最糟糕的案主情況下，臨床工作者的選擇就受到了限制。因為環境系統對案主是完全不了解，所以案主的自殺意念應當照字面上的意思來分析解讀。在如此被操縱的情境下，雖然我們的臨床直覺是沒有需要，但一個陌生的案主完全了解只要說出哪些「熱門」字眼就可以確保安排入院，那我們也只能安排他住進醫院。當這樣的陌生案主住進醫院之後，他們操弄自殺意念的企圖常常就昭然若揭了。但是有時也會發現有的案主是真的處在自殺危機當中的。

到目前為止，我們對這第二種衡鑑環境的討論，都著重在有嚴重人格異常，且晤談者及心理健康照護系統都對其感到陌生的案主身上。然而在另一種情況下，尤其在急診室裡我們也常會發現雖然案主對晤談者而言是陌生的，但是心理健康照護系統卻對案主是很熟悉的。因此確認案主對心理健康照護系統的熟悉程度，就應該是臨床工作者在此衡鑑環境中的首要任務了。

整個歷程可以在急診室裡完成，而這也是最常發生的情景。臨床工作者可以立即獲知三項資料來源：⑴其他可能認識案主的急診室工作人員；⑵案主的治療師或案主管理員；和⑶檔案中的舊紀錄。我個人的意見是，不管已經多晚了，都還是要蒐集到這三項訊息資源。

急診護士和職員可以對案主過去出入急診室的歷史提供非常珍貴的觀察。急診室職員也許會主動提供一些和案主操縱別人的習慣有關的特定訊息，還可能包含一些關於如何轉移這種操縱的有效建議。他們也可能會知道有哪些特定的社會支援系統可以幫忙穩定案主，或者可以提供幫忙好讓案主不需要住院。有經驗的職員甚至可能憑臨床直覺就可以告訴臨床工作者，這個有嚴重人格問題的案主現在是否和之前企圖操縱別人時有一樣的「感受」（feel），還是案主這次所表現出來的感覺和之前有所不同，顯示他可能真的有立即性的危險。有時候一個職員也可能特別擅長於幫忙某個特定案主轉化（transform）其自殺危機，那麼最明智的做法就是讓這個職員來指揮與案主互動的最初過程。

這些建議再次證明了急診室的職員經常都是很寶貴的工作人員，因為他們可以幫忙避免掉許多不必要的住院決定。然而，身為第一個接觸案主的晤談者應該謹記在心的是：有時候，急診室的職員「已經受夠了」某個特定的案主。而且伴隨著耐心的耗竭和／或很困難處理的反移情（difficult countertransferential feelings），有些職員可能會對特定案主在態度上有一些偏見。這種有成見的態度可能出現在單一職員身上，也可能大部分的工作人員都是如此，而內容通常是表現出對案主的生氣或是比較諷刺的批評。這些憤怒的情緒可能導致工作人員在潛意識下提供一些可疑的建議。一個常在急診室表現出危機狀態的邊緣性病人在住院後很可能會被不適當地安排出院，但不久卻被發現真的去自殺了。只因為「喔！她以前也總是這麼說。」每一次的臨床表現都應該被視為獨一無二的，然後再視其原本的人格特質來加以斟酌。如果對案主的過去行為表現有所了解，的確可以幫忙我們更容易地作臨床決策，但我們不應該被這些過去經驗所限制住了。

對那些不熟悉邊緣性病人的晤談者來說，也許在急診室中最好的訊息來源就是案主的治療者和／或案主管理員。我在急診室裡最常見到的過失之一就是，臨床工作者會遲疑著不去聯絡邊緣性案主的治療者，只因為「現在已經很晚了」或是「我們應該可以自己來處理就好，不需要去麻煩已經回到家裡的治療者」。說到麻煩，任何一個正在處理有嚴重人格疾患之案主的治療者都應該會很樂意接受急診室人員的諮詢，不論是白天還是晚上。這種諮詢在這個領域是家常便飯了。

讓正在和案主進行治療的治療者來幫忙，在採取自殺行動前將自殺危機轉化掉，還有避免掉不需要的住院決策，其效果是相當顯著的。有些治療者，尤其是採用辯證性行為療法模式者，寧願直接和案主對談。而許多非DBT治療者則比較喜歡不跟案主直接對談，但是提供處理危機的臨床工作者一些無價的技巧，像是如何使用過去對此案主已經有效果的認知行為治療方法。當案主認出這些熟悉的技巧，而可以回憶起過去在轉化危機時的成功經驗，且能夠感覺到臨床工作者和治療者聯繫後所產生的連續照護效果，則新的解決方式可能就此產生。自殺危機也可能因此排除了。

正在對案主作治療的治療師也可能提供最新的近期危險因子和壓力源，並且應該諮詢他或她對後續處置及危機支援計畫的意見。對案主來說，如果知道隔天可以安排和治療師碰個面常會令他們感到安心。這樣有穩定人心效果的訊息可能是避免住院的必要因子。如同先前所提到的，使用CASE法的臨床工作者所需面臨的抉擇之一，就是在詢問立即的自殺意念時，是否要和案主簽訂生命安全契約（safety contracting）。治療師可以針對特定的案主提供有用的資訊，像是生命安全契約是否會引發案主說出操縱性的「自殺性言論（suicide talk）」。其目的就是將急診室內的處置能和進行中的治療產生連貫性。從法律上的觀點來看，臨床工作者諮詢案主的治療師還有額外的好處，就是萬一將來出了什麼差錯，則比較難證明負責危機處理的臨床工作者有什麼疏失之處。

在諮詢案主的治療師時，臨床工作者也要像諮詢急診室工作人員時一樣，將幾個注意事項牢記在心，尤其是有關治療師的耗竭（burnout）以及反移情的相關議題（countertransferential issues）。同樣地，受 DBT 訓練的治療師傾向於走在問題之前；他們採用每週的督導團體來幫忙他們減低反移情的問題。但是任何一位治療師，在某一個特定的夜晚，都還是有可能給出一個帶有偏誤的意見，所以晤談者自己必須常常將這個可能性放在心上。

治療師和臨床工作者可能在處置上有意見相左的情形，但我很少在急診室中見到這樣的狀況。記住，在急診室裡，最後一定是在急診室中進行衡鑑的臨床工作者和／或他或她的督導員來做出決定。因為只有這個臨床工作者有最佳的角度可以透過和案主直接面對面的互動中，憑臨床直覺來觀察他的非語言徵兆以判斷其危險性。而身在家中的治療師並沒有這項最重要的資訊，而且也不像臨床工作者一樣，對在急診室中的最終處置負有法律上的責任。

臨床工作者在晤談一個陌生的嚴重人格異常案主時，可能有的第三個資料來源就是醫院的病歷表和臨床紀錄。這些紀錄不一定就在手邊，尤其是在晚上的時間，但如果可以拿得到的話，就會是很值得研究的資料。過去的急診室摘記、治療師寫下的最後一次紀錄，還有任何初次評估或出院摘要都特別重要。

案主在過去的互動中若有操縱的情形則應該被詳細紀錄，包括會引起他操縱行為的誘因為何。還有過去自殺企圖的嚴重程度也應該被註記下來。從臨床紀錄中所蒐集到的知識可以直接修正CASE法的使用，像是縮短調查過去的自殺事件的時間，因此可以減少案主拿自殺當材料來開玩笑以操縱他人。病歷紀錄是有正確依據的歷史紀錄，因此當案主在晤談中所提到的和病歷紀錄相左或有所遺漏時，則臨床工作者即應產生懷疑案主是否在目前的階段中無法提供正確的訊息。

包括急診工作人員、案主的治療師或案主管理員，以及過去的臨床紀錄等這些訊息來源，都可以加以整合來擴充CASE法所獲得的資料，並且可以因此找出可以適應某些難纏病人的有效方法。但當我們進入第三種衡鑑環境時，臨床挑戰又會隨之改變。

❖ 衡鑑環境3：晤談者對有成熟防衛機制且正接受治療的案主探問其自殺意念

這類的衡鑑環境對於心理健康的專業人士、物質濫用輔導員以及學校諮商員而言是最常見的情況之一。我們通常假設在初次衡鑑時，臨床工作人員就會對全部四項自殺年代事件表做過一次完整的了解。然後同一組人馬進入諮商的過程當中，而自殺意念就開始出現或持續成為一個問題。那麼究竟該如何在這些心理治療和諮商的過程中使用 CASE 法呢？

如同我們先前所提到的，除非因為某些理由讓臨床工作者對先前所獲得之訊息的正確性產生了新的懷疑，否則毋需再重複詢問第三部分（過去的自殺事件）。除此之外，就按照原本的順序來施行 CASE 法。假使案主從最後一次會面時開始出現自殺意念，這可能是一到四週或更久之前，就要像第六章所描述地那麼精確地調查目前正存有的自殺意念。在了解這部分的訊息（可能涵蓋過去這一個禮拜的狀況）之後，臨床工作者就可以進到下個部分，詢問第二部分也就是近期的自殺事件，並一直回溯到前一次會面的時間。如果臨床工作者對所蒐集到的過去這整整兩個月的訊息正確性有所懷疑，則此時間架構也應該被仔細審查。完成第二部分後，省略第三部分（過去事件），然後臨床工作者接著詢問第四部分（立即的自殺事件）。

我個人的看法是，在進行心理治療時要記住的最重要的一點就是，要不間斷地在每次會談中詢問有關自殺的相關問題，直到治療者覺得可以安心，而案主不再有自殺意念為止。當到達這個程度時，就不再需要每個禮拜詢問案主，但是我會每個月再檢查一次以確保自殺意念沒有再出現。隨著重複使用 CASE 法，有成熟防衛機制的案主很快就會學到談論自殺是可被允許的，因為治療者對這個主題並不會感到不自在，而且還期待對這個想法保持警覺性。一邊是治療者對自殺意念有聆聽的興趣，另一邊是案主有分享的意願，隨著這種互惠關係的開展，可以對有成熟防衛機制的案主提供一張絕佳的安全網。

進行長期治療時可能潛藏的一個陷阱是案主可能會變得有自殺

危險性，但是在會談時仍然看來沒有問題。的確，即使是那些有成熟防衛機制的案主，有些人也會選擇表現出「乖巧的臉孔」來誤導治療師，因為他們想要在這個受自己尊敬、賦予信任且想要討他歡心的人物心裡被認為是很好的。在另一種更不好的情況下，有些案主可能決定要自殺，而且不願說出他們的計畫或顯露出任何可能有問題的暗示，因為他們害怕治療師可能會試著干涉。如果案主總是定期地被直接詢問自殺意念，這樣的秘密是很難被保留住的，但是如果從來就沒被詢問過自殺意念的話，則自殺意念就很容易維持住了。上述因為未加詢問所導致的結果就是所謂的「意料之外的」自殺行為，而在治療過程中這樣的行為常被貼錯標籤，也就是被認為是一時衝動的表現，但實際上它們通常只是沒被偵測到而已。

其他的一些臨床陷阱，則是在對治療中的病患進行自殺衡鑑時本來就內含其中的，CASE 法則是一個對付所有陷阱的防護措施。對於看來正在進步的案主，我們可以輕易地使用判斷性的詢問來了解他的自殺意念，而不需要使用行為事件表。但這些效度值得存疑的問題也可能得到假的答案。因為某些判斷性的問題是因為臨床工作者有潛意識上的需求，希望能因此得到案主的自殺想法正在減少的答案。如果發現自殺想法真的有減少，對案主來說是件好事，對治療者而言也會比較沒有壓力。因此很重要的一件事，就是確定所提出的問題形式並不會造成案主的偏差反應，別使案主總是傾向於說出可讓治療師減輕壓力的答案。判斷性的詢問（Opinion-oriented questions）可能如下：

1.「你的自殺想法已經不再那麼困擾你了，是不是？」
2.「你對自己的自殺想法還是控制得很好，是嗎？」
3.「自從我們上回見面後，你的自殺想法有好轉嗎？」

我的建議是前兩個問題應該用自然的態度順帶提出來，避免流露太強的指示意味。因為它們微妙地暗示臨床工作者想聽到「是的」的回答，而一個過度服從的案主只可能高興地迎合。

第三個問題當然可以問，但應該同時採用行為事件表來清楚呈現自殺想法的確切數量，而不僅僅依靠案主對於想法出現頻率或某個想法是否與自殺有關的模糊印象。措詞高明有效的行為事件表應該包含如同下列的問題：「過去這一個禮拜中，有幾天你曾經出現自殺的想法，即使只是很短暫的念頭？」還有「在這個星期裡你覺得過得最差的一天中，曾經有多少次你有想過要自殺，十次、二十次？」最後這個範例呈現了行為事件表常出現的症狀擴大法。在CASE 法中，特定的自殺方法應該在行為事件表中被同時陳述（「你這個禮拜想到些什麼自殺的方法？」），或是應該系列性地排除特定方式（「想要服用過量藥物的想法又出現了嗎？」）採用CASE法可以避免掉對潛在危險的錯誤評估，無論此誤解是由案主的判斷或是從行為調查而起。

另一個常見的問題是治療師在進行治療的過程中，會忘了跟案主再次確認生命安全契約。儘管目前對於生命安全契約的有效性仍有爭議，但它如果真的有效果，那麼合理來說，定期地給予增強就可以使它達到最佳的功效。有些臨床工作者確實喜歡使用手寫為憑的契約，但我認為那並非是絕對必要的。我的看法是，只有在我們的矩陣中的這個衡鑑環境，接受治療中的案主因為在相較下有比較成熟的防衛機制，所以生命安全契約可能成為防止自殺最有效的工具。但我們應該回想起在CASE法中，生命安全契約的角色更像是一種衡鑑工具而非遏阻工具。在這個自殺族群當中，我確信生命安全契約可以幫忙揭露其危險的自我矛盾情緒，讓導致立即性自殺行為的活動可以顯露出來，而只要負擔可能反而誘使案主耍詐的小危險。所以在調查第四部分（立即自殺事件）時，同時也是完成生命安全契約最自然的時機。

或許在這種門診病人最常見的衡鑑情境中，因為臨床工作者總是按時和案主見面，而案主也總是傾向於不呈現危急狀態，所以最最棘手的問題就是臨床工作者沒有養成與其他訊息來源用電話聯繫的習慣。這樣的問題經常發生在學校諮商室、心理健康中心，以及物質濫用門診病人部門，但是最麻煩的狀況還是發生在私人開業診所，因為在此處治療師是最孤立無援的。

在目前這種情境下，當某個案主因為迅速出現自殺意念而無預警地處於危機當中時，若還有另外一個案主正等著準時進行我們的定期會面，我發現自己常很容易就會忘掉，也許最好的方法就是趕緊聯絡另外一個相關的支援系統，尤其是當我感覺到案主對自己的自殺意圖有低估的傾向時，也就是我常只會想著自己該如何親自處理這個狀況。和其他的訊息來源聯繫需要花費不少的時間，但卻是非常重要的。這些外在資源可能會提供比案主自己承認的還更多的自殺危險徵兆，或者甚至所提供的訊息可能暗示著有住院的需要。這些訊息來源在提供適當的社會支援方面也很重要，因為如此可以避免掉無謂的住院程序。在本章稍後我們將要多討論有關如何和其他訊息來源聯繫的事項，還有和案主隱私權有關的複雜議題。底限就是：只要你曾經想過如果打個電話給某個支援來源，也許就可以幫忙降低案主下決心自殺的危險性，那麼你也許就應該打那個電話。

現在我們可以進到最後一個衡鑑環境的討論，屆時我們會發現CASE 法在此將進行最大範圍的改變。

❖ 衡鑑環境4：晤談者對正在接受治療且有嚴重人格疾患的案主探問其自殺意念

為了維持單純性，我們還是沿用之前所討論的案主類型，以為了處理邊緣性人格疾患而正在進行長期心理治療的案主為例。有邊緣性人格的人通常都會有自殺威脅性和／或類似自殺的行為表現，像是拿刀切自己或是點火燒自己，因為這些方法對於他們強烈的情緒痛楚有驚人的安撫效果。經由這些行為所獲得的次級獲益會逐漸進行成為自殺風暴的惡性循環，可能得到的次級獲益像是朋友表現出來的同情和注意力、可以脫離工作環境、作為未盡責任的藉口、可以成為急診室裡短暫的注意力焦點，還有住院時延長受到注意的時間。有些病人覺得其他人不夠注意自己，但又可能為了企圖證實事實並非如此，而採取一些戲劇化而有效的方式來促使重要他人有所反應。儘管以長期來看這些戲劇化的行為是適應不良的，但短期來看卻是很有效果的。尤其在治療的初期，許多這類的病人習慣以表現出自殺意圖來「提高賭注」。

在治療過程中，臨床工作者會藉由增強案主的某些行為來破除上面提到的惡性循環，可能被增強的行為像是獨立思考、採用問題解決技巧，還有證明案主有努力避免像是住院這類產生依賴性的方式。如同我們先前所提到的，在治療過程中施行完整的CASE法可能出現的潛在問題就是，它可能會加劇「自殺言論」的負向效果。但是當治療師很了解案主之後，對治療師而言就有很大的優勢及機會，而這樣的優勢是一個新接觸案主的晤談者所缺乏的。的確，以處理這類案主而言，如何在進行治療時幫助案主解決他的自殺危機本身就是一個重要的學習課題。

想要處理這些危機可以有許多種方法，在本節中我將詳細說明在衡鑑案主的危險性時有哪些核心的工作守則。竅門就是避免強調對現有之自殺意念與計畫的衡鑑，除非我們已經利用案主之前就學會的認知／行為技術解除了自殺危機。假使危機已經被解決了，那麼就無需再繼續其餘的CASE衡鑑歷程，並且對自殺言論的潛在增強危險也隨之消失。但如果危機沒有被解除，則臨床工作者可藉由完成 CASE 衡鑑來決定案主的短期危險程度為何。

實際上，我在此處的目標就是示範在面對這類案主時，該如何非常輕微地修正CASE法的使用。我並不打算教導或示範如何使用認知治療來解決危機。因為這種治療法是相當需要技巧的，在沒有積極訓練的情況下，不應該貿然使用。有興趣的讀者若想要對這種有效的治療方式了解更多，我個人的建議是多看看Marsha Linehan[2]的最新著作。

在評估這類正在接受治療的案主時有哪些基本原則呢？如果案主最近突然出現自殺的意念，我發現下面所提出的方法常有不錯的效果：

1. 表達體會到他的痛苦（避免和他爭論其自殺意念到底有多嚴重）。
2. 表達了解他的確出現自殺的意念想法。
3. 採用CASE法，簡短地了解一下目前的自殺事件。（這是粗略地了解他的自殺計畫詳細程度，注意一下自殺計畫的嚴重度，並且看看是否有需要住院的理由。蒐集這項訊息是很必要的，以防案主在接受認知治療的過程中自殺意念逐漸升高，並且企圖出其不意地離開，也許就是衝動地將自殺意念付諸實行了。這種出其不意脫離治療的情形在老練的治療師手上比較不多見，但即使如此卻還是有可能會發生，特別是當案主喝酒的情況已經很嚴重，所以無法適當地完成認知作業時。）

4. 表現出非常就事論事（matter-of-fact）的態度，使用行為事件表來找出現有的自殺意念，確認不要因為臨床工作者對危險性的小心，而給案主提供了次級獲益。
5. 隨時提醒案主要注意他或她用來處理強烈情緒和／或自殺意念的方法是什麼，是不是那些他們已經同意當這些情緒或想法出現時所應該要使用的正確方式。在這裡，應該不出我們所料的，安撫案主說他之前就曾經有過成功的轉移經驗，如此總是能有效地促使他採用正確的技巧。我們應該要求案主使用他／她曾經練習過且他／她同意要使用的技巧。
6. 讓案主用具體的說法來複習因應策略的每項步驟，以避免任何可能產生混淆的情形。這同時也提供機會，讓我們可以因為案主還記得這些步驟或者會隨身攜帶寫著這些步驟的小紙條，而給他正向的增強。
7. 幫忙案主從事這些認知／行為技術。
8. 假如這次的危機已經解除，就進到接下來的家庭作業和後續計畫。
9. 調查立即的自殺事件，但是和傳統CASE法不同的是，不要太著重於詢問仍存在的自殺意念／企圖，反而是多增強他已經處理轉移掉多少自殺意念的這個部分，還要讓案主知道他在處理這項危機上做得多棒。
10. 如果案主之前有承諾生命安全契約，那現在正是使用它的時候。如果之前沒有做這個部分，現在只要增強他共同設計這項功課／治療計畫的承諾感。不要對自殺意念正在不斷升高的案主進行生命安全契約，或使用生命安全契約在會操弄它的使用方式之案主身上。

11. 如果案主對認知治療的反應不佳且其自殺意念持續升高，則臨床工作者可以回歸更正統的CASE形式，以努力找出案主的危機指數。但因為臨床工作者已經對案主的過去歷史很清楚了，所以就可以省略這個部分。

透過上述的原則，讓我們看到如何可以讓CASE法有效地和認知治療接軌，以便轉移案主的自殺意念。我們將看到一段有經驗的治療師如何進行重建的治療過程。下面的對話並非要示範或教導大家如何做認知治療，但是讀者們還是可以透過這個有效修正CASE法的示範，看到如何使用認知治療對邊緣性病人進行長期治療。

時間是星期六的淩晨兩點三十分，在這個上帝都已經將你的存在給遺忘了的時刻，電話居然響了，是從急診室打來的。然而身為一位經驗老到的臨床工作者，Meredith對這樣的電話已經習以為常了，因為她的專長就是協助那些有邊緣性人格疾患的案主。打電話來的人是護理長，這麼些年來她已經和Meredith建立了很好的革命情感，她很快地以一個請求開啟這段對話：「Meredith，嗨。我是樓下急診的Janet，很抱歉在這個時候來麻煩妳。但是Mary現在就在樓下，而且她為了要進來住院把門都撞倒了。你一定要幫幫我們，我真的不認為她會想要住院。妳可以來對她施展妳的魔力嗎？（停頓）拜託拜託，就當我欠妳一次人情，很大很大的一次人情。」

Meredith已經和Mary交手過很多年了，很且一直有很不錯的進展。Mary 無論是在住院的次數還是每次住院的天數方面都有顯著的減少。在過去這十四個月裡，她並沒有嚴重的自殺企圖，自殘的情形也很輕微。Meredith幫忙她發展出正確的認知／行為方法來對付她的自殺意念，而且 Mary 也真的成功地把這個方法運用在許多場合。有時候，Mary 還是會有自殺的危機，通常是因為她在對和她斷斷續續維持關係的男朋友生氣所引起的。今天晚上就是這樣的情況：

臨床工作者：嗨，Mary，我是 Meredith。妳怎麼了？

Mary：妳一定得跟他們說要讓我待在這裡。我不是開玩笑的，我再也受不了了。如果今天晚上我不能住進來，我真的會自殺，我就是沒辦法再忍受下去了（開始哭泣）。

臨床工作者：聽起來好像妳正處在很大的痛苦當中。

Mary：沒錯。我正打算要自我了斷。

臨床工作者：真的聽起來妳好像正在這麼考慮。

Mary：不是只是想而已，如果我沒辦法得到幫助的話，我就真的要去做了（試探性地說）。我並不只是想想而已（提高賭注）。

臨床工作者：我相信妳。（停頓）妳已經有想過要用什麼方法來自殺了嗎？（進入 CASE 法中的現有想法部分）

Mary：還是老方法。

臨床工作者：吃藥？

Mary：嗯。

臨床工作者：妳今天晚上有喝酒嗎？

Mary：沒有。

臨床工作者：很好。

Mary：真是的，我根本不需要用那些狗屎來幫我自殺，我又不是酒鬼。我只是想要今天晚上能平平安安地度過，我並不打算再開始喝酒。那已經是過去的歷史了，妳也知道的（試探性地說）。

臨床工作者：聽妳說的話裡面，好像有一部分是想要照顧好自己。即使妳都已經感受到這麼多的痛苦而想要自殺了，但是妳現在還會這麼想要照顧自己，實在讓我印象很深刻。

Mary：嗯，我想也是（聽起來已被說服）。

臨床工作者：妳有服用任何過量的藥物了嗎？（繼續就事論事地確認行為事件表以了解目前的事情，並想很快地了解危險的程度）

Mary：有一點（又哭了起來）。

臨床工作者：妳說「有一點」是什麼意思？

Mary：我買了一整瓶的 benadryl①，也吃了一些以前留下來的阿斯匹靈。我一定會自殺的，我就是知道（開始哭得更大聲）。

臨床工作者：妳還吃了任何其他的藥丸嗎？

Mary：沒有，還沒。

臨床工作者：好，聽起來已經有特定的工作安排給我們了。首先，我可以做些什麼好讓妳可以不再哭泣，這樣我們才能來談談是不是要住院？妳知道，就是我可以做什麼來幫妳自我控制得好一點，這樣我們的談話也會比較順利。事實上，妳為什麼不像在做治療的時候那樣做三個深呼吸，妳之前想要恢復自我控制感的時候就是這麼做的。（注意！此處明顯縮短CASE法在了解目前正發生的事件的階段。正常來說，臨床工作者會開始和案主一起仔細地走過整個自殺意念的內容，以創造出一個用聲音構成的影帶。也會談到其他的自殺方法。但是在此情況中，臨床工作者已經有要了解的目標了：對自殺計畫嚴重性的了解。如果有需要的話，這甚至可以成為做出承諾的理由。現在就得看 Mary 是否能夠改變想法，如果她的想法轉不過來，Meredith 待會兒就會再回到這個話題，並且採用更傳統的

CASE 法來澄清其危險性。但現在我們的希望是不需要這麼做。）

Mary：（案主做了三次深呼吸）我現在沒事了。我可以控制這些想法了。我現在就是覺得有這麼多的痛苦，Meredith。（哭聲變小）

臨床工作者：嗯，聽起來妳現在已經比較穩住了，表現得很不錯啊。妳知道，在過去這六個月中，我有注意到妳對於控制哭泣的能力真的有很大的進步。即使是像今天晚上這樣感到非常痛苦的時候也是一樣。我發現這真的是令人印象深刻。

Mary：謝謝。

臨床工作者：讓我們先回到手頭的工作上。如果我們認為妳必須住院，我們就會讓妳住院（治療師很明智地不把住院當成爭論的議題，即使她直接懷疑住院的必要性而想要避開它）。讓我們看看現在做到哪裡了（停頓）。很明顯的，我現在手邊並沒有備忘錄，所以妳要幫幫我。在妳所做的計畫裡面，當要轉移掉自殺想法時所要做的第一個步驟是什麼？

Mary：妳難道不能夠就只是先告訴他們讓我留在這裡就好嗎？

臨床工作者：我記憶中第一個步驟並不是這個喔（帶著幽默的語氣說）。

Mary：Meredith，妳真好笑（帶著比較平靜的聲調——她的情緒強烈程度正在消弱）。

臨床工作者：嘿，我可不想違背我們之前的承諾。而且我很尊重妳還有過去這兩年妳所下的苦工，所以我不想讓妳沒有堅持到底。我們之前就已經約定好，在我們考慮住院這個選項之前，妳一定會先使用妳在治療中所學過的技巧。而我打算要讓妳繼續保持這個狀態是因為我相信妳做得到，妳也知道的。（注意契約的內容被再次強調，但此處指的並不是生命安全契約而是案主在更早的治療過程中所立下的契約，契約內容是她同意要使用真正的解決方法，並且改善管理自己的情緒風暴。）

Mary：對啦，對啦，對啦（停頓）。好吧，但是我還是想要住院。（聲音的語氣絕對平靜許多了，Meredith走對了路，所以可以感覺到危機正在轉移開來。）

臨床工作者：再說一次第一步驟是什麼？妳有沒有帶妳的衝動控制清單？

Mary：嗯，我把它放在我的錢包裡面，我去拿。（案主回來）不管怎樣，我可以憑記憶就知道全部，幾乎啦。

臨床工作者：這樣很好。

Mary：（嘆氣）如果我突然有一股衝動想要傷害自己或自殺，我一定要問問自己究竟是在對什麼人或什麼事情生氣？

臨床工作者：那麼今天晚上這個問題的答案是什麼呢？

Mary：喔。是個混蛋傢伙。

臨床工作者：妳說的是Don嗎？

Mary：還會有誰。

臨床工作者：他今天晚上做了什麼？

Mary：他放我鴿子，讓我白白等他，妳相信嗎？

臨床工作者：喔，實際上我毫不懷疑會有這種事情發生。他以前不是也好幾次都是這樣？

Mary：嗯。

臨床工作者：其實，如果我記得沒錯的話，大概在一年前他也是這個樣子。而那次對妳的傷害很大，我想妳那個晚上也是覺得很想自殺。妳還記得嗎？結果這個夏天又來一次。

Mary：喔，對，我還記得。

臨床工作者：去年的那個晚上妳做得很好，成功地把妳的生氣和憤怒從自己的身上轉移開來。那時候妳是怎麼做的？妳有沒有利用那一次的經驗來發展自己的衝動控制清單？

Mary：有啊，那就是我第一次使用我的衝動控制清單的時候。

臨床工作者：好，妳已經成功地作出這個清單，而妳的衝動控制清單也是我所看過的裡面最棒的一個（停頓）。我們再讓它大顯神威一次吧！第二步要做什麼？

Mary：我應該要提醒自己說：「我是一個好人。雖然我沒辦法阻止別人完全不去做壞事，但我不打算讓他們的行為傷到我自己。我並不是那個有問題的人。」

臨床工作者：很好，幫我了解一下這句話對妳的意義是什麼，因為我知道它對妳很重要。

Mary：我也不曉得（停頓）。我猜這句話的意思大概是「不要讓那些混蛋影響了妳。」

臨床工作者：妳真的說出妳心裡話了，Mary。（她們兩個都咯咯笑了起來）妳真的打從心裡頭相信這句話嗎？

Mary：嗯，對，沒錯。

臨床工作者：妳今天晚上有放 Don 鴿子嗎？

Mary：沒有！

臨床工作者：當妳用妳的衝動控制清單來重新想過一遍時，妳覺得因為Don 又對妳做了一些蠢事，所以妳就應該傷害妳自己，這樣真的有意義嗎？

Mary：並沒有，但是我真的聽厭了他那些狗屁藉口。

臨床工作者：妳知道，我很高興聽到妳這麼說。妳剛才突然冒出來的這句話非常重要，因為以前要妳承認這件事情是很困難的。我想下一次治療時段我們應該來討論討論，對於他所表現出來的一些行為妳可以怎麼處理，還有妳想要忍耐的程度到哪裡。這一點是很重要的，今天晚上我們可以從這裡學到一些東西。妳正在為自己的將來多做考慮，那是很好的一件事。雖然我還不是很確定，但是我想妳就像我們之前為妳設計的計畫那樣，已經開始把自己的痛苦轉換成其他能量了。現在再說一次第三步驟是什麼？

Mary：嗯，我應該要提醒自己說，我已經發展出一些比較好的方法來發洩我的憤怒，而不再只能夠對自己生氣。

臨床工作者：對，我記得這個步驟。下一個步驟是不是有提供一些特定的方法？

Mary：是啊。

臨床工作者：下一個步驟是什麼？

Mary：我應該去聽一首我最喜歡的音樂。

臨床工作者：那會是……？

Mary：那是一片巴哈的雷射唱片。

臨床工作者：妳之前有試過這個方法了嗎？

Mary：沒有，不算有試過。

臨床工作者：很好，那我們就知道還有一樣通常會有幫助的事情是妳還沒有試過的。下一個是什麼？

Mary：喔，這一個是我非常喜歡的（聽起來比較正向且投入了）。我應該去沖個十分鐘或二十分鐘的溫水澡。

臨床工作者：妳試過這一項了嗎？

Mary：沒有。

臨床工作者：很好，那妳就還有別的事情可以試試看了，這一個聽起來很不錯。妳想現在需要給妳十分鐘或二十分鐘的時間嗎？（透過給案主一些選擇來把控制權轉交給她）

Mary：喔，我告訴妳，今天晚上我得需要二十分鐘。

臨床工作者：這是個好選擇。妳知道，Mary，我知道當妳想要把自殺的想法趕出腦外的時候，到急診室來總是妳可以做的選擇之一。但我記得這個做法是所有選項中的最後一個順位。從和妳一起合作的過程當中，我知道有時候妳的憤怒來得很快又很強烈，所以可以理解為什麼妳會在還沒先嘗試過其他所有選項就直接落到最後一個選項。但是妳知道，妳有一個很不錯的選項表。讓我們看看它今天晚上是不是可以幫忙妳擺脫掉那些痛苦的感受，因為這才是我們真正想要做到的。如果我們可以不用住院就能夠解除痛苦，那會好得多了，而這兩年來，妳已經有很大的進步了。

Mary：妳是不是想要說服我，其實我不需要住院？

臨床工作者：不是的。（停頓）我是在請妳找出答案，看看在試著使用了過去這兩年的時間，妳這麼努力才創造出來的衝動控制技巧之後，妳是不是還需要來住院。如果在妳試過了之後，妳還是發現有住院的需要，那麼我們就必須讓妳住院。（停頓）接下來我想要這麼做，等我們掛掉電話之後，我希望妳拿出計畫表開始照表操課，並且要真的好好努力一回。這其實是一個很好玩的計畫表。聽聽巴哈，沖個熱水澡。我覺得聽起來棒得不得了。盡妳最大的努力把它做到最好。明天早上十點鐘我可以想辦法擠出一個會談時間給妳，然後我們可以看看妳的進度如何。如果妳還是需要進到醫院裡來，那我們就讓妳住院。（停頓）一言為定？

Mary：好，我想我應該做得到。如果我真的需要住院，妳就會讓我住院嗎？不囉唆？

臨床工作者：不會囉唆。（停頓）當然，這次住院的時間不會很長。

Mary：喔，對，我知道。我再也不想長時間待在醫院裡面了。

臨床工作者：也許我們會需要讓妳住院，也許妳真的有這個需要。（溫和地提出相反的看法）

Mary：嗯，也許我不需要，我們等著看吧。

臨床工作者：喔，對了，我剛想起一些事情。妳還記得我們曾經約定過，如果妳因為有自我傷害的想法而去買一些藥丸的話要怎麼辦，所以今天晚上妳一掛掉這通電話就要把那些藥物丟掉。（這個介入示範的是短暫地進入立即性的自殺事件的步驟，在CASE法中傳統的做法就是提出後續的計畫。）

Mary：喔，對，沒錯。這一點沒有問題。

臨床工作者：妳知道，妳應該對妳今天晚上的表現感到驕傲。妳真的正在把自己的想法轉變過來了。

Mary：對啊，我現在覺得好一點了，但是我還是可能需要住院。

臨床工作者：我們今天晚上的確學到一些重要的事情。明天我們要一起來腦力激盪，看看怎麼在妳的憤怒升高得太快之前就可以先把衝動控制清單拿出來。我們一定可以想出一些好點子。

Mary：對，沒問題。

臨床工作者：所以再為我覆述一次今天晚上的計畫，好確定我有把事情說清楚。

Mary：我等一下掛掉電話以後要把藥丸丟掉，然後我要來照表操課。還有明天我們要一起來看看做得怎麼樣。如果明天我還是覺得有需要住院，那我們就會安排一次短期住院。

臨床工作者：妳對這個約定還感到滿意嗎？

Mary：是啊，我很滿意。

臨床工作者：妳知道嗎？我正悄悄地希望這個方法能對妳有用處，

因為我已經看到妳的痛苦正在減輕。妳已經把這些技巧運用得很好。如果今天晚上晚一點的時候妳覺得需要打個電話給我，想討論怎麼讓某個技術能更有效果的話，就直接打來不要客氣。但是我想可能沒有這個需要了。（停頓）最後還有什麼問題嗎？

Mary：沒有，我想我已經準備好了。（停頓）Janet 一定會大吃一驚。

臨床工作者：妳這麼說是什麼意思呢？

Mary：喔，她覺得我已經失去控制了。她想我一定會用盡各種辦法強迫住院。（有點暗自竊笑）

臨床工作者：嗯，事實證明並非如此。而且如果可以給 Janet 一個愉快的驚喜，絕對是件很好玩的事情。（兩個人都偷偷地笑了起來）明天早上見了。麻煩妳再把電話轉回去給 Janet 好嗎？

Mary：好，謝啦。再見。

Meredith 今天晚上的辛苦已經值回票價了。我們看到治療師高明地幫助案主解決自殺危機，同時也避免掉住院治療的可能性。從這個例子中，可以看到治療師彈性地更改CASE法，以降低案主漸漸升高的自殺危險性或是避免因為「自殺宣言」所得到的次級獲益。臨床工作者對於自己何時是在用CASE法進行評估工作，還有何時是在採用認知治療法進行治療都是非常清楚的。比較有趣的是上述的方式中，認知治療成為整個衡鑑過程中不可或缺的一部分。基本上，晤談者就是將先前之治療對個案的影響當作評估的重要關鍵，以便了解是否案主有迫在眉睫的危險。

Meredith 從和此特定案主相處的過去經驗當中已經得知，在這時候嘗試建立生命安全契約會是一個不智之舉。以前的經驗是原本在認知治療中已經達到把自殺危機轉換成其他能量的效果，但是採用生命安全契約反而有時候會減弱了好不容易才做到的成果。在這個例子中，Mary 很迅速地把注意力都只集中在自己的無能上面，因此預測危機會再度出現並且最後的結果就是徒勞無功的住院。相反地，Meredith選擇把注意力集中在「做治療」的約定上面，並且決定隔天要和 Mary 碰面。而 Mary 會同意做這些工作且答應明天會「在場」參與討論，實際上就代表了她的安全感產生不需要依靠形式上的生命安全契約，而生命安全契約反而剛好會促使案主過度集中注意力在「自殺言論」上。

有時候，如果在之前的危機處理情境中，急診室臨床工作者或危機處理工作者就曾經見過某位案主，那麼他這一次也可以使用類似的處理技巧，尤其是，如果案主之前已經有和治療師及急診室工作人員共同設計過一個治療計畫，而且還同意把它好好寫成一個書面的紀錄時。這樣的治療計畫，在幫忙案主避免掉無謂的住院安排時常常是很重要的。如果 Mary 的自殺意念繼續升高，則 Meredith 就會將CASE法中任何她覺得會有用的步驟拿來使用，以澄清Mary 的立即危機程度。

我們現在已經看過各種修正CASE法的方法，如此可以因應因為熟悉度和性格因子的不同而產生的四種不同衡鑑環境。如同容格在本章初始所提出的警語，保持彈性是成功的關鍵。到目前為止，我們的討論都聚焦在面對不同案主時要怎麼修正實際操作方法來探討其自殺意念的需要，還有這樣的修正會給後續的自殺危機形成帶來什麼樣的潛在影響。現在我們要來看看可以讓危機形成的實際歷程變得非常複雜的三項因子。

會使危機衡鑑變得複雜化的臨床小精靈

❖1號小精靈：不一致的訊息——危險的水域

我們已經看到可能會有許多導致案主自殺的危險因子，但它們都沒有立即的危險性。然而，如果有一個案主明明擁有為數眾多的危險因子，但是卻否認有任何自殺的想法，如此在危機因子和案主所報告出來之想法上的不一致性，可能就是案主隱藏了某些訊息的信號。

這種情況比較像是案主很簡短或生氣地否認目前有自殺想法，或是敷衍地堅持腦中從來沒有出現過自殺的念頭。身邊環境充滿危險因子的案主卻完全沒有自殺的意念並不是一個常態的現象，大多數這樣的案主都會至少有過短暫的自殺想法。和這些故意隱瞞自殺意念而做出簡短否認的案主相反的是，如果案主僅僅是猶豫著要不要和別人分享自己的自殺意念，他們通常會不加反抗地承認這些瞬間出現過的想法，但會加上一句話像是「喔，但我絕不會這麼做的。」此外，一個正在積極考慮自殺並且會隱藏此想法的病人，可能會小心地避免討論自殺意念而且／或者會因為受到刺探而生氣。那種擁有眾多危險因子和完全否認有任何自殺想法之間的不一致性，可能暗示著我們有與其他相關訊息資源接觸的需要了。

一個臨床工作者如果因為疏漏而被不一致的訊息所矇騙了，那麼還有很多其他陷阱在等著他，尤其是在急診室的衡鑑過程中更是如此。如果可以的話，一定要先複習案主的過去紀錄。要仔細尋找案主所報告的過去自殺史和過去自殺活動的書面紀錄有何不一致之處。在這裡所出現的不一致可能是一面紅旗子，表示案主提供的訊息並不可靠。可能的原因是一些良性的記憶偏差，或者是希望不要

「再陷到那些蠢事裡面了」。但是在某些時候，這樣的反應卻意味著欺騙。例如：一個不適合住院的病人在想要住院或拿到不該拿的藥物時，就可能會刻意強調目前的自殺想法，但是卻不想提到過去到急診室的經驗，因為當時曾被發現他或她其實是別有用心的。經過案主的同意打個電話給其他案主曾經造訪過的急診室，也許可以從案主過去病史中找出有裝病的證據。

為了澄清這個不一致性的原因為何，我發現問下面這樣的問題很有用，「你知道，Jim，我剛剛複習過你的舊病歷。看起來在大約兩年前，你曾經因為有自殺想法而到過急診室，但是我們在談到過去的自殺想法時你並沒有提到這一點。你還記得那天晚上發生了什麼事嗎？」

這個做法並不會讓案主因為覺得在面質他而被激怒，但是卻可以讓案主注意到臨床工作者擁有足夠的資源可以確認目前狀況和舊紀錄間的一致性，並且也夠精明到會覺察資料間的不一致性。接下來當案主說明被詢問的事件時，就很容易可以認出其想隱瞞的事情，或者也可以注意到案主的反應變得很情緒化，就好像說謊時當場被抓包一樣，這也就表示他之前的確有捏造事實的企圖。因此只要可能的話，在與案主會談之前就應該先複習一下舊病歷。

另外一個常見的問題是案主所敘述的故事會隨著時間不同而有所改變，這一點在急診室裡尤其如此。這種情況特別容易發生在不是第一個跟案主接觸的晤談者身上，或是案主剛被送到急診室來的時候不在現場的工作人員身上。如果臨床工作者只是一個「輪值醫生」，而且案主已經被一個護士或危機處理人員看過了的話，那他所聽到的故事內容就很容易會有所更動。當案主開始意識到他或她會被安排住院，甚至是強迫入院時，可能就會出現瞬間痊癒的現象，並且也未曾出現過任何的自殺意念：「喔！我從來沒有那樣說過」或是「我已經完全沒有那種感覺了」，要花長一點的時間和把案主帶來急診室的人或當天晚上曾對案主做過評估的人仔細詳談。因為在有後援的急診室裡會遇到人員換班的情形，所以如果最初的評估人員已經回家了，我的勸告是打電話到臨床工作人員的家裡。不要只是依靠紀錄在病人資料夾裡的臨床摘要來做判斷。

如果病人已經是從其他急診室被轉介過來的，或者你本人是被轉診機構之住院評估小組的一份子，最好是打個電話且直接和被轉介的案主談談。因為轉介單的紀錄常常都是不完整或概略性的。在被轉介的急診室裡講出真實且暗示著有實際危險之自殺意念的案主，也可能突然決定要讓自己看起來變得比較好一些了。她或他可能會認為住院並不合其意，或者住院就會破壞掉其已經充分計畫好的自殺行動了。我就真的遇過病人在其他急診室都已經擺出自殺的姿態了，但來到我們機構住院時卻否認有過自殺的舉動。

如果有病人是被警察送來的，則接待中心的人就應該仔細地和戒護的警官會談。這樣的情況並不少見，尤其病人如果是嚴重酒醉的話，那麼他或她在進到急診室之後所說的故事可能就會完全不同。在他或她自己的家裡面，病人（或許手裡拿著一些藥瓶）原本可能很清楚地告訴警察說他或她正打算要自殺。但在急診室裡，這些行為有時候就會被很生氣地否認掉了。唯一可以獲得完整故事的方法就是和警方談一談。因為在接下來幾個小時裡事情可能會變得很麻煩，所以一定要拿到可以找得到該名警官的電話號碼，並且要詢問該警官，如果是因為保護病人生命的需要，他是否願意提出強迫住院的申請。

當案主在衡鑑過程中表現出不一致的現象時，就應該刺激我們有其他的考慮，像是與家人或朋友等其他資訊來源聯絡的需要。在做這些接觸之前必須徵詢病人的同意，但如同先前所提到的，如果是真的擔心案主所面臨的危險性，則就算違反病人的意願也不得不聯絡，因為案主的安全比保密原則有更高的優先順位。如果我們真的有放棄保密原則的需要時，通常最好的作法是先向督導提出諮詢，然後在病歷中謹慎仔細地記錄下你和督導兩個人都認為必須得破壞保密原則的原因為何。這類的文書紀錄看起來可能就像下面的例子：

> Jackson 先生目前有嚴重酒醉的狀態，且對警方否認自己有任何自殺的聲明。這一點和 Timothy Flint 警官的說法完全相反，該警官報告說病人之前曾很堅決地說要射殺自己，並且也表示他知道可以到什麼地方去弄到一把槍。該警官表示病人有一名同居的女友，而她可能會知道更多他最近的自殺意念。病人目前拒絕同意讓我們去聯絡他的女友。我已經把這個情況和護理長 Mary Fowler 及值班醫師 Dr. Jason 討論過。我們都同意為了獲得所需要的訊息資料以避免不必要的住院，或是可能有需要決定是否要強迫入院，因為病人的生命安全目前是有危機的，所以我們必須忽視保密原則並嘗試聯絡病人的女友。我們目前主要比較擔心的是他可能會有突然自殺的舉動。

一旦做出這個決定，我通常都會告訴病人我們將會忽視他或她的不同意，還有為什麼我們會做此決定。通常在這個時候，病人就會說一些話像是「喔，去啊，打電話給她啊，你也許可以讓她也進來攪和，反正她就是問題的源頭。」但如果病人正處於躁動的狀態，使我擔心可能因為告訴他保密原則會被忽視而出現嚴重的暴力行為時，我也可能決定先和其他訊息來源聯絡而不馬上告訴病人。

然後在我再次向督導諮詢過後，我會在病歷上仔細地記錄下為何我會這麼做。

當電話聯絡上可提供確認的資料來源後，要仔細看看案主自己的報告和其他資料來源的報告之間是否有任何不一致的地方。在詢問有關案主的自殺意念之前，需要先花點時間謹慎地加入他的家人或朋友當中，因為這樣的參與可以明顯提高獲得可靠資料的可能性。一旦這些可提供訊息來源的人可以專心投入了，臨床工作者就可開始詢問CASE法中有關案主目前、近期，以及過去之自殺意念的相關問題。甚至有關立即性的自殺想法也可以用這樣的問題加以詢問：

1.「你最後一次看到Jim的時候，他有沒有說到任何有關自殺的事情——即使只是一些暗示？」
2.「他有沒有表現出無望的感覺或是表示已經走投無路了？」
3.「我明白這只是你個人的看法，但是你的意見對我們來說是很重要的：你認為 Jim 現在的危險性有多高？」

這些問題的答案可能對幫助我們找出立即自殺行為之決定性證據是很重要的。和其他可提供確認的資訊來源會談時應該把所有有效的技巧和原則都用上，就像之前提到在對病人施行CASE法時一樣。例如：與其這樣問，「Jim 還有沒有提到過任何其他的自殺方式呢？」臨床工作者也許可以用比較溫和的假設性說法：「還有什麼自殺方式是 Jim 曾經提到過的？」

❖2號小精靈：案主心理狀態的波動起伏——難以預期的暴風雨

心理病理的發展過程可能會以一種起伏變動的臨床歷程來進行，而且通常與腦中生化物質的變化狀態有關。有一些像是在重鬱症、雙極性疾患、分裂情感性疾患和精神分裂病中可見的精神異常歷程是會有消長盛衰的。譫妄狀態就是出了名的混亂。在其他時候，有波動起伏的是病人的自我控制程度，它也可能突然陷入不可預期的臨床變化，例如：因為酒精或街頭藥物所衍生的急性中毒現象。在上面的這些例子當中，如果自殺意念是因為這些潛在因子的活動所導致的，則它也可能隨時間而有變化。如果臨床工作者被案主的當場表現給騙倒了，並且假設「看到什麼就是什麼」（what you see is what you get）的話，則可能接著做出錯誤的臨床判斷了。

換個方式來說，臨床工作者必須記得的是，病人的立即危險性有一部分是和某些隨情況而定的歷程有關，所以其危險性就要看是否在晤談後的幾小時或幾天內是否還會再出現這些有關的情況。舉例來說，某個病人的命令式幻聽可能只會出現在精神躁動或躁症的高峰期。而在晤談時，病人可能並非處於此一高峰期，所以可能會否認有命令式的幻聽內容或者報告其目前的自我控制不錯。但是十個小時之後，因為處於精神症狀的急性發作或可能喝了一些啤酒之後，整個局面可能就完全改觀了。所以當要衡量這樣一個病人的危險性時，應該要根據經驗來推估其未來的病程將可能呈現何種狀態。

因為最佳的預測值，可能就是病人過去這兩週左右的情況，因此追蹤病人目前疾病的近期病史就變得很重要了。我曾經有好幾次都看到因為病人在晤談時並未表現出精神症狀，所以負責衡鑑的臨床工作者就對精神病患的生命安全產生錯誤的感受。特別是當病人面臨有希望轉介的機會時，因為轉介的可能性是長期門診照顧、可能性的自願住院或是強迫住院其中之一，因此部分有精神症狀的病人就可以把自己「協調整合」得非常好（以爭取所希望的轉介選項）。

要避開這個陷阱的第一步就是先要能覺察到它。第二步則是小心地要求病人描述他或她近來的症狀起伏情形。第三步，通常也是最可靠的，就是與家人等其他資訊來源談一談。

想要聽到一位母親描述她患有精神分裂病的兒子因為被限制在他或她的臥室裡感到很痛苦而如何變得脾氣暴躁、自言自語（產生幻覺）、尖叫，或者在深夜威脅要自殺或有暴力行為，但是在下午一點時和上面提到的同一個兒子會談時卻看到他是平靜且合作的，這樣的落差並非是罕見的。重要的是要非常小心地評估其他資訊來源所提供的訊息，通常要重視他們的報告更勝於案主的自我報告或目前表現。對家庭成員來說，最大的挫折莫過於因為臨床工作者認為病人「現在看起來好好的」，就完全忽視他們對病人生命安全或症狀惡化的擔心。在很少數的案例中，家庭成員可能會出於惡意而扭曲案主目前狀況的嚴重程度，但我極少發現這種狀況。只不過，臨床工作者仍應把這個可能性放在心裡。

譫妄是評估自殺可能性時，可能會面對的另一種複雜情況。根據其定義，譫妄在症狀強度上原本就會起伏變動；通常在晚上會出現明顯惡化的現象，稱之為「日落」作用。因此隨之而來的自殺意念也可能跟著起伏變動。當我們接受諮詢來評估一位住在一般病房的譫妄病人時，務必要仔細閱讀夜班護士的紀錄，令人驚訝的消息可能就在那裡等著你。也一定要聆聽護士對於病人行為的擔心，因為那些古怪、反覆不定的行為會使人聯想到譫妄，即使病人現在看起來沒問題而且可能最近才剛做過完整的認知測驗。但是同樣這位病人在晚上卻可能出現譫妄的現象。因此有必要對這樣的病人進行適當的實驗室檢查和身體檢查以決定譫妄現象的病因，如此適當的治療也才能開始。

我曾經見過臨床工作者把指定的譫妄診斷檢查延後了，因為在早上巡房時，「那時候我看這個病人棒得很，完全看不出有任何神智混亂的現象，而且我那時候也做了完整的認知功能評估。」如果病人本身很聰明且機靈的話，臨床工作者更是特別容易掉入這個陷阱裡。在早上巡房時，這樣的病患可能是很迷人且和他聊天也很愉快。到了晚上，他們可能變得完全或輕微地神智錯亂，而這種譫妄的狀態可能會引發危險的自殺意念。最重要的就是：聽聽護士怎麼說。護士很清楚自己在說什麼。

我們已經討論過一些長期來說案主可能是具有危險性的，但是臨床工作者卻錯誤地判斷案主很安全的情況。相反的情形也是有可能的，尤其是在急性酒醉病人身上。當這些病人出現在急診室時，他們可能會說出許多想自殺的擔憂。此時應該仔細地聆聽他們所說的話，也可能需要安排住院觀察，即使身為一個「被油炸」的急診工作人員可能會希望把這樣的案主轉走，以滿足自己的反移情怒火（countertransference anger）。當酒精的效果減弱且想自殺的衝動下降時，這些病人才可能真的再度回到安全狀態。這就是臨床醫學狀況的改變會實際導致病人的立即自殺潛在危機突然減低的情形，因為後來他或她已經處於非酒醉的狀態了。

以這類病人而言，隔天早上要讓他們從醫院離開時，其社會支持系統的狀態還有病人本身參與適合的物質濫用諮商的動機會在評估其目前安全性方面扮演很重要的角色。說來奇怪的是，他們的社會支持系統本身也會隨著時間而有變動。這是一個很值得注意的現象，因為在下是否可以安全地送病人回家的決定時，它具有戲劇化的影響力。

❖3 號小精靈：社會支持系統——海上的安全港口與有敵意的港口

如同第二章所提到的，在進行有效的自殺衡鑑時，其中一個很基本的就是要評估案主在何種人際矩陣（interpersonal matrix）中發展他或她的自殺意念。注意案主的人際關係背景不但在急診室的衡鑑中是非常重要的，在一般門診的診所以及學校諮商室也是一樣的重要。在門診的環境中很容易就會忽略掉評估其人際背景的重要性，因為案主通常都是自己前來而沒有重要他人的陪同。

我的意見是，應該對所有接受自殺衡鑑的案主詢問其人際支持、依附，以及壓力的狀況。特別應該注意案主愛情的依戀對象、和案主住在一起的人，還有晤談後案主將會回去和誰在一起。如果臨床工作者對案主的生命安全或者案主是否正確報告其自殺意圖有所擔心，則在接到案主的同意之後，應該用電話或面對面的方式與案主的重要他人進行直接對話。而我們之前已經提到過，在怎樣的情況下我們可能會不經過案主的同意而進行這類的接觸。

以下為我們可能會需要接觸如：家庭成員和朋友等其他資料來源的一些原因：

1. 他們可能會對案主近期的自殺意念以及過去的精神疾病史，提供和案主本人描述有所不同的訊息，而且也許是更正確的訊息。
2. 他們可能知道一些情有可原的情況，像是人際方面的壓力或是藥物濫用的問題，這些情況會直接影響到病人的生命安全，但病人可能會因為感到羞恥或根本缺乏自覺，所以完全沒有提到這些壓力源。

3. 他們可能可以提供持續性的支持，好讓病人可以不必去住院。
4. 他們可能是幫助病人監控，以及分享他或她的自殺意念的生力軍。
5. 他們可能對案主的疾病或自殺意念有所誤解或偏見，而這個情況可以透過臨床工作者的教育予以改變。
6. 他們可能因為病人在嚴重心理疾病（如：精神分裂病或雙極性情感疾患）發作時，行為非常混亂而感到很大的壓力，而臨床工作者也許能夠給予一些立即的支持，還有提供未來可獲得支持的方法，像是轉介病人到全國心理疾病聯盟（National Alliance for the Mentally Ill, NAMI）的當地分會。請記得，有時候家庭成員已經被他的配偶或小孩的疾病折磨得疲憊不堪，而出現嚴重的反應性憂鬱情緒了，所以他們自己也可以藉由心理健康的轉介而獲益。有時候我們會在和其他可提供確認的資訊來源進行會談時，就直接透露家庭成員間的自殺意念，這樣才能夠提供立即性的支持與處置。
7. 他們可能會對案主抱持反對的態度，所以他們的出現也會導致當時的人際環境呈現嚴重惡化的狀態。此時除了讓案主回到家庭的環境當中，住院或者將案主轉介到庇護所也可能是一種不錯的選擇。

是否將病人送回到家中是安全的，尤其是在急診室的情境裡，這樣的最終決定可能得仰賴臨床工作者對病人家庭環境的評估。在案主也出席的情況下和整個家庭一起會面，臨床工作者可以針對當晚病人回到這個家時，評估家庭中可以提供的支持，以及安適程度。

在和整個家庭會面之前，再對案主進行一次完整且使其安心的心理準備工作是很重要的。首先，特別要讓案主明白為什麼和重要他人分享他或她的自殺意念可能是很重要的，比如說，這樣可能增加他與重要他人之間的信任感；消除獨自忍受這些想法的心理重擔；和重要他人溝通目前所存在的痛苦程度；以及創造出除了住院之外的另一個安全環境的選項。其次，在確定案主對此家庭集會之目的與議題都感到自在之後，則案主對下列問題的回答將有助於決定接下來之家族集會的進行方向。一定要記住的是，在大多數案主的家庭中，討論自殺的意念是一個禁忌的話題。為了舉例證明，讓我們假想我們正要和某個案主的配偶碰面。在這次會面之前，臨床工作者必須詢問案主所有或至少部分下列的問題：

1.「你是否曾經對你的太太透露過任何自殺的想法？」
2.「是什麼原因讓你猶豫著不跟你太太談論這些想法？」
3.「如果我們決定把你的自殺想法告訴她，你認為她會有什麼反應？」

（這三個問題所得到的答案可能暗示著和其配偶討論這些想法是會招致反效果的，因此需要改變原本的計畫。）

4.「你覺得她會感到很驚訝嗎？」
5.「你覺得有多少你的自殺想法是讓她知道了以後你還能感到自在的？」
6.「你同意在週末的時候讓她詢問你的自殺想法的當時狀態嗎？直到你在我們中心的星期一預約時間到之前？」
7.「如果我們同意她可以查問，你希望她能怎樣說才會讓你覺得最自在？」（臨床工作者在問完這個開放性的問題後可以只是等案主自由回答，或者，如果臨床工作者感覺給個提示可以讓案主感到比較自在的話，他或她也可以這麼建議：「例如說：她是不是可以每天問一次，在晚上的時候才問，她也許可以這麼說：『你今天覺得怎麼樣，Jim？昨天晚上我們說過的那些自殺想法，今天還有哪些，有再出現嗎？』」）

如果時間允許的話，有時候在沒有案主在場的情況下，先單獨和家庭成員中的一人或多人會面可能會是很有用的。如此可以確認他們的參與度，可以事先讓他們了解一下目前的情形，如果他們有任何可能會讓案主產生反效果的反應也可以事先減低影響。而在案主及家族同時在場的會面中，臨床工作者應當努力促進開放性的討論，以及有生產力、就事論事的腦力激盪。能夠幫助案主度過這段時間直到他或她與心理健康專業人員的下次約會的一些具體計畫可以在此被設計及討論。隨時要牢記在心的是，你正在要求這兩個人或整個家庭去改變一個非常根深蒂固的禁忌行為。因此臨床工作者所表現出來的誠懇態度以及適時的幽默感，通常可以加速這個歷程。以下所重現的這段對話可能就是一個模範：

臨床工作者：（對配偶說）Jim 非常地信任妳，所以想要在出現這些想法的時候能夠讓妳知道，但是他擔心這些想法會太讓人心煩。

Jim 的太太：喔，胡說八道。（轉向她的先生）我才是那個你應該讓她知道的人。我是那麼愛你。（帶著微笑，而 Jim 也微笑著）我的天哪。

臨床工作者：（轉向 Jim）這在我看來是一個非常開放的邀請了，

Jim。（微笑）她並不像你所想的那麼脆弱。（說時帶著溫和的幽默，以反映Jim之前提到害怕若他把自殺的想法告訴他的太太，不知道將會發生什麼事情）

Jim：（微笑著）嗯，我猜也是。

臨床工作者：不管在什麼情況下，（轉向太太）Jim 希望明天妳能夠非常公開地問他是否有任何的自殺想法，只要你擔心他看起來不對勁就可以問。妳認為妳辦得到嗎？

Jim 的太太：當然可以，而且（轉向 Jim）如果有任何問題的話，我就會馬上拖著你的屁股到這裡來。（兩個人都偷笑出來；Jim 放心地嘆了一口氣）

臨床工作者：Jim，至於你的部分，之前你曾經答應我說你會讓 Mary 知道任何的自殺想法（如果這些想法明天又跑回來的話），你還可以做得到嗎？

Jim 的太太：一定可以。（停頓）我並不認為它們還會再回來，但是如果它們真的又出現的話，我就會說出來。我現在覺得好很多了。

臨床工作者：很好。你們兩個人現在都可以對對方保證承諾了嗎？（兩個人都點頭）好，那你們兩個人可以握手約定嗎？（兩個人都點頭然後握手）太棒了，為什麼我們不來個擁抱來把這件事做個結束。你們兩個人看起來都一副希望能被對方好好擁抱的樣子呢。（他們互相擁抱而且開始哭了起來）

Jim 的太太：（對 Jim 說）我真的非常愛你，一切都會沒事的。

Jim：我也愛妳。

在這整個過程當中，臨床工作者仍然機敏地持續進行他或她的評估，注意這兩個人之間的溝通狀況以及關係究竟有多好。如果衝突的情況發生了，則臨床工作者也可能認為讓Jim回家的決定對維護其生命安全而言是不利的。如同上面這對夫妻所表現出來的會談過程，臨床工作者看出了可以進一步做治療處置的契機——例如：鼓勵這對夫妻互相擁抱。

最後一個要避開的陷阱就是可能會讓人際支持系統突然改變的情境。這種情況可能會發生在配偶或其他能支持案主的人本身有酗酒或藥物濫用的問題、不負責任、會惡言相向的，或只有在臨床工作者在場時才裝出一副全力支持的樣子。以上這些可能出現的情況都可以事先向案主詢問得知。另外一個附帶的問題是，家裡是否還有其他人同住，且此人可能會對案主回家這件事與目前在場的家人有截然不同的反應。因此，調查家裡每一個同住的人員是整個標準衡鑑過程的一部分，而這個步驟將可以提醒臨床工作者這個陷阱的可能性。

本章到目前為止，我們已經回顧了由熟悉度和人格病理狀態這兩軸所形成的四種不同衡鑑情境所可能出現許多複雜狀況，還有常見的三種可能導致臨床工作者產生錯誤之案主問題成因的搗蛋小精靈。現在讓我們來看看如何把這些知識全部整合起來運用在實際的臨床工作上面。

七段自殺衡鑑小短劇

臨床短劇之一：出現在大學諮商中心的學生

初級資料

Jeremy Henderson 在初次晤談時的表現，就像大多數的大學新鮮人一樣覺得很苦惱。他抱怨有成績方面的問題、沒辦法決定主修的科目、害怕讓父母親失望，還有社交孤立的現象。高中時的他就好像小池子裡的大魚一樣，而現在他進到離家裡不遠的一所一流私立大學就讀。儘管他的年紀還很輕，但他已經有一臉俊俏的外貌、迷人的微笑，還有一股男孩子氣的魅力。因為他在原本的高中班上是畢業生代表，所以大家都認為他已經準備好參加「大聯盟」了。但是他沒有。

他在基本英文寫作課的頭兩篇作業中得到了D的成績。同時Jeremy發現微積分課也不輕鬆，因為教室裡的每一個人在高中時都是全部成績得 A 的學生，而大學裡的成績又是依照相對性評價來給分的。當他父親問到他近來的狀況時，Jeremy 假裝很有信心的樣子說，「很好啊，爸。每件事都很棒。」他想家想得很痛苦，但是因為擔心被「揭穿」，所以又不敢在週末時回家。權宜之計，他只好去找住在附近的姊姊一起度過週末。

在會談時，他承認有許多持續性的憂鬱症狀，像植物一樣靜止不動的樣子。事實上，他已經達到重鬱症的診斷標準了，而這一點是讓諮商員感到憂心的。CASE評估的結果顯示他曾經有考慮一些自殺計畫，包括服藥和舉槍自盡，但 Jeremy 自述到目前為止還沒有過實際行動。他否認過去曾有過自殺的想法，而且他所認識的同學裡也沒有人自殺過。在某個時候，Jeremy 終於崩潰流淚說：「我簡直無法相信我是個失敗者。我就是無法相信。大家又會怎麼議論我？」在詢問其立即性的自殺意念時，他承認有嚴重的無望感。他遲疑地簽訂了生命安全契約，而這個猶豫的態度和另外一件事讓學校諮商員感到有些困惑，因為 Jeremy 同時也拒絕了被轉介去諮詢精神科醫生的意見。

次級資料，個案概念形成（Formulation）與處置（Disposition）

儘管此次會談所分配到的時間已經接近尾聲，但諮商員對原定的處置計畫仍感到有些不安。因為 Jeremy 的情境壓力以及他對自己是個失敗者的解釋，都與他所表現出來的無望感一樣令人印象深刻。如果將和重鬱症所表現出來一致的嚴重症狀聯想在一起，那麼他在簽訂生命安全契約的過程中所表現出來的非語言線索，則顯示他正處於極端的矛盾當中。還有他拒絕後續的精神科轉介，使諮商員感覺也許有安排住院的需要。不巧的是，諮商員也認為 Jeremy 會拒絕去見危機處理人員，因此她需要更多的資料。她詢問 Jeremy 是否她可以打電話給他的姐姐。剛開始他拒絕了，但後來他很勉強地同意了。

姐姐的開場白就是，「感謝上帝，他終於去尋求幫助了。我真的非常擔心他。」她繼續分享她所觀察到的事物，包括她看到他孤獨寂寞地靜坐在客房裡，後來還發現他在枕頭底下藏了一整瓶的阿斯匹靈。有賴於姊姊提供的訊息以供非自願衡鑑使用，諮商員隨即堅持進行危機評估。Jeremy 同意見當地心理健康中心的一位危機臨床工作者。而在衡鑑過程當中，他變得淚汪汪的，並且透露他已經儲存了整整五瓶的藥物，打算這個禮拜裡就要自殺了。因此，他被安排了一次短暫住院，而且表現得不錯。

在採用 CASE 法了解 Jeremy 的自殺意念時，諮商員直覺地感受到事情並不如它表面上所呈現的樣子。Jeremy 無望感的嚴重程度，伴隨著許多其他的危險因子——青少年的年齡階段、男性性別、目前的精神疾病，以及具體的自殺計畫——還有從心理層面理解到，他正在經歷自我認同的巨大打擊，這些全都指向了高度的危險性。這位諮商員的傑出表現可歸納為兩個行動：

1. 儘管不被期待有專家級的診斷水準，她仍然很清楚篩檢出精神疾病的重要性，因為可同時作為醫學方面的衡鑑，也因為精神疾病的存在可能顯示個案有自殺高危險性。
2. 她聯絡了一個可提供確認的資料來源。從 Jeremy 的姊姊那裡所獲得的訊息證實了有警訊。儘管時間很緊迫且 Jeremy 剛開始時表現得很遲疑，但因為臨床工作者足夠明智到做這個聯繫，使得他的生命也許就得以保全了。

危險因子的嚴重度及數目多寡，提供了大學諮商員一些警訊，意即也許 Jeremy 並沒有在初次的 CASE 評估中說出「全部的故事」。這促使她去找其他資料來源做確認，結果直接以危機處理員的評估收場。在第二次的晤談中，危機處理員利用 CASE 評估揭露了 Jeremy 之無望感的嚴重度，還有其自殺意圖的決心。因為發現到案主的自殺意圖及具體計畫（這是有致命性的三元素中的第三項），則立即性住院的需求就被提出了。

臨床短劇之二：在心理治療過程中再度出現自殺意念

初級資料

Ken Rice 是一位 45 歲非裔美籍的商店經理，他的難題是多年來不斷復發的重鬱症。他近來因為持續使用了抗憂鬱的藥物而有很大的改善，而且他的憂鬱症已經有超過兩年的時間沒有嚴重到需要住院了。他曾經經歷過一段特別不愉快的離婚過程，還有小孩的監護權戰爭。他為了處理這些議題還有因此產生的衍生性憂鬱症狀（secondary depressive symptoms），也曾與心理治療師進行過三個月的治療。他沒有酒精或藥物濫用的問題，也沒有嚴重的生理疾病或精神症狀。他有兩個叔叔曾經舉槍自殺，一個患有雙極性情緒疾患，另一個則有酒癮和憂鬱症。Ken 的名字就是跟著第二個叔叔取的。他過去曾經有兩次嚴重的服藥過量的事件，分別發生在三年前和十年前。在他們幾年前的初次衡鑑時，治療師曾做過仔細的診斷會談，顯示他沒有嚴重的人格疾患。兩個星期前，他的太太贏得了孩子的監護權。從好的方面來看，他在探視孩子的權利上有充分的自由。但從壞的方面來看，他對這個失落感到不知所措。

在這次會談過程中，Ken變得淚流不止。他說，「這個制度根本就沒有公理，我甚至不明白為什麼之前我還會想要試試看。」他有一些憂鬱症狀又回來了，例如：睡眠障礙的情形，還有缺乏精力，但是它們實際上是間歇性地出現。他還是很喜歡探視他的三個小孩，而且在提到他們的時候臉上總是帶著微笑。在採用CASE法了解其目前以及近期的自殺事件時，他承認自殺的念頭又出現了。隨著臨床工作者用溫和的假設語氣，一一將特定的行為刪除掉，最後 Ken 承認有三種方式是他曾考慮的：⑴槍；⑵服用過量的藥物；還有⑶上吊。

藉由使用行為事件表讓我們得知所有的這些想法實際上都只是短暫出現，他並沒有針對哪一個方式採取真正的行動。當問到他的無望感時，他顯得很驚訝並且說：「我一點也沒有感到絕望，我們會走過去的，我擁有全世界最棒的三個孩子。」當臨床工作者針對立即性的自殺意念而使用生命安全契約時，Ken微笑著說：「你不必擔心我會自我了斷，我絕對不會想這麼做的。為了我的孩子，我必須去那裡看看他們，尤其現在更是需要。」

次級資料，個案概念形成與處置

在他們多年來間間斷斷的合作經驗中，因為 Ken 已經有兩次的經驗幾乎自殺成功了，所以治療師都持續著使用修正過的CASE法來維持讓其自殺意念有討論的窗口。他們兩人已經發展出彼此信任的關係，且覺得可以很坦然地來談論這些自殺意念。因此，治療師已經很清楚，當Ken的自殺意念「看起來」或是「感覺上」是如何才是真正具有危險性的時候。（在他最近的一次嚴重的自殺行為後，她也曾經短暫地和他一起努力處理過）和她過往的經驗相較，Ken目前的自殺意念還是很溫和的。他並沒有顯現出完全發展成重鬱症的模樣。他還沒有表現出任何自暴自棄和無望的模樣，那才是他嚴重的時候的正字標記。而且也沒有任何具體的計畫或採取任何的實際行動。

儘管有一些危險因子，像是他的性別、過去有兩次的自殺企圖，還有嚴重的家族自殺史（還包含 Ken 和其中一位死去的叔叔在命名上的關聯性），但是透過 CASE 法來檢視 Ken 之內在世界的結果顯示，他可以將這些再發的自殺意念控制得很好。因為有致命性的三元素完全沒有出現——亦即前面所提到的立即性嚴重自殺企圖的出現、嚴重的精神症狀，還有在晤談中顯現出案主有迫在眉睫的嚴重自殺意圖。

Ken與其治療師之間有力的同盟關係也指出一種情況，亦即生命安全契約雖然是一項很棒的持續性衡鑑工具，但有時也可能會變成一個妨礙雙方關係的障礙物。由於治療師在觀察 Ken 簽訂生命安全契約時的肢體語言上有了之前經驗（有時是真的有危機，有時則否），後來在這一點上，因為 Ken 在簽署約定時毫不猶豫，治療師因此得到一個很好的感覺。這個案主今天這樣就可以了，不需要再聯絡其他的資訊來源。她還是做了一個紀錄，提醒 Ken 的精神科醫師有關近來的情況和自殺意念的部分。因此接下來的幾個月對 Ken 來說一定會很難熬，這樣他們就可以來為後續的治療計畫一起腦力激盪。

臨床短劇之三：有邊緣性人格疾患的案主出現在急診室負責目前主要照顧的臨床工作者對案主不熟悉

初級資料

Mary Beth Jarvis 是一位經常出現在急診室的 27 歲單身白人女性。在過去兩年裡，由於她很努力地持續進行心理治療，所以她造訪急診室的次數已經大幅地減少。而且已經有一年的時間完全沒有住院的需要了。Mary Beth 今晚來的時候帶著這樣的主訴：「那個沒用的畜生現在終於對我做出這種事了。如果這樣可以讓她高興的話，那我就真的會去自殺。」而這個被說是「沒用的畜生」的，就是她那個反反覆覆的（on-again/off-again）室友，很明顯的是她室友今晚威脅要在月底時把 Mary Beth 踢出這間公寓。

Mary Beth 沒有精神科的病史，也沒有伴隨發生的重鬱症或恐慌症。而且儘管有一長串驚人的自殺企圖和割傷自己的紀錄，但她從沒有威脅自己生命安全的舉動。她在小時候曾經被性侵害，而在她的家族中未出現有自殺企圖的歷史。在她最混亂多事的時期，Mary Beth 在急診室裡製造出了遠遠超過她所應該有的憤怒場面。可以這麼說，她並不是某些急診室人員所樂見的訪客。

此次在急診室負責晤談的是剛到這個機構的精神科第一年住院醫師，他從來沒有見過 Mary Beth。當護理長在轉交這項任務時，她很簡潔地說：「不管你想做什麼，就是別答應她任何事。她在醫院的名聲很差，而且導致了一些很糟糕的結果。我們儘快讓她離開就好了。」該臨床工作者天真地回答：「首先，讓我先看看今晚會發生什麼事再說。」從該護理長聽了他的話之後所表現出的瞪眼怒視可得知，他的反應並不是她所期待的，而且她也不認為會有個愉快的值班夜晚。當那位護理長大步走開時，大家可以聽到她說：「喔，老天，各位！這真是我們今晚所需要的：史懷哲醫師（Albert Schweitzer）顯靈了。」

一位有經驗的臨床護理師聽到了，她就告訴這名住院醫師說：「別擔心，今晚這裡的事情多得讓我們手忙腳亂的。她並不總是這樣的。」原來，這位臨床護理師對 Mary Beth 很熟悉，而且也對她近來的進步印象深刻。這位臨床護理師和 Mary Beth 的心理治療師維持著不錯的溝通管道，在過去這一年裡，她也曾經好幾次利用治療師所發展出來的認知治療法來幫忙處理 Mary Beth 的自殺危機。住院醫師詢問該臨床護理師是否他們兩人可以一同進去會談；也許臨床護理師今晚可以再幫她一次。她同意了。

在了解目前的危機之後，臨床護理師很快地檢視目前的自殺意念。

在 Mary Beth 和室友進行了令她震怒的談話之後，她曾經買了很多藥丸。臨床護理師開始嘗試著幫忙 Mary Beth 使用認知技巧來轉換自己的憤怒，並且希望能驅散她想殺死自己的衝動。然而並沒有用。Mary Beth 變得更暴躁了。隨著一陣含糊的話語，Mary Beth 最後咆哮說：「那些屁話今天晚上一點也幫不上忙。」

因為想要將自殺危機轉化掉的嘗試已經失敗了，住院醫師認為有必要進一步仔細檢查具體的自殺計畫。接下來正當住院醫師使用 CASE 法來詢問時，有幾個不同的自殺計畫開始浮現，其中包括上吊，這個方法臨床護理師從來不曾聽 Mary Beth 提到過。他也發現這些自殺意念已經醞釀好幾個星期了，而不僅是因為今天晚上的爭執才引起的。當臨床護理師和住院醫師回到護理站時，護理長則吼著說：「我剛才打電話到八樓去，但是他們今天晚上不想再收一個邊緣性人格疾患的病人上去了。」

次級資料，個案概念形成與處置

在臨床護理師的建議之下，住院醫師打電話給 Mary Beth 的心理治療師，但是沒有人接電話。臨床護理師和住院醫師再仔細地整理了目前的情況和危險因子。臨床護理師說：「看起來真的不太對勁，當我們嘗試著採用她在治療中用的方法時，結果並非如她最近通常會表現的那麼好。一定還有什麼事情。（停頓）我想我知道是什麼了。她一定喝了酒了。我以前沒看過她喝醉酒的樣子，從來沒有。而我之前已經見過她有十次之多了。」住院醫師複習了一下舊病歷，喝酒的確不是 Mary Beth 典型常見的行為。

很明顯的對那名住院醫師來說，因為護理長對處理這個案主是有經驗的，所以他應該要仔細看待她所提供的訊息。如同護理長所言，Mary Beth 可能在醫院裡表現得很差。但事實上，在維持她遠離醫院的努力上面已經有很大的進步了。另一方面，該名護理長很明顯是在對病人生氣，所以她立即的臨床直覺觀察是帶著猜疑的。住院醫師當場決定要了解今晚 Mary Beth 的狀況的話，找臨床護理師會是好得多的資訊來源，且臨床護理師顯得一副擔心的樣子。後來他決定要找精神科的值班醫師一起來處理這個案主，他剛好也認識 Mary Beth。因此值班的精神科醫師、精神科住院醫師，以及臨床護理師三個人共同下了一個決定，雖然 Mary Beth 都是因為退步了才會出現在醫院，但是這次她會出現絕對有些不一樣的地方。例如：她會嚴重酒醉就隱含有各種可能性。而無法從她的心理治療師那裡獲得任何訊息也增加他們做決定的複雜程度。更重要的是，當嘗試使用 CASE 原則來評估認知危機處理的效果來作為病人自殺危險性的衡鑑基礎時，很明顯地，認知治療的嘗試並沒有成功。雖然通常它都是有效的，但今晚它卻失敗了。病人被安排住院了。這是一個正確的決定。

再一次，有致命性之三元素中的第三項預測了安排住院的決定。儘管正確且完整地採用了通常對 Mary Beth 來說都會產生效果的認知治療技術，然而她還是持續地表達了自殺的決心。事實上這些自殺意念已經醞釀了好幾個星期，它並不只是一時的情緒反應。而且隨著新的自殺計畫的出現，暗示著這次她會出現在急診室裡可能有其他更具致命危險的事情將要發生。她的自殺意圖被評估為較之前更嚴重，因為喝醉酒後的衝動控制能力更加降低了，尤其 Mary Beth 並非習慣喝酒的人，酒精的作用更是明顯。

這名精神科住院醫師在三個不同的關鍵點上都表現出絕佳的判斷力：⑴他並沒有被該名護理長自己的反移情議題牽著鼻子走；⑵在處理 Mary Bath 的問題時，因為臨床護理師有較高超的治療技巧與豐富的經驗，所以他認清並利用了這個好機會；還有⑶他有打電話向自己的後援精神科醫師尋求諮詢。如果 Mary Beth 對臨床護理師的危機處置有反應的話，也許就可以不需要住院。而且如果可以聯絡得上病人的資深心理治療師，則藉由她所提供的資訊或直接介入處理，也許就可以避免掉住院的需要了。但是處於目前這種狀態之下，讓 Mary Beth 短暫留院直到酒醒會是比較明智的決定。如此她的心理治療師就來得及一起參與，而且也可以開發處理這個新危機的資源。

臨床短劇之四：Mary Beth 帶著自殘的行為問題來找她的心理治療師

初級資料

儘管 Mary Beth 的心理治療師一直採取一致的立場，努力要減少她住院的次數，但她仍然完全同意在如前述那個晚上的狀況下，急診室人員所做出的讓 Mary Beth 住院的決定。她很感謝急診室團隊想努力聯絡上她好提供資訊，而且她也很高興工作團隊有嘗試著使用 Mary Beth 的治療計畫中所描述的技術來轉化其自殺危機。急診室的工作人員很正確地注意到這次並非「只是 Mary Beth 另一次想要住院的企圖」。的確沒錯，喝酒的行為是 Mary Beth 較危險的自殺企圖中很重要的關鍵因子。後續的住院過程相當短暫。Mary Beth 很快地穩定下來了。但是她和室友之間不安定的關係、她最近劇烈起伏的暴怒情緒，還有自殺的風暴仍然繼續持續著。

五個星期之後，Mary Beth 穿著白色長袖上衣出現在心理治療的場所，而除非治療師是眼睛失明了，否則不可能沒有注意到從她的白色衣服中滲透出來的紅色斑漬。很明顯地 Mary Beth 想要藉此表達一些立場。如此戲劇化的表現是 Mary Beth 以前舊有行為的再現，也許她即使使用了最近學會的比較成熟的因應技巧，也沒有辦法達到減輕痛苦的需要，所以才不得不如此做。她只是不知道該如何應付和室友所發生的這種狀況，所以她就又依賴以前用過的有效方法——自殘行為。

Mary Beth 的出現提供了一個很好的機會來討論非精神病性的自殘行為，這個現象顯然與想殺死自己的慾望完全不同。典型的自殘方式包含：拿刀切割自己、用火燒、用拳頭搥牆，還有以頭猛力撞牆。這些行為有時也會短暫出現在一些沒有邊緣性人格疾患的人身上，且相對來說是單獨一個階段的過程，而這些人可能曾經在心理上、生理上，以及／或性方面被虐待過。更常見的情況是，有些具有邊緣性人格疾患同時也經常被嚴重地虐待的人，則會持續使用這些方法來處理他的壓力。

在發生自殘舉動之前，常出現被拋棄、被拒絕，或者被誤解的想法，這些認知會很快地被轉變成激烈的生氣與暴怒的感受。不知為何原因，把這種憤怒情緒轉向自己的身體有時似乎能提供宣洩的效果。當正在自我傷害的時候，病人常會好像自我感消失得完全忘卻痛苦，幾乎進入某種自我催眠的狀態。通常當案主達到一個頂端而突然感到一陣強烈的解放感，則自我傷害行為就停止了。它已經圓滿達成它的效果了，它對於結束這種強烈的情緒痛苦提供了一個可行的解決之道。通常這種基本的功能還可能被次級獲益給增強了，當其他人發覺到這種自殘的行為時：他們會增加對你的注意力、比較會擔心你，或者甚至可以得到行為上的「好東西」，像是可以到急診室一遊或贏得病房之旅。

有助於終結這個惡性循環的有效策略，比較適合透過討論對邊緣性人格疾患之案主進行治療的書籍來了解。我要再一次推薦讀者去閱讀Linehan[3]以及Chiles與Strosahl[4]合著的作品。我並不打算假裝能夠在這本著重討論衡鑑方法的書中來說明這個複雜的治療性問題。另一方面，我感覺我應該來談談自殘行為（有時候在文獻中又被稱作「類自殺行為」，parasuicidal behaviors），因為沒有哪一位臨床工作者可以長期地進行自殺衡鑑，但卻完全沒遇過這類的案主被送來評估。

這一類病人並不打算把自己殺死。如果有被問到的話，其實在這一點上他們自己通常可以區辨得很清楚。類自殺的想法（parasuicidal ideation）是一種習得的用來減緩痛苦的方法，而不是為了結束生命。因此大多數這類的行為並沒有住院的需要。重複性的住院反而容易提供這種破壞性行為一種次級獲益，而讓它變成一種持續性的適應不良行為。

如果這個機構對此病患有一定的熟悉程度，則比較明智的做法是聯絡治療師或案主管理員，向他們諮詢該如何進行轉移立即性的危機還有自殺的想法。若想要避免掉毋需有的住院事件，則一個由案主、心理治療師、案主管理員、病房小組，以及急診人員共同設計出來的預定治療計畫是相當有價值的，就算真的有需要住院，此計畫也可以保持案主只需短暫住院即可。如果危機確實無法解除，或者案主真的威脅要對自己造成明顯的損傷，則住院的程序可能就有其必要。偶爾，這些病人同時也會考慮要自殺，那麼為了生命安全的考慮也可能會要求讓其住院。

評估這類案主的一般步驟和評估有嚴重人格疾患之病人的自殺危險性在本質上是相同的。CASE 法常被大量的修正。臨床工作者很快地了解一下目前存在的自殘想法和衝動性，並且小心降低任何可能的次級獲益。並且採用一致的做法，將案主在心理治療中所學得的認知技巧用來解除此危機。如果轉移危機的做法失敗了，或者案主是新來的，則可以使用比較標準的 CASE 法來確認類自殺想法及意圖的程度與範圍。

次級資料，個案概念形成與處置

在 Mary Beth 的這個例子中，治療師很鎮定地注意到 Mary Beth 有話想說。因此她用一種溫暖而不帶施惠的語調及態度，提醒 Mary Beth 其實她並不一定要用這種視覺效果來表現她的痛苦，而且治療師總是很熱忱地願意聆聽她的擔憂。因為治療師與 Mary Beth 之間的關係還蠻強而有力的，因此她還可以帶點溫和的幽默加上一句「而且這樣對那些襯衫來說也是蠻倒楣的」。Mary Beth 微笑了起來。

Mary Beth 開始暗示說也許住院是個好主意，然而治療師可以有技巧地引導 Mary Beth，讓她更能有建設性地使用新認識的認知技巧。如此，類似自殺的危機就被解除了，也不需要住院了。那些切割的傷口只是表面的部分，並不需要縫補。這是一個很好的案例，顯示一個病人表現出實際的自殘行為，但並沒有住院的需要。她那些表面上的切割傷口尚未達到致命性三元素中的第一個標準，亦即表現出嚴重的自殺企圖。那些並不是自殺企圖，而且所造成的傷害也遠遠不及嚴重的程度。此外，也沒有任何精神症狀以及真的想要自殺或用毀容的方式來自我傷害的證據。

臨床短劇之五：陌生的病人被警方帶到急診室中

初級資料

Farrel Kraft 是一位 32 歲的白人男性，於星期五晚間八點因為一個不尋常的情況而被帶到急診室來。警察被叫到市中心的 Mickey 夜間雜貨店去，因為店主懷疑有人正在他的某家店裡偷東西。被指控的嫌疑犯正是 Farrel Kraft，而他堅決地否認偷了任何東西。沒有在他身上發現任何被偷的雜貨。瘦巴巴而且滿臉鬍渣的，眼神中流露出一種流浪漢的神情，Farrel 渾身還散發出一股廉價酒精飲料的氣味。他並沒有真的喝醉酒，只是大致朝向那個方向前進。警方不知道究竟該拿他怎麼辦。一個路過的行人先前曾經告訴店主，Farrel 大聲地宣告要拿槍射自己，所以店主也原原本本地告知警方。為了想要有一個比較好的處置，因此警方決定將他帶到急診室來，好把他「結案」。在聽完了 Farrel 的故事之後，臨床工作者懷疑他可能是一個精神病患。

在晤談的過程中，Farrel 表現得很壓抑且憂鬱。他的回答很模糊但還恰當。除了他一開始的臨床直覺之外，臨床工作者其實沒有發現任何像是思考連結鬆散（loosening of associations）、離題（tangential thought）、不合邏輯的想法等證據可聯想到精神疾病。Farrel 也否認有幻覺或妄想，他的定向感良好且認知能力也未受損傷。當討論到他最近剛結束的第一次婚姻，還有與兩個孩子分開的失落，他開始悲傷哭泣。他報告說自己的運氣一直在走下坡——失業、負債累累，還有孤獨無伴。他目前住在他阿姨的家中，僅支付象徵性的微薄租金。他否認有任何精神病史或家族中有自殺的歷史。他看來似乎符合重鬱症的診斷標準，此外雖然他在提供喝酒史時很小心謹慎，而且還刻薄地加上一句「我喝酒和我的婚姻失敗一點關係也沒有，我們婚姻會失敗全都因為她是個婊子。」但他也許也達到酒精濫用的程度。

採用 CASE 法來探問他的自殺想法只得到一些模糊的回答和說法，像是他有想過服用過量的藥物或是拿槍射自己，但他又用一種不耐煩的語氣說「我絕對不會那麼做的。」他很生氣地否認在當晚稍早的時候有說過要拿槍射自己的話。當臨床工作者詢問時，在場的警官表示 Farrel 並沒有直接說出任何要自殺的話語，所以警方無法申請將他留院觀察，而且該警官也不知道究竟是誰告訴店家說 Farrel 威脅要拿槍射自己的。接下來，當使用 CASE 法來了解立即性的自殺意念時，臨床工作者問及無望感的部分。Farrel 停頓了一下，然後用一種尖刻的語調說：「對，沒錯，我是很絕望。（停頓）這樣有犯法嗎？現在可以讓我離開這裡了吧，我可以用我自己的生命做任何我想要做的事，據我所知，這裡是個自由的國家吧。」

次級資料，個案概念形成與處置

臨床工作者對於兩個彼此矛盾的訊息感到困惑，一個是過路人聽到 Farrel 大聲地威脅著要自殺，另一個則是 Farrel 堅決否認有說過這樣的話。臨床工作者認為那個過路人沒有理由要捏造這個事件，而且麻煩的是，在否認自己有說過那樣的話之後，Farrel 又承認自己真的有想過要拿槍射自己。他的情緒不但憂鬱而且還反覆無常，這並不是一個好的組合。看起來似乎是有飲酒的問題，且臨床工作者覺得 Farrel 本身並不是一個好的資料來源，因此無法從他身上獲知問題的嚴重程度。此外，Farrel 似乎打從內心感到絕望。所以臨床工作者決定詢問 Farrel 是否同意讓他聯絡其阿姨。Farrel 拒絕了。

參與這次評估的每一個人——警官、護理長，以及臨床工作者都覺得不放心。因此臨床工作者做了一個聰明的決定，就是把值班的精神科醫師找來。在更多的討論之後，終於決定要忽視Farrel的反對，直接打電話給他的阿姨。當被告知這個決定後，Farrel 只好勉強同意，但是他說：「那個醜老太婆不會告訴你們任何事情的。」他錯了。

Emily Jackson 太太不但很聰慧而且也表現得很在意。看來，Farrel 曾經有因為憂鬱症、酗酒，以及自殺企圖而在精神科住院的病史。他曾經整頓自己的生活——他曾經有五年的時間沒有喝酒，但是不幸地，他沒辦法好好地應付離婚這件事情。Jackson 太太在述說這些事情時顯得很焦慮，她提到之前的某個晚上她無意間經過她姪子的臥房時，看到他拿著一把槍。她並不是很確定，但覺得他可能正把槍從嘴裡移開。她不曉得該做什麼，而且也覺得她沒辦法幫上什麼忙。她想知道他是不是可以留在醫院裡。

Farrel 對他阿姨所提供的訊息感到很生氣並且要求要離開。他需要行動上的約束。儘管多次提供他自動住院的選擇，但他不斷地拒絕，最後只好強制住院。稍後，他終於承認他曾經把一把槍放進嘴裡，並且很認真地打算要自殺，在「我喝了夠多的酒」之後。

Farrel 在晤談的時候並未承認有自殺的意圖，也否認自己是個精神病患。因此，他看來並不符合致命性三元素中的後兩項。但是反過來看，在前一天把槍放進自己的嘴裡則達到了第一項標準——有立即性且嚴重的近期自殺行為。儘管他自己否認有自殺意圖，但透過進一步的消息可發現他也達到了致命性三元素中的第三項，因為他阿姨提到的槍暗示著有嚴重的自殺意圖。Farrel 的情況是一個很棒的例子，顯示臨床工作者仔細地注意來自各種消息來源中的不一致，包括病人在不同時間點所呈現的故事，還有從其他資料來源處所蒐集到的訊息。晤談員做了好幾個出色的決定，包括：打電話給精神科醫師尋求諮詢、思考聯絡 Farrel 的阿姨可能獲得的益處，還有決定病人的生命安全考量應凌駕於病人的隱私權之上。

臨床短劇之六：預期之外的自殺意念出現在心理治療療程和藥物處置過程中

初級資料

Julia Hartford 是一個努力工作、個性實際的 27 歲護理長，她負責當地醫院的一個醫療樓層。她容易自發性地出現一段相當嚴重的重度憂鬱情緒時期，但都沒有嚴重到需要住院的程度。她的家族當中也有許多人飽受嚴重憂鬱之苦，她的兩個阿姨還有外祖母都曾經自殺過。Julia 自己並不特別認同或同情這些曾經自殺的親戚中的哪一個人。她不喝酒，而且有強烈的宗教信仰，認為自殺是不對的行為。她在治療中常常提到，「我是絕對不會自殺的。我的小孩需要我。」

Julia 是一個思想開明而且很有心理學概念的人，所以當她一感到憂鬱時就會很快地尋求幫助。在她前四次發病的期間，她對於合併心理治療及藥物治療（選擇性血清素回收抑制劑，SSRI）的方法反應良好。她最近的一次憂鬱發作大約出現在她停掉藥物之後約七個月時，而這次的發作並非由於特定的壓力源或心理衝突所引起。因此她的憂鬱發作基本上看來似乎是由於生理因素所引起。就像她自己說的：「它就是不曉得從什麼地方冒出來的。我本來感覺很好，生活中的一切事物也都很順利，這就是一開始我會停止服藥的原因。」這次的發作比以前大部分的發作期間都要來得嚴重，主要的特徵是廣泛且嚴重的像植物般呈現靜止行為的憂鬱症狀，還有一些明顯的自殺意念。她很快地又重新服用抗憂鬱劑。讓她鬆了一大口氣的是，在她重新服藥後不久，她的自殺意念就完全消失了。她與她的精神科醫師都認為其自殺意念主要只是由於生理所引起的憂鬱症狀中的一個部分。的確沒錯，這次的意念可能是由於生理病理狀態直接導致自殺意念出現的一案主例。

不幸的是，她的其他憂鬱症狀卻比往常還要來得頑強。因此藥物被調整到比較高的劑量，且最後還必須加服甲狀腺補充劑以消除原本藥物的副作用。這些治療的策略都讓她有比較多的進步了，但仍然有太多的症狀持續地出現，讓她無法對自己的復原程度感到滿意。特別是 Julia 在工作上感到應付不來，但她又遲遲不願考慮請個病假離開一陣子，這個想法會激起她很大的罪惡感。

她與她的精神科醫師有很好的治療合作關係，而她的精神科醫師同時也在幫她做心理治療。在換藥之前，他們決定要把她的抗憂鬱藥物調整到建議用量的最大劑量，希望這麼一來它最後可以像以前一樣「射門得分」。這麼做看起來是很合理的，因為儘管只是在某些症狀上，但 Julia 確實已經藉由這個藥物得到顯著的減輕症狀的效果。更何況這個藥物過去曾經有三次都讓她的憂鬱症狀達到完全的解除。而這次增加劑量的藥物調整剛好就在精神科醫師要離開兩週去度假之前開始。

在他回來的那一天，他的語音信箱裡有一個 Julia 的老闆打來的留言，聽起來很緊急的樣子，「你今天能不能設法騰出點時間來看看 Julia？她看起來真的很糟，我很擔心她。我覺得一定有什麼地方出差錯了。」當 Julia 當天看診時，她的情況看起來確實很不妙。她通常是個相當冷靜的人，但是那天卻嚎啕大哭了起來，一邊說「我真的不知道哪裡出了問題，我只想讓這一切都結束。」這名精神科醫師被難倒了，因為她一直都循序漸進地進步著，而且已經有好幾個月都沒有自殺的念頭了。更令人傷腦筋的是，她說她現在的憂鬱程度並沒有比之前嚴重。「那不是問題所在，我只是對這一切都感到厭煩了。這種窒息的感覺讓我快要控制不住自己的行為了。真的，我今天還想過要勒死我先生，而他不過是坐在早餐桌旁跟我說話而已。而且我尖叫，真的就這樣對我的孩子大聲尖叫。（停頓）我是一個很糟糕的母親。（哭得更厲害）」

精神科醫師對她會表現出那麼強的躁動不安以及焦慮感到相當地困惑，這種情況和她原本正在逐漸進步的情緒狀況顯得有很大的落差。經過仔細地詢問之後，他發現她的焦慮情況是在過去這兩個禮拜裡面逐漸增強起來的。且除了焦慮之外，還伴隨了有明顯的睡眠障礙、極度的敏感、壓力忍受度低、容易哭泣，以及聽起來像是恐慌發作的症狀，而最後一項是首次出現的現象。

透過CASE法的執行，一些讓她深受困擾且特定的自殺意念開始被揭露出來。而她會願意公開地討論這些想法是因為這些想法讓她感到很害怕，此外她還不斷重複地表示「我不想死。」她也注意到當早晨的時光慢慢經過時，自己會變得特別地緊張。而今天早上是到目前為止最糟糕的一天。當她在浴室裡的時候，她突然有一股衝動想要把吹風機放到浴缸裡，然後讓自己觸電身亡。她以前從來沒有過這個念頭。她報告說好像有一股力量強迫著自己去做這些事情，儘管在內心深處她其實一點兒都不想死。這個想法讓她嚇壞了，以至於她把吹風機丟到臥房裡去。因此當精神科醫師問她說目前的自殺想法和過去的感覺是否相同時，她很快地回答說「不。這次的完全不同，它就是那麼突然地就出現了。這次的想法很強烈，而且和我以前所感覺的完全不一樣。這些想法讓我很害怕。」

次級資料，個案概念形成與處置

從表面上看來，雖然 Julia 想要的是儘量避免住院，但她看來是有著躁動不安的重鬱症狀而可能有需要住院。然而，還有許多的細節並不符合這個臨床印象。首先，如果我們回顧她的過去精神病史，Julia在憂鬱的期間通常不會發展出躁動的症狀。其次，儘管不是完全緩解，但最近幾個月裡她一直都表現出持續性的進步。因此她的焦慮程度與其相對而言較緩和的憂鬱情緒呈現了鮮明的對比。

她的自殺意念也和過去的呈現方式大異其趣。醫師對她過去的自殺意念相當熟悉，因為他總是定期地使用CASE法來檢查。一般來說，她的自殺想法會慢慢地出現，幾乎是不知不覺的。這些自殺意念並沒有任何衝動的特性，方法也總是服用過量的藥物，或是開車衝出道路。而目前的自殺想法則是突然地冒出來，出現了一個完全不一樣的方式（電擊），而且有一種強迫且衝動性的本質。精神科醫師認為他知道發生了什麼事了。

她早上服用的抗憂鬱劑提升了立即性的影響。精神科醫師猜想 Julia 所經歷的是一種中毒的行為狀態，這是服用高劑量抗憂鬱劑的副作用。事後證明他是對的。因此他開給她一種抗焦慮劑以迅速降低她的緊張與躁動不安，因為從住院病人的身上發現到一個現象，嚴重的躁動不安會是自殺企圖的一個危險因子。後來聯絡上她的先生來解釋這個情況。Julia 在聽完這個可能的原因之後感到大大地鬆了一口氣，要不然真無法解釋這個莫名的病情惡化的現象。她簽署了一份完整的生命安全契約。當天晚上、隔天早晨，以及隔天下午都有打電話來報到。她丈夫同意隔天整天都留在家中陪 Julia。Julia 那天晚上終於睡得比較好了。隔天早上她覺得自己的心情比之前更平靜了幾乎 50%。隔天的下午，她更覺得「幾乎恢復到正常狀態」。沒有任何自殺意念再度出現。七天之內，她就又回到她兩個星期前的狀態了。

雖然她原本的藥物劑量對於一開始由於生理引起的憂鬱症狀所導致的自殺意念有很迅速的消除效果，但是當時的藥物劑量並無法對其他的憂鬱症狀產生適當的緩解。但是當藥物提高到比較高的劑量時，它又產生了令人無法接受的副作用，其中可能包括了一些瞬間的非典型自殺想法。Julia 的抗憂鬱劑被改成另外一種。五個星期之後，她的憂鬱症狀終於完全緩解了。

有許多的因子讓 Julia 能夠一直都保持不需住院而得以留在門診治療的狀態：她在聽了精神科醫師的解釋後表現出明顯的放心、她真心誠意地履行生命安全契約、在早晨這段特定時間之外完全沒有自殺意念出現、她的先生相當可靠且很支持她，以及那個備受懷疑的藥物半衰期很短表示它的血中濃度會掉得很快，因此精神科醫師得以很快地測試自己的理論假設。如果上述的因子裡有哪一項違反了的話，則精神科醫師可能就必須讓 Julia 住院，以便在停藥時進行觀察了。

這樣的中毒行為狀態是相當少見的，但是當我們在使用 SSRI 類的藥物時還是應該要記得隨時追蹤結果，尤其是使用高劑量的時候。她的自殺意念可能是伴隨著藥物所引起的焦慮的衍生反應，但也可能是直接由腦部所引發的自殺意念。當 Julia 的自殺意念出現時，下列任何一項特性都值得臨床工作者懷疑可能出現這類的中毒反應：當自殺意念是在非預期狀態下出現且和過去的自殺意念有不一致的情形；當病人自我報告此次的自殺想法和過去的想法感覺上很不一樣時；此次的自殺想法無論在強度或衝動性上都有一種獨特的感覺，且之前從未出現過；這個自殺想法是和其他不在預期內的異常行為一起爆發的，而這樣的行為異常現象並非這名病人的典型行為，且會使人聯想到中毒的狀態。

臨床短劇之七：在物質濫用的諮商療程中被揭露的自殺意念

初級資料

Greg Baskins 是一位 27 歲的白人男性，他總是將他的時間花在無所事事四處閒晃上面。因為最近沒有工作且獨居在廉價公寓裡，所以他總是斷斷續續地來參加物質濫用的門診諮商。只是多半的時候，他是呈現「缺席」的狀態。偶爾他會看來迫不及待地說定要進入「階段一」，並且發現到他需要幫忙，但他就是沒辦法保持他的承諾。本質上，Greg 是個非常好的人。但是酒精常常把這個事實給掩蓋住了。

他從小的時候就被虐待，而等到他長大了，他卻開始用酒精虐待自己。幾年前他曾經將過量的明胺（benadryl）和一打的酒一起服用，但否認近期有任何的自殺想法。他的一個叔叔是酒癮病人，而且自殺結束生命。Greg 目前的社交網絡成員包括一些通常不固定的酒伴，還有一位附近熟食店的老闆，他很關心 Greg。Greg 否認最近有使用其他的街頭藥物，但他過去曾經有過濫用古柯鹼和迷幻藥的情形。

今天，Greg 以一種罕見的快速步伐走進諮商員的辦公室，且砰的一聲坐在椅子上。他消瘦而英俊的臉龐上留有幾天長的鬍渣。從他的呼吸氣息中沒有透露出酒精的味道，而且他發誓自己沒有喝酒。他撫弄著一條掛在頸子上的骯髒領巾，且不斷地撿拾諮商員桌上的一些零碎東西，像是迴紋針和鉛筆之類的。在一般情況下，當他不喝酒的時候是相當平靜的。因此諮商員感覺到 Greg 似乎是不尋常地緊張。

讓諮商員感到意外的是，Greg 比平常更多話，且對需要幫助這件事展現更開放的態度，但是他說話的內容卻顯得漫無邊際。過了好一陣子，他首次提到自己的孤立感，並且突然淚眼汪汪的。他正經歷一連串的憂鬱症狀，且表示「老兄，我就是無法入睡。我一定要睡一下。你認識什麼醫生可以給我一些安眠藥或者什麼東西可以讓我安靜下來的嗎？」沒有任何明顯的刺激，Greg 就開始哭得很厲害。忽然間，他就突然站了起來。他環視著房間好像在搜尋什麼東西，並且說「我今天已經說得夠多了，我想我現在要走了。」

次級資料，個案概念形成與處置

Greg 的表現已經變得愈來愈奇怪。諮商員擔心 Greg 正在表現出一些不太明顯的精神症狀。目前的挑戰是想出一個可以讓 Greg 平靜下來的方法，然後找出是否有精神症狀出現的情形。如果是的話，則要看看是否有任何危險的精神症狀歷程正在進行中，像是命令式的幻聽、被外力控制感，或是某些危險的宗教狂熱信念。藉由找 Greg 來談談更多需要某種東西來讓他安靜下來這件事情，他才吐露出自己究竟有多麼緊張。如同諮商員所臆測的，迷幻藥這個老朋友已經重新進入 Greg 的生活，並成為他的藥物新寵。

因為意識到 Greg 被孤獨感所籠罩，因此諮商員將討論轉到這個方向，希望能找出受情緒所主導的精神症狀。果然，它就等在唾手可得之處。Greg已經有七個禮拜的時間都只是窩在他的公寓裡面哈藥和睡覺。他否認有任何宗教執著，還是感覺被外力控制而要去傷害自己或其他人。但他確實變得疑神疑鬼的。他有「聽到一些聲音」。有人經過他的門外，而且就是同一個人在他的牆上鑽洞。表面上是在他睡覺的時候看著他，但是「天曉得他可以經過這些洞鑽進我的公寓裡做什麼。（停頓）他們要把我逼瘋了，而且我再也受不了了。我知道我以前很壞，而且我知道我已經有酗酒的問題。但是，喔，老天爺，我沒有那麼糟糕啊！」Greg 又哭了起來。

諮商員小心地使用行為事件表和溫和的假設讓 Greg 透露出，在這個禮拜稍早的時候他已經決定乾脆割破自己的喉嚨，也不要被「他們」捉弄和折磨。今天他並不確定行動的正確過程是什麼。因此諮商員再使用 CASE 法來了解目前正在進行中的自殺事件，結果發現 Greg 在約一個星期前曾經將一把刀子架在自己脖子上面。此時，Greg 才第一次提到說，他認為自己可以聽到一些聲音在他的門外耳語，說著「現在就結束一切吧，你的生命毫無價值。你這樣就不用再拖累別人了。」Greg最後同意到急診去接受評估，看看他們是否可以幫助他睡得好一點。後來他被暫時診斷為因安非他命而引發的精神疾病，並且自願接受住院治療。

儘管這位治療藥物濫用的諮商員未曾在這個病人身上見過任何精神症狀，且此病人的過去病史中也沒有出現過這類症狀，但諮商師在辨識精神症狀上面仍表現出非常的敏感度。再者，這位治療藥物濫用的諮商員還記得該如何彈性調整CASE法來了解這些可能自殘或傷人的精神症狀類型。部分的技巧就是讓 Greg 進入情緒激動的狀態，這樣就為他的精神症狀開闢了一個表演的舞台。如果Greg在急診室時拒絕接受評估，則諮商員也已經為強迫其接受評估找到一個巧妙的藉口——Greg 曾經把刀架在自己的脖子上。有命令式的幻聽的出現也讓人很為 Greg 的生命安全擔憂。Greg 已經達到致命性三元素中的兩項，他最近有出現一些危險的舉動，而且會對他發出命令的幻聽也是一種比較危險的精神症狀。

結　論

在本章中，我們檢視了前面幾章所討論過的各項原則之間細微的相互作用，並且嘗試著將它們組織整合起來。如同我們所預期的，在最後的這個臨床範例當中我們可以看到，病人現行之自殺計畫的具體程度通常可以給我們提供一個最確實的角度來了解他或她的立即危險性。偶爾，藉由採用CASE法的策略，臨床工作者就可以很有效地從病人身上直接得知其自殺計畫的具體程度。但是在其他時候，當病人下定決心要隱瞞他或她的計畫時，則這個自殺計畫的內容就必須從家人、朋友、心理治療師，和警方等其他資料來源處仔細地篩選出來。能詢問出這種私人隱私訊息的能力，再加上對危險因子、病理因子、現象學因子，以及每個特定衡鑑情境所固有之複雜因子的了解，都可以開啟一扇窗讓我們進入了解自殺的即時危險。

身為一個臨床工作者，我們的任務就是協助那些因為自身的自我毀滅漩渦入侵而受創的案主，找出他們潛藏的、可逆的自殺意念。我們當然無法假裝能將所有可以跳脫這個自我毀滅漩渦的方法都列出來，因為生命有其艱難之處，而且也並非總是公平的。儘管我們盡了最大的努力，有些病人最後還是可能決定結束自己的生命以便終結痛苦。

但是我確信仍然有其他的病人，只要我們讓他們避免出現立即的自我傷害舉動，他們就能從中得到短暫的休息和時間，並且找到新的答案和解決之道。透過藥物、心理治療、社會支持的動員，以及他們對生命意義的重新框架，許多的病人可以重新找到希望。有了這個希望，他們開始爬出自毀漩渦的高牆，而生命又顯現出新生的蓬勃朝氣與嶄新的意義。這些一度絕望的病人將永遠不會忘記臨床工作者，他們總是帶著同情聆聽並且有技巧地與之會談，無論他們曾經相遇的地方是在急診室的幽黯玄關，還是診間的午後陰暗之處。為了深化這份悲憫之心以及發揚這些技巧，我們將一切所知盡言於此書。

註釋

1. Jung, C.G.: ***Memories, Dreams, and Reflections***. New York, Pantheon Books, 1961.
2. Linehan, M.: ***Cognitive-Behavioral Treatment of Borderline Personality Disorder***. New York, Guilford Press, 1993
3. Linehan, M., 1993
4. Chiles, J.A. and Strosahl, K.D.: ***The Suicidal Patient—Principles of Assessment, Treatment, and Case Management***. Washington, D.C., American Psychiatric Press, Inc., 1995.

譯　註

①：一種鎮靜性抗組織胺。

附錄 A 如何書寫自殺衡鑑紀錄

對一般的臨床工作者而言，很少有什麼事情會像病人自殺身亡那樣地令人不知所措。如果在此死亡事件之後還需要面對一項可能的後果，亦即對精神科醫師或其他健康照顧提供者無力避免此一死亡事件所採取的醫療不當訴訟，則這個經驗可能會使臨床工作者更受折磨……

成為這類訴訟之被告的臨床工作者在描述當自己面臨被控告的情緒反應時表示，被控告對展現他們自身的道德良知是有害的，亦會激發他們出現有害的神經質罪惡感，即使是對那些客觀而言，已經給予案主適當治療且無可責難的治療者，亦是如此。[1]

Thomas G. Gutheil，醫生

臨床精神科醫師只有兩種——就是那些已經有病人自殺的，還有那些將來會有病人自殺的。[2]

Robert I. Simon，醫生

第一部分：面對訴訟之幕後的基本注意事項：正確完整的紀錄在避免發生訴訟上所扮演的角色

想要避免醫療疏失有四個支柱不能輕忽。前三個是很明顯的：良好的臨床照顧、有需要時就予以照會和轉介，以及與案主還有其

家屬建立良好的關係。第四根支柱就比較容易受到忽視，亦即正確完整的紀錄，而它和其他三項在特性上稍微有些不同。

假使臨床工作者違反了前三項，很可能就已經發生醫療疏失了，而此時提出醫療訴訟可能不但是必須的，也會是恰當的行為。這三根支柱還有另一個共同的特性，就某個程度而言有許多內容已經提過了。的確，本書前面的章節全都致力於這些主題，而且可望在提供有效率之臨床照顧方面提供了有力的基礎。

然而，第四根支柱——正確完整的紀錄——指稱的是什麼呢？它又有什麼不同呢？第一個也是最顯著的差異性就是，如果臨床工作者違反了這一項，則臨床工作者可能會被控告，而且即使已經提供了適當甚至是優良的醫療照顧，但有時告訴仍然可能成立。如同 Thomas Gutheil 在本章開頭的警語中簡潔捕捉到的精神，很難想像還有比這個更麻煩也更不公平的雙重悲劇了。

本節以及下節附錄就是為了幫忙避免掉這些多此一舉的訴訟而設計的。如果你照著本書所提出的原則來操作，你將可以提供良好的醫療照顧，但你仍然可能有相當的危險會面臨法律訴訟，這就造成了前三根支柱與最後一根支柱間的區別。

在文獻當中，我們很難找到現有資料提到如何製作一份完整正確的法律文件，然而專家們仍會習慣性地一再強調書寫這類文件的重要性，他們可能會提出類似如下 Comstock 的建議：[3]

> ……所有的心理健康專業人員都有留下合理的文書資料之責任，資料內容應包含達成每一個決定的過程，以及每項治療計畫的執行經過。

只不過，實際從事自殺預防的專家們卻很容易地會忽略掉臨床工作者應該完成適度的報告這件事情。我早該知道，因為在本書最早的版本中，我潛意識地就遺漏了對這個主題的完整討論。因為一心一意想的就是如何呈現有效的方法來處理以下兩個主題，一個是解除案主的痛苦，另一個是如何避免毋需有的自殺。所以一旦討論自殺防治的作者在自認已經充分地將這些訊息傳達出去後，很容易地就會覺得好像已經大功告成了。因為主要的考量好像會著重在該做什麼——該如何幫助案主以及執行優良的臨床照顧，而不會放在不該做什麼——給予防禦被動式的藥物。

然而，這裡會出現一個陷阱。的確有發生過毫無預警的法律訴訟，且許多這類不當訴訟的發生可能就是因為文件資料的缺乏所導致的。因此，如果對於製作完整正確之報告的有效方法並不熟練的話，即使是很有能力的臨床工作者還是會擔心遭到控告。此外，他們也的確應該感到擔心，因為他們欠缺一份完整正確之報告的基本原則知識，這使得他們有更高的危險會被控告。因為缺乏這方面的知識，而不懂得藉由良好的文書紀錄來保護自己避免醫療疏失，如此所引起的多餘的擔心絕對是一種不愉快的經驗。最後甚至可能會因為使用了防禦性的藥物和／或臨床工作者變得「精力耗竭」（burnout）而導致無法提供案主最佳的照顧。

幸運的是，如果教導受過良好訓練的臨床工作者一些正確文書寫作的基礎訓練，則被控告的機會將大大地減低了。如果你已經提供了良好的臨床照顧，且你對此次照顧的紀錄相當完善，則真的輸掉官司的可能性也會明顯地降低。饒有諷刺意味的是，在進階訓練的「一開場」就建立良好的文書紀錄習慣，並給予足夠的注意力發現如此可以提供自我保護以省掉法律訴訟的麻煩，則可以讓臨床工作者在整個臨床照顧的過程當中，「一路到底」都不再需要對可能被控告的議題有無謂的擔心。

本節附錄以及下一節附錄提供了所需的大致訊息，如同本書的主體一樣，重點會放在示範上面。像是本書在描述晤談技巧時所採用的範例那樣，不僅僅是告訴你「為什麼」以及「做什麼」，同樣重要的是要藉由臨床對話來示範「怎麼做」。做文書紀錄的時候也一樣。除了和你分享我對於「為什麼」要做完善的法律文件以及在文件中要「有什麼」的看法之外，我還會利用一些完整的書寫紀錄來示範「如何」達成這些原則。

在這個有時黯淡無光的法律義務中還是有著一點光亮。完善的文書紀錄不僅能減少我們輸掉法律訴訟的可能性；它其實在一開始就已經明顯地降低我們陷入一次法律訴訟的可能性了（因為在完成紀錄的同時，可以提醒我們是否還有該做的事情被遺漏掉了）。這點兒消息是如此地重要且可以讓臨床工作者如此安心，因為它保證了我們用一種比較小心的態度來看待法律訴訟的展開，而且知道完善的文書紀錄可以如何避免掉這些問題。

❖為什麼良好的文件紀錄可以讓你遠離法庭

我們先從把這個令人有壓迫感的問題，改成問「為什麼」的方式來開始加以論述，也就是問「為什麼」仔細地記錄自殺衡鑑的過程是重要的。答案其實有很多，且並不總是如你所想的那麼顯而易見。法律訴訟並非那麼一目了然地就只是因為一個潛在的原告想要控告一個臨床工作者。除非訴訟當事人想要作為他或她自己的辯護人，否則就會有一個律師必須接下這個案子。在接受案子之前，律師必須感覺到有很好的機會可以贏得這個案子。否則如果輸了，他或她就必須承受花了大量的時間加以調查，卻只能獲得少少的金錢或甚至血本無歸。

儘管我們不常從心理健康專業人員口中聽到這個說法，但是大部分的律師其實是遵守職業倫理的。他們並非擺明了要「釘死」優秀的臨床工作者。甚至如果他們並未發現醫療疏失的話，他們也不會企圖創造出一個醫療疏失出來。外面的確有許多照顧得很差的真實案例；一個有道德的律師其實有更好的事情要忙，而不必去控告一個證據薄弱的案子。

就如同其他任何領域一樣，也確實存在有缺乏職業道德的律師。矛盾的是，只要我們把自己優良的照顧品質記錄完善的話，他們的貪婪反而會對我們有利。這就是為什麼我們要做紀錄的緣故。

無論是有倫理或是缺乏倫理，出於個人的貪婪或是出於合法的任務想要阻止危險的臨床工作者，底線就是律師在案主已經開始或是將有危險會損失大量的時間和金錢之前，就必須先能預測到將會發生的結果。在這個困難的決策過程當中，委任律師的資訊來源是相當有限的：原告所提供的訊息、從其他倖存的家屬所得到的資訊、從其他公共領域像是新聞媒體所獲知的資訊，還有從臨床紀錄所得到的資訊。讓我們看看上述每一個訊息來源對可能發展訴訟的律師來說，所代表的相對價值為何。

有價值的資訊可能來自起訴人和其他倖存的家屬，然而這些訊息內容可能因為某些個人的興趣而受到污染，或者因為悲傷的倖存家屬內心複雜的心理動力及痛苦而帶有偏見。新聞媒體也能幫得上忙，但是其所提供的消息是以不可信賴而聞名的。委任律師最迫切的需求就是能與臨床工作者直接談談，好找出究竟已經對案主做了什麼。但是只有一種方法可以達到這個目標，通常想要拿到臨床工作者的這份證詞只有在法律訴訟已經被正式提起時才有可能。再者，臨床工作者的證詞也同樣有可能被偏重採信。

唯一一個有關臨床工作者究竟做了什麼或是沒做什麼，並且可以輕易地獲得以幫助律師決定是否要承接這個案主的資料來源就是書面紀錄。你當然可以爭論說即使如此，這個紀錄仍是由臨床工作者所書寫的。儘管並非總是如此，但通常這份紀錄是在臨床工作者有任何理由企圖誤導這項資料之前就已經完成的。因此它將可以完整地提供某些資料，而這些將是在整個訴訟過程中所呈現的所有資料中最客觀的訊息了。

律師們、法官、原告、被告，以及陪審團成員對臨床紀錄抱以很高的關注。同時臨床紀錄也帶有一絲神秘氣息，也許這將使得陪審團視它所具有的可信度比它應得的還要高。然而，原則很簡單：「如果你沒把它寫下來，那它就沒有發生過。」不論公不公平，即使你之前做了再棒的臨床處置但就是沒有把它寫下來，那麼陪審團就很容易往最壞的方向去想。他們可能只是把你證詞裡所說的「完善處置」，當作臨床工作者「總是自我掩飾那些大家心知肚明的疏失」的例子之一。要記住的是，將會有一個有技巧的律師把陪審團準確地引導到這個結論上去。

因此一位有希望發展訴訟的律師首先必須根據臨床紀錄來決定是否這是個值得提起訴訟的案子。假如臨床紀錄文件清楚地顯示並沒有發生醫療疏失，則身為一個缺乏職業道德的律師，他的貪婪將會驅使他放棄這個案主，因為害怕自己將會輸掉這場官司，或是根本沒辦法從這場審判當中得到實質的金錢回饋。良好醫療照顧的完善書面紀錄也將會使一個有道德的委任律師放棄接下這個案子，因為他或她根本就沒有看到醫療疏失的證據。

首先，在良好的臨床照顧之外，我們在自殺衡鑑紀錄中所寫下的資訊，很可能就是唯一可以讓我們避開毫無根據的法律訴訟的最佳保護因子。假如你的臨床工作做得很好，而且紀錄也寫得很完整，就不太可能遭到控告。簡言之，比較矛盾的就是，律師想要下對賭注的心態反而可能給臨床工作者提供了保護。

那麼，究竟律師將會怎麼下工夫在這些醫療紀錄上以便決定是否要提起控訴呢？首先，他們會相當仔細地閱讀這些紀錄，並且通常會讓他們的工作夥伴或法律助理也一起來參加意見。在許多的案例當中，尤其是在一個傑出的、經驗豐富的專辦醫療疏失案件的律師經手之下，在第一次檢閱的過程中，他或她多年的經驗就會很快地讓這些醫療紀錄顯現出是否有接下這個案子的價值。基本上在初始的階段，律師從你的摘要當中所讀到的資料就會讓他拒絕掉很多的案主。其次，如果律師覺得某個案主也許值得提出告訴，那麼他或她就會將這份臨床紀錄拿給一個臨床專家，而他可能是也可能不是一個法庭精神醫學專家。如果這個案子仍然持續進行，則這位臨床專家一般來說將會成為原告的「專家證人」（expert witness）。

在這個時間點上，一個有職業倫理的專家證人的存在就是要判定是否曾發生醫療上的疏失，並且把這個意見傳達給委任律師知道，而你要記得的就是，這名律師正嘗試著決定是否值得接下這個案子。如果不曾發生醫療上的疏失，則臨床專家將會通知委任律師說這個案子不值得提出告訴，而且他也同時會告知這個律師說，如果訴訟過程將會持續進行，則他或她就得要另請高明了。因為一個有道德的專家證人將不會對一個已經做出良好醫療照顧的臨床工作者提出不利的證詞，而所謂的良好醫療照顧指的就是維持在一定的照顧水準當中。

而確實存在著比較缺乏職業道德的專家證人，也就是所謂的「槍手」（hired gun）。他們可能在某種程度上會希望無論如何讓案子都可以持續進行，他們會希望這麼做的原因是，因為所謂的專家證人是根據他所花費的時間及所作出的證詞來收費的。而他們所寫下的意見，還有，如果律師接下這個案子將會隨之而來的冗長出庭時間都是相當賺錢的。然而辯方律師的任務就是保護一個沒有做錯事情的優秀的臨床工作者，因此即使是槍手也沒有興趣走進法庭被一個傑出的被告律師攻擊得體無完膚。這種被對手撕成碎片的情況一旦發生了，也會有損他們在專業同儕之間的名聲，而這些專家們原本就很合理地瞧不起這種「槍手」的工作了。

除此之外，假如一個專家證人曾在某個案子被對手攻擊得體無完膚了，則在未來的案子上，只要這個專家證人再度前來作證，則一個精明的辯護律師可以偶爾插入之前的法庭證詞，來試圖動搖此次案件的陪審團對這位專家的信賴程度。簡單地說，也是有一些很明顯的原因讓一位「槍手」不會建議讓一個不太可能打贏官司的案子再繼續進行下去。

再說一次，原則很簡單：如果在標準的水準範圍內，已經完成了優秀的醫療照顧工作，而且也有了完善的書面紀錄，則專家證人通常會建議律師不要再進行訴訟程序。假如一位受到尊敬的專家證人的看法是不利於訴訟的話，通常律師還會繼續訴訟程序的情況是相當少見的。

此外，還有一個比較微妙但是強烈的力量在這裡運作著，它會在專家證人告知律師是否有醫療疏失的現象時，將他們推往說實話的方向。從生意的角度來看，他們並不想被專辦醫療疏失的律師群貼上「不勝任的專家證人」的標籤，這個標籤將會大大地減少未來被邀請作證的機會。說得更清楚一點就是，專家證人通常都是從某些律師或是那些律師的朋友處得到「重複性業務」（repeat business）。但是如果有不好的評語傳了出去，像是這個專家證人容易讓律師一頭栽進輸掉官司的話，那麼這些重複性的業務就不會找上門來了。值得再重複一次的是，在相反立場的陣營當中還是有一些很有力且以他們自己為中心來考慮的趨力可以保護我們遠離法庭，但是這只有在我們自己的書面紀錄是完善且令人讚賞的情況下才有可能發生。

完善的書面紀錄還有最後的一個優點可談，但是乍聽之下會覺得有一點兒奇怪。如果你真的渴望的話，良好的文書紀錄可以幫你有走上法庭的機會。要記住，如果真的有人對你提出不合理的法律訴訟，就會讓你冒著名譽掃地的風險、影響你在醫院裡的權利，而且可能會使你的保費被提高。不幸的是，你未必有機會選擇要不要去證明自己所提供的醫療照顧有多好，以便能夠避開所有的這些負面結果。

在許多案例當中，醫療疏失的保險合約中都有一條「同意條款」。這項條約項目載明保險公司只有在得到你的同意之後才能安排和對方和解。但假如你的保險合約中沒有包含這一項條款，則直接由保險公司來決定是否要上法庭。而保險公司在他們自己律師（該律師的薪水不是你付的，而是從聘僱他的保險公司那裡得來的，所以他對你只有間接的道義）的建議之下，可能會違反你的意願而選擇和對方和解。當你沒有犯錯時，強迫你接受被告的事實並且還要付出代價實在是一件很挫折且痛苦的事情，而且不讓你有機會證明自己的清白。

一次紀錄完整的自殺衡鑑，可以成為防止你陷入這樣的痛苦情境時的最佳後盾。就像我們在看一個可能提出告訴的原告律師在決定是否要接下這個案子時一樣，可能要負責辯護的保險公司也會以類似的方式來調查它自己的勝算，以便決定究竟是要走上法庭還是尋求和解。而他們最常賴以作出這個決定的訊息來源就會是他們所聘僱的律師。

假如這名律師看到的是良好的臨床照顧，還有對此次照顧的傑出書面紀錄，她最有可能的就是同意上法院打仗，如此臨床工作者就有機會可以證明自己的清白。然而，如果律師看到的是貧乏的書面紀錄，那麼即使曾有過再好的臨床照顧以及你的強力主張，這個案子還是會迅速地通往庭外和解的道路。因此，良好的書面紀錄就是決定性的關鍵。

如果沒有臨床上的理由的話，一次紀錄完善的自殺衡鑑真的可以使你避免被告。如果你是如此盼望的話，它也可以幫忙確保你可以在法庭上獲勝。雖然我們無法在此提供任何的保證，但是正確完整的書面紀錄將是你可以買到的最佳保險——而且是免費的！

以一個比較個人的層面來看，要記住，完善的書面紀錄可以避免讓一個優秀的臨床工作者必須不公平地經歷一次毫無根據的法律訴訟所帶來的強烈苦惱。這個訴訟毫無疑問地將會拖上好幾年，且將會戲劇性地衝擊到臨床工作者每天的快樂和執行業務的情形。還要記得你已經在處理著即使自己已經儘可能用心地提供協助了，但還是失去了某個案主的那種錐心痛苦。再讓一件法律訴訟加在這種悲傷之上，實在是很讓人心煩意亂。

在這裡，我們應該提出時間的問題，因為良好書面紀錄所提供的保障並非像我之前所說的那樣是完全免費的。確實它本身並不需要花費任何金錢，但是製作完善的書面紀錄需要額外的時間，所以它會增加你的工作負擔。這樣的額外時間甚至可以間接地換算解釋成收入的損失。讓我們客觀地來看看究竟可能會損失掉多少的時間。

在一次典型的初次評估當中，如果你所使用的是本書附錄中所摘要的原則，可能每個案主只要加上幾分鐘的時間即可。但是如同某些在急診室作評估時會看到的比較複雜的自殺衡鑑案主中，完整的書面紀錄將至少需要再多花五分鐘的時間。而一個很複雜的急診室衡鑑案主的完整紀錄可能會花上十分鐘或更多的時間。剛開始這些額外花費的時間看來可能不會造成太大的麻煩，但是日積月累下來就會占掉很多時間。以曾經身為一個忙碌的精神科急診室主任的過來人的經驗，我可以告訴你那些時間的消耗是非常昂貴的。我還可以告訴你，對我個人而言，所花費的每一分鐘都是值得的。

對一個自殺衡鑑而言，如同Simon在《精神科簡明手冊及與臨床工作者相關的法律知識》（*Concise Guide to Psychiatry and the Law for Clinicians*）一書中所指出的，適切的書面紀錄是自殺衡鑑的標準照顧程序，「所有的自殺衡鑑都應該在評估的同時被記錄在病患的病歷當中。對一個有自殺傾向的案主來說，每次的門診都應該執行自殺危險程度的評估。」[4] 究竟這樣的書面資料應該記錄得多麼仔細仍然有一些爭議，但我的建議是如果把書寫紀錄所需要花費的時間省略不看的話，則越詳細的紀錄對臨床工作者和病人而言都是越有好處的。

心裡有了這個想法將有助於我在這個議題上跟大家分享我自己的決策樹狀圖。我發現像我這樣在忙碌的社區心理健康中心服務的門診精神科醫師，在一整天忙碌的行程結束後，除非有什麼較不尋常的複雜衡鑑，否則要仔細地記錄下自殺衡鑑的內容通常每天都要花掉我大約二十分鐘的時間。簡單地說，我每天結結實實地要晚離開辦公室大概二十分鐘（通常會比較少）的時間。那是一段有相當份量的實際時間。這是個相當大的代價。

另一方面，以下是我所獲得的好處：我不需要使用「防禦性藥物」，因為只要我一直提供良好的臨床照顧，而且我很完整地將過程記錄下來，我就覺得很安全，沒有什麼機會會被提起控告。我也很少擔心醫療責任的問題，降低了這種多餘的煩惱就減少了任何會讓我感到精力耗竭的感覺。而且在臨床上，我的注意力焦點都擺在真正需要它的地方——就是如何提供良好的照顧給我的案主。

最後也是最重要的就是，每天多花在這份完整的自殺衡鑑報告上的這二十分鐘，的確明顯地保護我不需面對毫無根據的法律訴訟所伴隨而來的強烈痛苦。那種無憑無據的法律訴訟所帶來的折磨會影響到我自己本身、我的家庭、我的事業，以及幾乎是接下來好幾年我每天執業時的每一分鐘。一場官司對工作以外之生活品質的破壞程度是怎麼說也不誇張的，有一段時間你身邊可能充滿著放馬後砲的聲音，你可能會不斷重複著案主最後講的幾個字，會對提出控告的人感到憤怒，你會對自己的辯護團隊的表現感到焦慮或者生氣，而且你甚至會開始擔心自己的能力，或是你將會怎麼被同僚們看待。對於一次良好臨床照顧的完善書面紀錄可能可以讓你免於上面所提到的所有煩惱。

因為有這些好處，所以我很高興每天多花這二十分鐘。當你讀到後續的附錄時，你將為你自己做個決定。至少這些資料將可以提供你一個機會來為自己做出明智的選擇。

最後一個建議：假使一個臨床工作者固定地遵循稍後所提出的記錄原則，你將會在製作完善的書面資料時逐漸變得熟練且有效率。每完成一份書面紀錄，你的速度會變得更快，直到你會驚訝一個受過充分訓練的臨床工作者可以多快地詳細記載一次複雜的自殺衡鑑，因此就可以減少所損失的時間了。經過幾年的臨床練習，上面所提到所需花費的時間就變得更少。當我在急診室當主管時，我就曾經有許多次看到在有經驗的臨床工作者身上發生過這種成效。

❖為什麼良好的文件紀錄可以幫助避免自殺行為

我們幾乎已經完成有關於「為什麼」要完成完善紀錄的介紹了，但是有人可能會反駁說最重要的原因還沒被提到呢。製作一份正確完整的書面資料的過程將可以直接改善臨床照顧本身。這一點是這麼地重要，但卻是這麼少有機會被強調，這一點實在是值得被更仔細地檢視。

製作良好紀錄的動作可以在兩個方面提供臨床方面的協助：⑴如果我們的案主將來要接受評估的時候，則資料中的確實內容將可以幫助未來的臨床工作者作出比較好的決定；還有⑵在製作一份正確資料的過程中，可以驅使我們回顧之前所蒐集到的基本資料的品質及廣泛程度，也會帶領我們把根據之前的基本資料所完成的臨床衡鑑過程重新再走一遍。讓我們來更詳細地描述上面這兩個臨床上的優點。

首先，一份把案主狀況完整呈現的良好書面紀錄，內容包含了他或她的危險因子為何，還有我們如何組織整理出安全性的決策，這份紀錄對後續的臨床工作人員而言具有相當重要的價值，就像是我們的案主可能會突然出現的某些忙碌急診室裡的危機處理臨床工作者。尤其是當危機處理臨床工作者沒有辦法用電話跟我們聯繫上的時候，這樣的一份資料會顯得特別地重要。將案主目前所呈現的狀態和從我們之前的紀錄所找到的基準狀態資料互相比較所作出的自殺衡鑑可能是無價的，有時候甚至可以救人一命。

我們都知道作自殺衡鑑是一件多麼令人畏懼的事情。在忙亂的急診工作中，假使他們不夠小心的話，即使是最好的危機處理臨床工作者都可能會遺漏掉一些關鍵性的訊息，像是過去的自殺企圖、是否有藥物或酒精使用問題，或某個重要他人可能知道跟案主的生命危險性相關的一些重要資訊等等。而一次有完整紀錄的衡鑑將可以讓危機處理臨床工作者得知所有的這些相關訊息。除此之外，在任何一個晚上，案主都有可能表現出消極攻擊的防禦特質以避免自己洩露出任何關鍵性的危險因子或是自殺計畫。再一次的，我們的書面紀錄將提供許多非常必要的資料。

其次，可能看起來比較不明顯的是，良好的紀錄可以對我們在評估案主立即的安全性時提供一個珍貴的資料來源。讓我們好好的解釋一下。

如同很受尊敬的醫療疏失律師Skip Simpson曾經說過的，只要臨床工作者養成把每一次自殺衡鑑中的關鍵因子都書寫下來的習慣，那麼寫紀錄本身就會變成良好照顧的制式化檢核表。[5] 這個檢核表的功能可以成為幫助我們發現重大失誤的工具，因為如果缺少這個檢查的步驟，我們可能會遺漏掉某些事情。以下的兩個例子讓這個內在檢核表的威力更加明顯。

讓我們假設一個臨床工作者學會在記錄他或她的自殺衡鑑時，習慣性地問他或她自己下列的問題：我已經和任何重要的其他資料來源聯絡過了嗎？像是配偶、親密的朋友、治療師，或是當時陪伴在案主身邊的人像是辦理強制住院時的警官等人？這樣的問題可能會讓人突然覺察到遺漏了某些潛在的關鍵資料來源，而此時就可以來處理這個錯誤。當我們為急診室晚班的工作人員作早上的交班時，我發現在所有可能發生的錯誤當中，沒有和重要的訊息來源聯絡是最常見的錯誤。如同本書之前所提到的，有時候這會是個致命的錯誤。良好記錄習慣的功用就像是一個值得信賴的檢核表，可以幫忙我們消除這個錯誤可能發生的機會。

讓我們看看另一個例子。遵循此節附錄所提到的原則，在這案主例中，臨床工作者養成一定要詢問自己以下問題的習慣：如果我曾經向其他臨床工作者諮詢過有關於這個案主的情況，我是否已經把我做過的事情以及接受諮詢的臨床工作者也同意我的看法這一點記錄下來了？習慣性地問自己是否將諮詢的過程記錄下來，自動地就可以讓你重新思考是否有向外界諮詢的必要。如果答案是「有需要」而且也還沒去做，那就適用這句「亡羊補牢，為時未晚」的格言了。再說一次，臨床工作者可以將有效地使用完善的書面紀錄當為良好臨床照顧的檢核表。發展出優良的記錄習慣可以當作臨床工作者自己確保品質保證最好的測量方法——就是Skip Simpson所稱的某種守護天使。

最後我們要提的一點很簡單，就是有關於如何讓優質的書面報告直接提升我們所提供的照顧品質。如果我們找出時間仔細地寫下我們對危險因子的臨床假設，它將會促使我們重新檢視所有指向影響生命安全及危險性的因子。當我們重新組織及回顧這些因子時，我們可能會有不一樣的看法。基本上，我們是被強迫著去回顧我們的臨床假設。有時候這些因子會指向我們原先所作出的決定以外的地方。

在探討『為什麼』要為自殺衡鑑過程留下可靠的書面紀錄時，我們的討論中已經涵蓋了許多理由。很重要的就是臨床工作者們要對於為什麼他們要花時間來仔細地記錄所作的自殺衡鑑有很清楚而實際的認識。這樣的認識可以提供他們動機好把記錄寫好，而且讓他們清楚讓整個記錄過程變得有效率的原則是什麼。

如果你已經明白下列七項原則的意涵，那麼你就已經朝向遠離法庭以及如何提升後續的臨床照顧邁進一大步了。

自殺衡鑑紀錄的七個保護性原則

1. 完善的臨床紀錄是預防醫療疏失訴訟的基本防護措施。
2. 除非已經先有了良好的臨床照顧，否則不能不作完整的臨床紀錄。

3. 即使已經提供了良好的臨床照顧，如果書面紀錄很貧乏，則發生醫療疏失訴訟的危險性也會陡然提高。
4. 不夠完善的書面紀錄有以下兩種型態：
   ⑴臨床工作者根本沒有將衡鑑的過程及結論記錄下來。
   ⑵臨床工作者已經完成衡鑑紀錄，但是內容相當貧乏。
5. 完善書面紀錄之首要法律目的就是要讓臨床工作者可以不用上法庭。
6. 完善書面紀錄之次要法律目的就是當案子進入到法庭上時，則此紀錄能有效地保護臨床工作者。
7. 要書寫正確完整的紀錄最重要的原因是要將可能有助於照顧該案主的訊息傳達給其他的專家們知道，此外如果寫得好的話，則這份紀錄對臨床工作者而言可以當作很好的保險檢核表，也可能最終會被當作一份有效的法律文件。

了解了背後的保護性原則之後，我們現在可以準備來研究核心內容，也就是我們究竟要「記錄什麼」，還有我們「如何記錄」。

第二部分：在製作正確完整的紀錄時所應採取的策略

有各式各樣的臨床狀況都是我們在執行自殺衡鑑時可能會遇到的，因此之後需要把它記錄下來。這些可能會遇到的臨床狀況包括有：初次衡鑑、急診室衡鑑、正在心理治療的療程、正在進行藥物服用觀察、在一般醫院被轉介來做衡鑑和諮詢、從住院單位出院或是通過物質濫用復健中心評估前的衡鑑、在懲戒單位的衡鑑、在護理之家的衡鑑，還有跟出診團隊去對像是帶有精神分裂病或雙極症等嚴重疾病的人們進行居家探視／街頭評估。

所有上述的這些衡鑑情況都有一些複雜的議題是與它的書面紀錄有關。幸運的是，所有衡鑑情況對於什麼樣的書面紀錄才是完善正確的原則是相當類似的。在此節附錄中，我們會來檢視其中的一些原則，看看如何將它們運用在可能遇到之最複雜的臨床狀況中的其中一種情形，亦即你可能會在門診診間或私人執業時遇到要對一個案主進行全面性的初次衡鑑的狀況。而在這裡我們所提出的原則對所有先前曾提過的臨床情境都可以指出對其有用的策略。

為了製作出對臨床有用處，且在法律上也是正確完整的自殺衡鑑書面紀錄，我們需要了解在書寫文書紀錄時會產生的本質上的三個「如何」：

1. 該如何建立一份書面紀錄的架構。
2. 一份書面紀錄中的材料內容要被如何使用才能對案主有幫助。
3. 在醫療疏失的訴訟當中，律師會如何使用這份書面紀錄來提出抨擊或辯護。

隨時要記在心裡的是，並不是只有關於自殺衡鑑的書面資料，而是整份初次衡鑑的書面資料裡滿滿的都是可以幫助案主的有用臨床資訊，但也都是在打官司時可能被用來當作「罪證確鑿」之證據的資訊。對於那些有興趣的讀者，我之前的著作，《精神醫學晤談：了解的藝術》（*Psychiatric Interviewing: the Art of Understanding, 2nd Edition*[6]）一書中提供了一些實用且細節的看法，針對如何對整個初次衡鑑做紀錄，以及如何進行初次的晤談的核心原則。的確，之後我們在書中會提到有關如何為自殺衡鑑做紀錄的內容，多是以那本書為藍本改編而成的。

❖該如何建立一份書面紀錄的架構

紀錄本質問題中的第一個「如何」，也就是有關書面紀錄之架構的問題，新手專業人員在受訓練時很少在這一點花上足夠的時間。而在研究所以及精神科住院醫師訓練期間對這一點的缺乏注意是很遺憾的，因為了解一份書面紀錄的架構可以讓一位臨床工作者建立一些基礎，使得他所完成的書面資料可以同時對於臨床上以及法庭上都是有用處的。

文件上的不同部分大致可以分成兩個範圍：⑴基本資料，要儘可能客觀地作紀錄，因為有一些這類的資訊總是會帶有主觀的成分在內；還有⑵臨床判斷以及個案概念形成，這兩者在本質上都是相當主觀的。

心裡記住上述的區別之後，讓我們來看看同時列有客觀基本資料（objective database）或主觀概念化（subjective formulation）之標準初次衡鑑的報告組成內容：

I. 基本資料（客觀部分）：

身分資訊和人口統計學資訊

主訴

目前疾病史（History of the Present Illness, HPI）

過去的精神疾病史及曾做過的治療

家族史

藥物史

醫療照護系統回顧（Medical Review of Systems）

心理狀態

II. 臨床個案概念形成與判斷（主觀部分）：

精神疾病診斷與統計手冊第四版修訂版（DSM-IV-TR）

診斷列表

臨床摘要和個案概念形成（包括自殺危險性描述）

分類及治療計畫（有些臨床工作者會將此一部分的資訊併入臨床摘要和描述）

有關文件中哪些部分屬於基本資料何者又屬於描述，之間的區別幾乎是太明顯了，以致於不值得在此處說明。但是如果誤解了此間的不同處，通常就會讓書面資料看起來沒有說服力。關於這一點，讓我們把注意力轉向書寫紀錄時會遭遇到的第二個「如何」。

❖ 一份書面紀錄中的材料內容要被如何使用才能對案主有幫助

先前我們已經看了「為什麼」一份紀錄完善的書面資料可以改善臨床照顧。現在我們就要來了解這個挑戰性的任務，也就是要「如何」才能達成這個目的。讓我們從理論走向實際操作。我們將從了解記錄客觀資料及主觀描述的方法開始，這些記錄方法會直接影響到我們對案主之危險性的衡鑑。

我們最前面的兩個例子，會詳細描述記錄客觀基本資料，以當作優良保險檢核表時所使用的程序。首先，藉由發展出仔細且有系統地記錄危險因子的習慣，臨床工作者可以發現所遺漏掉的重大錯誤，像是缺乏對目前正同時發生之精神疾病的相關資訊、家族中的自殺史，或案主所表現出來的躁動情形。其次，考慮到案主自己獨有的自殺意念及自殺行為史，我們可以看出整個CASE法的資訊蒐集範圍中所遺漏之處，像是「過去自殺事件」或是CASE法中在了解了某些致命訊息像是現有的自殺計畫和執行步驟之後，對於後續的兩者之間空白的相關資訊就很少加以了解了。

我們的第三個例子會移向來看看記錄主觀判斷的行動，這又是另一個可以藉由做紀錄來改善照顧品質之保證的豐富領域。我們將要來看看怎麼樣可以讓這部分的紀錄對案主產生好處。當你寫下一個特定句子以記錄你的臨床判斷時（例如：「我認為／不認為病人在短期內會有自殺行為，因為……」）把所有支持你做出這個結論的證據一條條列出以回顧檢視的這個動作，會是這些基本資料是否周延的一項測試。做紀錄的這個動作就可當作監督這次晤談之品質的方法。我尤其發現下面這兩個問題可以提供立即性的用處：

1. 「從我的知識當中，針對於案主所擁有之危險因子，以及他或她的自殺意念，有哪些特定的訊息會支持我將要寫下的結論？」
2. 「對另一個優秀的臨床工作者來說，這些事實看來也會支持我所做出的結論嗎？」

有時候當我嘗試著回答這兩個問題時，我會感到嚇一跳，而且也會有一點慌張，因為有某些問題是我沒有發現到的。當被時間的壓力催促著，又面對著滿滿的一整個候診室裡，都是對苦等在急診室裡感到相當厭煩的病人時，令人感到訝異的是，我們很輕易地就會出現直接從自殺危險性評估跳到結論的情形。再一次，我們看到仔細地作紀錄並非只是一個確保重要資料有被記錄下來的方式，它更是一個確保臨床工作者已經獲得所有值得被記錄下來之重要訊息的方式。

我們已經看到書寫一份完善正確的紀錄的過程，確實可以幫助我們進行比較好的危險性評估。現在，讓我們把注意力轉向我們的自殺衡鑑報告如何能夠幫助未來的臨床工作者，在面對我們已經看過的案主時可以做出比較好的危險性評估。

當我在為自殺衡鑑做紀錄時，我總是試著記住自己是臨床工作團隊中的一份子。這是一個有點奇怪的團隊，因為團隊的成員可能並不知道其他的團隊成員包括哪些人，或以後還有誰會變成團隊中的一份子。最終它可能會組成一個臨床工作者彼此甚至互不認識的團隊。的確沒錯，在我寫這篇文章的同時，我未來團隊中的臨床工作者們可能甚至都還沒完成他們的專業訓練呢。他們可能從未直接認識我。然而他們可能透過我現在正寫下的文字——也就是那些在我完成六個月或兩年後他們正在閱讀的文字——來間接地認識我，且感到很親近。

我總是在書寫我的自殺危險衡鑑報告時，把這些未來的「影子團隊成員」放在心上。因為在往後某一個遙遠的時間點，他或她可能會需要決定某個我剛剛晤談過的案主是不是有足夠的安全性可以離開急診室，或是具有自我傷害的立即危險性。他或她從我的紀錄中所讀到的，也許可以提供一些重要的訊息以幫忙保住一條性命。

當這些未來的危機處理臨床工作者、急診室人員，以及「值班醫生」和我們的案主晤談時，他們在揭發敏感性的訊息材料上，是處於明顯不利的立場，尤其是如果他們以前從未見過我們的案主的話。因為曾經有過負責一個精神科急診室的經驗，我可以跟你保證這些臨床工作人員會閱讀我們的摘要紀錄。真的，他們對這些紀錄抱持著期待。

也許和客觀基本資料有關的最基本也是最有價值的原則，同時也是最簡單的原則之一就是：完整無缺。就像案主陳述的那樣，在目前疾病史上列出所有特定的自殺方式，還有採用這些方式之自殺計畫和行動的內容。我們未來的隊友可能正處於非常忙碌的狀態、缺乏經驗，或僅僅是運氣不佳。不論如何，他或她可能遺漏了確認案主有考慮過的重要的自殺方法。假如我們的病歷摘要中有提到過去案主曾經考慮過這樣的計畫，它就會對目前的臨床工作者發出信號，讓他會積極地在目前的資料中搜索相關的訊息。

順道一提，我們「遠方的」影子隊友也可能在時間的向度是非常接近的。良好紀錄可能拯救性命的一個最重要的時機就是，當我們把一個案主轉介給另一個臨床工作者進行立即性評估的時候。例如：在我們的診所門診進行過晤談之後，基於我們對案主之危險性的考量，我們也許會把案主轉介到急診室去安排可能需要的住院程序。或者是另一個常見的情況，當我們剛在急診室裡看完一個案主，但也許因為我們已經滿床了，或是案主是來自其他醫院的「管轄區域」，所以我們就把他轉介給另一家醫院去住院。

就像第七章中所指出來的，在這些情況之下，比較明智的做法就是除了把我們的書面資料傳送過去之外，還要嘗試去找到在下一個地方將要對案主做評估的臨床工作者進行直接的對談。在這樣的情況下，遵循我們的基本原則是不容分說的——完整無缺！——因為案主到了下一個急診室或醫院後，選擇閉口不談的情形是出了名的。當身處下一個機構被重新評估的時候，有時候案主會斷然地否認有自殺意念，以試圖逃掉住院的命運。唯一的正確訊息來源就是我們所記錄下來資訊。在這種情況之下，說一份良好的紀錄可以拯救生命是完全不誇張的。

很顯然地，我們的病歷摘要中之確實的資料內容對於後續的臨床工作者而言有立即的用處。然而我們的病歷摘要之用處並不僅僅在於其內容，因為我們所記錄下的基本資料可能間接地點出在後續的評估過程中，確實的臨床歷程會以怎樣的方式展開。讓我們來看看怎麼會這樣。

特別是在急診室裡或是在處理一個陌生案主的危機情境中，我們的影子隊友未來將會面臨的最重要的任務之一就是對案主之反應的真實性下判斷。有關於自殺計畫的整個畫面是否已經被描述完整了，還有如果是的話，是否是用正確的方式被描述的？所獲得的資料是真實情況的有效投射，還是它已被有意地欺騙或無心地誤導（可能導因於潛意識防衛機制，例如：否認或合理化）所扭曲了？

此處就是我們詳細的紀錄可以幫助我們未來的隊友決定是否案主提供的資料是有效的地方了。例如：採用CASE法得知案主的過去自殺事件歷史之後，臨床工作者絕對要把他們的資料和其他相同的材料拿來做比較，也就是從我們所記錄下來的歷史中找出案主之前告訴我們的資料。這兩個部分應該是相同的。如果其中有不同之處，則目前案主所提供的基本資料就值得懷疑了。如此可能引發更多的晤談時間，或者甚至使後續的臨床工作者警覺到要更慎重地嘗試聯繫除了案主以外的其他資料來源了。甚至可能促使臨床工作者打電話給我們，這樣的交談可能產生有力的新資訊以及分享對案主的臨床觀點。

在這一節的內容中，我們已經看到一組特定的原則和技巧在告訴我們，執行做記錄的動作是「如何」直接地對我們的案主有用處。現在讓我們來看看一份內容貧乏的紀錄如何幫助原告的律師來傷害我們，還有相反地，如何書寫一份紀錄好幫助我們自己的律師來保護我們避免掉毫無根據的官司訴訟。

❖在醫療疏失的訴訟當中，律師會如何使用這份書面紀錄來提出抨擊或辯護

律師們有一個令人討厭的習慣偏好，就是他們在仔細審查書面文件時，會花非常多的注意力在一些小細節上面，而臨床工作者在書寫文件時則不會在這方面花這麼多的精神。當他們這麼做的時候，這些文件就會被搜尋有沒有出現遺漏記錄的過失、不一致的資料、不被基本資料所支持的臨床假設、未蒐集到重要資訊的證據，以及在臨床假設與判斷上的明顯錯誤。值得再提醒一次的是，我們在法庭上所說的話並沒有想像中那麼大的影響力，反而是我們之前在自己的辦公室裡所寫下的東西，會以一種有點奇特的方式來決定訴訟的結果。

說真的，打官司真的很像在下棋，儘管下棋的賭注小很多。每一位律師在尋找對手每一步棋中的弱點時，都企圖從中建立自己的優勢。從每一種使用的策略當中，對手律師都在尋找反攻的方法。不要犯錯，目標就是「抓到」對手的國王，因此下棋的手法就可能會變得冷酷無情。特別是，當我們意識到我們自己就是對手所瞄準的國王棋子時，更是令人難以保持心情鎮定。

然而，至少在一個重要的特性上，打官司和棋賽是截然不同的兩件事。對律師而言，「遊戲」開始時都已經進行一半了。因此準備打醫療疏失官司的律師在決定要不要接下案子時，會發現他或她自己正在望過那個已經進行到一半的棋盤，且棋子都已經展示在目前的位置上。律師有機會看到目前為止的比賽狀況（是否已經發生良好的醫療照顧，以及是否已經完成良好的紀錄）。在調查過棋盤之後，律師將會判斷誰最可能會贏，以及是否值得加入這場事端。

如同我們先前提到的，臨床工作者所做的紀錄到目前為止最能呈現所進行過的事情。這也就是為什麼我們會在「七個保護性原則」中提出，一份完善的臨床紀錄是預防醫療疏失訴訟的最佳防護措施。讓我們來看看律師們怎麼來判讀這個棋盤、尋找優勢，以及劣勢，這樣我們才能決定要把我們的防護罩設計得多好。

對一個律師而言，最初的攻擊點就是客觀的基本資料。在客觀的基本資料中會有一些暴露出疏失的證據，像是一些草率或不充分的資料所呈現出來的那樣。在自殺衡鑑的客觀資料中，有兩個主要的領域：(1)危險因子；以及(2)案主特有的自殺意念、計畫和意圖。

依照這個觀點，律師的第一個中途停留點，就會是看看一般常見的自殺危險因子是否已經被書寫在紀錄文件中了。如果沒有的話，就可以提出一個未滿足標準照顧品質的論點，因為臨床工作者並沒有寫下典型的危險因子。

因此如果你有詢問過一個危險因子，且案主的回答是沒有，一定要寫下這個「相關（危險因子）的排除」（pertinent negative）。如果你沒有把它寫下來，就沒有證據證明你曾經問過這個問題。把相關因子的排除記錄下來，是在面對粗心疏忽的法律指控攻擊時，很關鍵性的一道自我保護程序，也就是記錄下那些你曾經詢問過案主，但是案主否認的事情。因此，在家族史的部分，如果沒有過自殺事件，你應當寫下：

> 案主報告說其父親有雙極性疾患，兩個姑姑有酗酒的問題。他自己否認有雙極性疾患、精神分裂病、焦慮性疾患、物質濫用，或其他精神疾病。家族中沒有自殺的事件發生。

律師的第二個中途停留點就是看看有沒有把自殺意念、計畫和意圖適當地記錄下來。底線是：如果你使用CASE法蒐集到很好的基本資料，一定要把它記錄下來。如果你沒有把它記錄下來，就會有人努力地要證明你根本沒有做到蒐集資料的動作。在書面資料中如果沒有這類資料的紀錄，你的命運將會完全倚賴在當下陪審團要相信誰。他們是會相信原告的律師，這個已經有多年的訓練且知道該如何影響陪審團之觀感的人，還是你，一個在如何影響陪審團看法上完全不知所措，而且此時完全被驚嚇到的人。最好的辦法還是不要處於這般田地。完整地把它記錄下來吧。

當律師細讀這些客觀基本資料時，他或她的第三個中途停留點會是前兩點的相反之處。也就是說這一次，不是要找尋遺漏的資料——暗示著草率隨便的基本資料——律師要尋找的是「確鑿的資料」。這些資料的出現暗示著案主有迫在眉睫的危險，而臨床工作者卻錯失良機了。

此處正是那種如果我們把主觀資料洩漏成客觀資料可能會引起很大麻煩的地方了。以我個人的意見，歸結來說最常見的問題就是在使用這個特定的「有自殺性的」（suicidal）字眼時太欠缺考慮了。使用這個字眼一定要很小心謹慎啊！首先，要注意到這個「有自殺性的」說法顯然是一個主觀的意見，因此根據我們對於報告架構的原則，這個說法就不應該屬於客觀基本資料的內容。其次，要注意如果這個用語被單獨使用，而沒有加上任何像是輕微地、中等程度地，或嚴重地這類修飾詞的話，則它的意思是很不明確的，而且這個用語對陪審團來說很容易就會被假定成它最不祥的涵義。第三，要注意，依照相同的邏輯來看，「有自殺性的」這個字眼對陪審團而言聽起來就是不太妙。陪審團中的某個成員可以輕易地認定如果一個臨床工作者覺得案主是有自殺性的，那麼顯然地這個案主就應該被留在醫院裡面。他們不知道如果案主只是輕微地或中等程度地有自殺性的，且有效的支持計畫已經就位的話，則結論可能並非如此。所有的這些不可捉摸之處，使得我們要把「有自殺性的」這個說法用在客觀基本資料視為是非常危險的做法。如果出現把主觀意見放在書面紀錄的客觀資料部分的話，則這個危險性又會大大增加了。這就好像那個主觀看法被披上了「事實」的外衣了。事實上，現在這樣看起來臨床工作者就更是罪證確鑿了。

在我們看這些因子是怎麼合作來摧毀我們的自我防衛答辯之前，我應該先提一下我們守則中的兩個例外情況。在客觀基本資料中有兩種地方，是可以安全地使用「有自殺性的」這個用語。第一種情況是，如果你正在逐字記錄案主所說的話，而他或她使用了「有自殺性的」這個詞。還有第二種情況，如果它只是被當作另外一個字的形容詞，像是「自殺意念」（suicidal ideation）這種慣用語。

假使你遵循了這些容易使用的原則，你就會很安全。不想遵守它的話，那就只能對你說很遺憾了。下面的例子是我們很容易犯下的錯誤，如果你不了解這些原則，只是會讓遺憾的程度更加明顯而已。下面所敘述的紀錄是目前疾病史的一部分，你應該還記得這是書面報告中的客觀部分之一：

> 病人來到我們急診室。很顯然地，他對於最近離婚這件事感到很有壓力，而且大約有三個禮拜的時間他都斷斷續續有自殺的危險性。因為他的門診治療師擔心這個病人是有自殺危險性的，所以就把他轉介給我們預備安排住院。

現在讓我們來看看，為什麼原告律師在檢閱這份病歷時會眼睛發亮。因為，他已經想到在法庭上的開場白了：

律師：Jones 醫師，請你把你在初次衡鑑時的這段敘述文字唸出來給陪審團聽。就是在第一頁中標起來的 2-6。

被告：好的。「很顯然地他對於最近離婚這件事感到很有壓力，而且大約有三個禮拜的時間他都斷斷續續有自殺的危險性。因為他的門診治療師擔心這個病人是有自殺危險性的，所以就把他轉介給我們預備安排住院。」

律師：所以說，在你當時的評估當中，你曾寫下目前已經自殺身亡的這個病人已經有大約三個禮拜的時間都斷斷續續有自殺的危險性了。

被告：嗯，你必須了解到……

律師：對不起，我不想打斷你，但是我並不是在要求你詮釋你寫了些什麼。我只是想要知道，你是不是曾經寫下這個病人已經有大約三個禮拜的時間都斷斷續續有自殺的危險性了。

被告：（挫折地嘆息）是的，但是……

律師：你還寫說另一位有經驗的臨床工作者，就是在你做評估的那一天覺得這位病人是「有自殺危險性的」。事實上，他把這位病人轉介給你就是因為他是有自殺危險性的。

被告：嗯，我再說一次，你必須……

律師：拜託，Jones 醫師，只要回答「是」或「不是」就好。等一下你還會有時間說明你對自殺事件發生後的推理，如果你的律師願意的話。我只想要知道這是不是你寫的。

被告：是的，很明顯地這是我寫的。我剛剛才從我自己的紀錄裡面唸給你們聽，這個你們都很清楚（很簡潔地說）。

律師：Jones 醫師，我只想要澄清說我們可以假定，如果你寫下某些事情，這就是你的看法。

被告：是的，但是我看得出來你想要在這裡做些什麼事情。

律師：Jones 醫師，在這裡，我想要嘗試做的就是得到真相，而那就是我嘗試著去做到的。現在，為了某些理由，就在你看過病人之後，你改變你的想法不再認為他是有自殺危險性的了。從你的紀錄當中很清楚地看到，你認為他已經有大約三個禮拜的時間都斷斷續續有自殺的危險性了。很明顯地，在晤談結束後，你已經改變你的想法了。

現在，我所關心的是為什麼你會改變你的想法，因為你最初的想法是對的。根據你自己的紀錄，那位轉介給你的臨床工作者最初也覺得這位病人是有自殺危險性的。這個病人很明顯是有自殺危險性，他已經去世了。很明顯地，你錯得很離譜。那就是我現在關心的，那也是死者的家屬所關心的，那也就是為什麼今天我們會在這裡的原因。謝謝你，目前我沒有其他的問題了。

哇！這下搞砸了！我們最好是有一個厲害的好律師。如果有兩個就更好了。記住，在法庭上，陪審團會在我們的草率報告以及承受明顯痛苦的悲傷家屬之間做衡量，而資深的律師則會有技巧地強調這些痛苦。這個主觀的字眼——「有自殺性的」——如果被不當地放置在客觀基本資料當中來使用，則會是通往無盡夢魘的門票。讓我們來看看該怎麼使用之前所提到的守則來避開所有這些不愉快的事情。從預防責任的觀點來說，以下的例子是同一個病人，但是一種比較正確且完整的紀錄示範：

病人來到我們急診室。很顯然地他對於最近離婚這件事感到很有壓力，而且大約有三個禮拜的時間他都斷斷續續出現間歇性的自殺意念。因為他的自殺意念起伏不定，因此他的門診治療師把他轉介給我們，以評估此意念的危險性，以及決定是否有住院的需要。

這就讓他的開場白直接退場了。不要給對手律師一丁點兒無謂的優勢。只要以清晰的用詞寫下事實，並且在客觀基本資料的部分不要寫自己主觀的觀點（就是不要用「有自殺性的」這個用語，除非是把這個用語用來當做另一個名詞的形容詞），這樣就可以寫出一份在法庭上看來很完善的報告。如此一來，我們已經為自己打造了一個比較好的防護罩了。

下一個問題是，這樣的一個防護罩要花多大的代價呢？答案是——幾乎不花力氣。留意到沒有，這個簡單的安全措施只是讓主觀的意見不要出現在客觀的基本資料當中而已，在書寫紀錄的時候幾乎不需要花額外的時間，但是看看它可以幫這個臨床工作者避開多少潛在的折磨呀。所以在書寫正確完整的書面紀錄時——「技巧」得分！

當我們結束了這一節，我們就來到律師的第二個主要攻擊點，也就是對於危機的主觀判斷。攻擊計畫很簡單但也很有效率。律師就是在尋找，當臨床工作者發展他或她的主要棋子行動時，有什麼隨之而來的弱點：

1. 臨床工作者已經表現出在照顧上的不適任或疏漏：
   (1)在衡量危險因子時做出不當的判斷——低於一般照顧標準。
   (2)在衡量自殺意念、計畫和企圖的程度時做出不當的判斷——低於一般照顧標準。

(3)沒有開發關鍵性的可提供確認的資料來源，像是配偶、夥伴、朋友、家屬、雇主、案主的治療師，或精神科醫師。

(4)不曾教育或召集病人身邊的支持系統，以努力創造出較具安全性的人際環境。

(5)不曾去取得案主過去的病歷紀錄，或者已經取得了紀錄卻沒有看。

(6)當有需要的時候沒有尋求諮詢。

(7)當有需要的時候沒有提供案主轉介。

(8)沒有建立適當的後續追蹤照顧程序。

(9)沒有提供原先說好的後續追蹤照顧。

(10)未曾實際確認後續的追蹤照顧是否有順利運作，且如果無法運作，也未曾採取適當的措施以改善其運作。

(11)選擇了一個不合適或危險的治療方法。

2.臨床工作者是有能力的，但是行為是存心不良的：

(1)因為臨床工作者／工作人員不喜歡案主，所以案主沒有被安排住院。

因為臨床工作者／工作人員不喜歡案主，或者因為案主的保險給付已經「用完了」，所以案主被安排提早出院。

(3)臨床工作者因為對案主有個人的興趣或是無法和案主保持界線，所以無法做出合適的判斷決策。

前述的概要為自殺衡鑑的「該做」與「不該做」建立了一個很好的檢核表，也強調了合理的標準照顧應該是什麼樣子。如果這些條件沒有達到，則對此提出法律訴訟就不但是很恰當而且也是有必要的了。在本章中，我們的假定是臨床工作者已經達到這個標準了。我們的問題是該如何書寫紀錄，才能適當地保護有能力的臨床工作者不會因為他或她對危險性的臨床判斷而被不當地提起訴訟。

第一個暗示其實是很顯而易見的，但是在手忙腳亂的急診室裡，我發現卻是很容易就會忘了這麼做——就是把我所做的事情一一記錄下來。在我們剛開始形成對案主的概念時，這樣的記錄工作是很常做的。讓我們來想像你正在參與一次很複雜的自殺衡鑑，且需要和其他資料來源接觸，也需要諮詢其他同事像是值班精神科醫師的意見。以下是一份寫得很好的紀錄範例：

> 在晤談過案主且檢閱過他的病歷資料之後，我還與他的母親及姐姐講過電話，也和我們的護理長及值班精神科醫師討論過這個案主，他們兩位都同意我的看法，我感覺Jakins 先生並沒有自殺的立即危險性。我們對此意見的理由如下：……

當你的辯方律師從病歷紀錄中讀到上面的敘述，他或她將會笑得合不攏嘴。除此之外，寫這樣的文字並不會花你很多時間。順便提一下，如同我們之前所提到的，如果臨床工作者發展出規律性回顧是否已經接觸這些對象（也就因此需要被記錄下來）的記錄習慣，則它將可以幫助臨床工作者看出來有哪個重要的訊息來源被遺漏掉了。我們之前已經看過許多次了，一份良好的書面紀錄和一次良好的臨床照顧是相輔相成的。

此處需要提出一個有用的警告。就像我們在記錄客觀基本資料時一樣，在臨床判斷的部分一定要記得列出「有關的否定」（pertinent negative）。如果你曾經嘗試著聯絡心理治療師，但他或她卻不在家，要把這件事記錄下來。如果你無法獲得一份病歷資料，記錄下你曾經嘗試過了；如果案主拒絕讓你和某個人談話，而你認為你對他目前的生命危險性懷疑還不足以凌駕他的意願時，把你的理由記錄下來；最後，如果你所接觸的某個人沒辦法提供適當的資訊，就如實寫下來（例如：他的太太不但充滿敵意，且當我打電話去的時候還醉醺醺的，這些都限制了她所提供之資料的有用程度）。這些有關的否定將會在保護你免於官司的打擾時派上用場，因為它們代表你並非是怠忽職守的具體事證。它們就是我們的防護罩所需要的某種重要合金。

當我們在記錄我們的臨床判斷時，下一個重點是有關於良好防護之結構中最能代表問題的核心的一點。簡單地說，重要的不僅是把你對於案主之自殺危險性的判斷清楚記錄下來，同樣也很重要的是要描述你如何（how）以及為何（why）會做成這個決定。之後的臨床工作者與律師都會對你如何決策以及為什麼下此決定感到興趣，而不僅僅是想知道你的判斷為何。

舉例來說，讓我們假設你有一個病人是慢性的精神分裂病病人。他出現一些命令他自殺的輕微程度幻聽。在仔細地考慮過許多重要變項之後，你決定他目前因為這些命令式的幻聽所導致的暫時危險性並沒有很高的危機。以下是當你記錄這個決定時所「不」應該採取的書寫方式：

在檢查過病人的命令式幻聽內容之後，我並不覺得他在此時有根據這些要求來行事的危險。

注意，這份紀錄給的是你的決定是「什麼」，但卻沒有說明「如何」以及「為何」做出這個決定。如此一來就為能幹的律師開了一扇門，讓他可以試著說服陪審團，讓它們覺得你所使用的判斷低於一般照顧的標準。既然你並沒有寫下你是如何做出這個判斷，你唯一的自我防衛就是你在法庭上所說的話。而反方的律師會使用書上的每一個正當手法來說服陪審團，讓他們覺得不應該太看重你所說的話。

我們並不需要走到那個地步。只要像下面所舉例的幾行字句，就可以大大地減少這種劇情發生的可能性：

> 儘管Everly先生最近有出現如同他在目前疾病史及精神狀態調查中所描述的一些命令式的幻聽，但我並不認為他在最近會根據這些要求來行事。在過去少數幾個他會聽從這些要求的例子當中，他對這些聲音的描述都是大聲、具有煽動性且冷酷無情的。在那些時候，他都會報告自覺已經失去控制了，而且他最近的一次聽從幻聽的指示來行動已經是三十年前了。今天他對這些聲音的報告是不太頻繁且不明顯的。從他表現出愉悅的情緒來看，Everly先生對它們並不感到困擾，甚至他還談到說「醫生，不要太在意這些聲音，魔鬼已經跟我說話說了好多年了，而我這麼些年來都沒有聽他的，所以我現在也不打算要這麼做。」他的太太已經對精神分裂病非常了解，也知道如果發生問題的話，應該何時以及怎麼聯絡上我們。

由上面的範例中，可以看出記錄「如何」以及「為何」做出我們的臨床決策的重要性是很明顯的。然而，我必須承認當在有時間壓力的時候，我常常感到有一股力量拉著我要簡化記錄我的臨床判斷的這個部分。但如果可以的話，我還是儘量避免簡化的動作。但是如果因為極度的時間限制而必須要簡化這個部分，知道上面的原則可以幫助我明智地選擇要怎麼做。

不當死亡之訴訟的基本理念是認為曾經使用了差勁的臨床判斷。而醫療疏失的律師會接受許多案子，是因為他們在閱讀病歷紀錄時幾乎可以嗅到有不當的臨床判斷的發生。完整的書面紀錄描述了「如何」以及「為何」做出一個正確的判斷，唯有如此才能使一個飢餓的律師的嘴巴很快地嚐出酸味，並且促使他們拒絕接受這個案子。

在我們繼續進行之前，讓我們來回顧一下之前學到的，書寫一份完整的法律文件時的基本原則：

記錄客觀資料

1. 確定要花點時間把那些你在客觀基本資料的適當領域中（目前疾病史、家族史、心理狀態等等）發現的危險因子一一列出來。這些都提供資料支持你在主觀評估部分對危險性的判斷。而且也幫忙展現了你在蒐集基本資料的確達到照顧的水準，並沒有疏忽自己的職責。
2. 一定要記錄和危險因子有關的否定（例如：在過去精神病史部分寫下「沒有過去的自殺企圖史」，或是在家族史部分寫下「沒有自殺的歷史」），以便再一次證明你已經執行了徹底的評估，而合理的標準照顧所應搜尋的危險因子也都已經查詢過了。
3. 在使用CASE法或其他類似方法檢閱案主的自殺意念、計畫和意圖時，一定要把確定的發現以及有關的否定發現兩者都要列出來。
4. 不要讓主觀的意見摻雜在客觀資料的報告中。這一點尤其在使用「有自殺性的」這個字眼時要特別注意，這個用語不應該出現在主觀的報告部分，除非它是直接引用案主的話，或者是當做其他名詞的形容詞，像是「自殺意念」。

記錄主觀概念

1. 如果之前客觀資料的部分還未提到，則在此處一定要列出你做臨床判斷所使用的全部訊息資源有哪些、其他資訊提供者、共同照顧案主的其他專家、醫院和診所的病歷紀錄，以及諮詢的對象。
2. 列出相關的否定，諸如任何你企圖與之接觸但卻無法聯絡上的人，或是儘管你嘗試要去索取，但就是無法獲得的臨床紀錄。這些紀錄可幫忙證明你在嘗試蒐集與案主安全性有關的資料方面並沒有疏忽之處。
3. 花一點時間仔細寫下你的臨床判斷邏輯是「如何」以及「為什麼」，因此引導你對案主的立即安全性作出如此結論。這裡的紀錄大概是法律辯護中最重要的部分了。如果做得好，你就可以大大地降低一個律師接下這個案子的可能性。如果這個案子真的被帶上法庭，那麼這也可以讓你的答辯變得容易多了。

在這裡，我們準備好要把全部內容做個總整理。我們將舉出自殺衡鑑報告裡的三個「如何」，來看看在實際的評估危險性之完整臨床和法律書面資料中，我們會如何來實行。

接受考驗的基本原理：完整報告的範例

❖書寫客觀基本資料

I.記錄危險因子

書面報告中的第一部分是客觀基本資料——也就是典型的自殺

危險因子——是最直接易懂的。如同先前所提醒的，以下幾點是值得牢牢記住的。要記錄完整，因為這樣的完整性有助於具體地證明你在搜尋危險因子方面是沒有疏失的。確定一定要寫下相關的危險因子已經有哪些被否定掉了，像是「過去未曾出現過自殺企圖的歷史」，因為這個動作會再一次地證明你的周全性，這是達到合理標準醫療照顧的一個重要的檢視角度。

要知道，在臨床晤談中，許多次不同的回合中都會有各式各樣不同的危險因子會被引出，以此類推，也需要在不同回合的客觀基本資料當中被記錄下來。例如：在以下的客觀基本資料當中將出現一些危險因子：身分資料以及人口統計相關資料（此處的危險因子如同性別和年齡）、目前疾病史（此處的危險因子如同目前有藥物和酒精濫用、現有的精神症狀、現有的心理症狀、立即性的壓力源、還有最近才出院，或者最近有被送去急診室，或有和危機處理臨床工作人員接觸過）、過去精神科病史和接受過的治療（此處的危險因子如同過去出現過的自殺企圖、對過去治療方式的反應、是否有出現像是邊緣性人格疾患或慢性雙極性疾患這類的長期精神疾病）、社會和心理發展史（支持系統、充滿敵意的人際關係、存在或缺乏生活中的夥伴、目前壓力源和壓力誘發因子的詳細情況）、家族史（此處的危險因子如同血親中曾有過自殺行為和自殺企圖的歷史、案主的感受，和／或對出現自殺行為的家族成員的認同程度）、藥物史（此處的危險因子如同有慢性疼痛的問題，以及／或有逐漸衰退的慢性或末期疾病的問題）。

為了方便舉例，我們將來看看一份記錄完善的過去精神科病史紀錄。請注意它對過去藥物與酒精濫用、很久之前某次特定的自殺企圖，以及對於「沒有近期自殺企圖」這個相關的否定的清楚紀錄：

過去精神科病史：病人報告有飲酒的歷史，包括在17-23歲之間的許多週末都有喝酒喝到爛醉的週末飲酒行為。她否認曾經出現過暫時喪失記憶、痙攣、因酒後駕車（DWI，driving while intoxicated）或使用任何街頭藥物而被逮捕。她已經有超過十年以上的時間未曾飲酒了。她也否認有精神分裂病、雙極症，或其他主要的精神疾病的歷史。過去沒有接受過精神科照顧或住過精神科病房。19歲時，在酒精的影響之下，她報告曾經在和一個男朋友分手之後吞過一整把的阿斯匹靈（aspirin），但當時沒有就醫。她也否認有過任何自殺意念或企圖的歷史。

II.記錄自殺意念、計畫和意圖

為了「進入案主的生活」，自殺衡鑑書面紀錄中所需要的第二部分基本資料就是——案主的自殺意念。這就是本書中所討論的，很重要的是用一個真實的案主呈現出一份典型的書面紀錄。我們將來看看一個範例，就是你可以如何詳盡地記錄 Barbara 的自殺意念以及計畫，這個案主之前我們曾經在第六章中見過。如果你還能回憶起來的話，我們之前在說明 CASE 法的使用時就是直接謄寫下 Barbara在臨床晤談中的話（153-188 頁）。在本節中所有的範例都是以那次晤談所獲得的資訊為基礎，這可以提供你一個少見的機會，看看如何把實際的臨床對話轉譯成臨床的紀錄內容。

在檢查這些例子之前，讓我們先來看一下一些基本原則。如同在記錄危險因子時一樣，為了要證明我們有達到適當的周全性，你會想要把紀錄中的自殺意念以及案主對於其自殺意念的某些否認給記錄得完整些。秘訣就是要確定這些資訊是被適當地記錄在客觀基本資料的部分，而且沒有摻進任何一點主觀資料在裡面。

在目前疾病史中，臨床工作者會描述所有的自殺意念，還有在從疾病史發作直到衡鑑開始這段時間所發生的所有事件，包括他們在這之前兩個月內的近期自殺事件。在心理狀態方面，臨床工作者則會描述在目前疾病史中還未被提到的任何近期自殺意念，還有在晤談當中所經驗到的立即性自殺意念（有些臨床工作者在這裡還會記述生命安全契約，還有在目前疾病史中的其他內容）。在過去精神科病史部分，所有的過去自殺訊息會像我們所示範的那樣被適當地記述。

注意，我們所記錄的案主自殺意念和行為，與CASE法本身的某些部分是多麼地相近，而CASE法就是用來蒐集晤談中的資訊。如果臨床工作者已經有效率地採用CASE法，則所有的這些資料就會整整齊齊地等著在書寫紀錄時「對號入座」。

通常比較明智的做法是在目前疾病史或心理狀態部分，附上任何直接引用自案主的內容。如此一來，稍後這個部分才可以用來支持你認為自殺危險性不高的臨床判斷。例如：臨床工作者可能記錄了一段敘述如下：「我是絕對不會自殺的。我就是沒辦法讓我的孩子面對這種事情。」或者「不管我現在受到多少痛苦，我知道我不會自殺，因為那是一種道德上的罪惡。這麼做就是不對。」

如同我們即將會看到的，在我們的總結及假設部分，我們將會指出這些敘述都是我們臨床決策的客觀證據支持。即使來到法庭上面，你和你的律師都會很高興有這樣具體的書面紀錄存在。上面的引述也給後續的臨床工作者提供了重要的線索，建議他們可以探索的方向，好看看這些有利於阻止自殺行為的因子是否仍然對此案主是有效力的。

對於「生命安全契約」的紀錄則完全是另一個「燙手山芋」。這個特別的紀錄主題實在是太複雜了，而且它自己就可以在一場法律訴訟當中扮演一個關鍵性的角色，因此值得單獨放在後面的附錄B中討論。

現在讓我們來看看以下對於Barbara之自殺意念及自殺事件的紀錄，這是它們被記錄在目前疾病史的部分。我們將稱呼 Barbara 為 Simmons 小姐。在目前疾病史紀錄的某些地方，這樣的稱呼有事件發生順序上的意義。以下將呈現：

目前疾病史……（先前的段落）……

過去幾個月以來，Simmons小姐已經出現自殺意念。她最近的計畫是儲存各式各樣的成藥，並且等到了六月，就去找一間偏僻的小屋，在那裡把這些過量的藥物一次服下後再開槍自殺。她已經蒐集了大約二十罐的 Tylenol-PN ①以及 Benadryl ②，而且也擺了一把槍在家裡。她還給生命中重要的人們寫了幾封自殺遺書。某個星期五晚上，剛好在她準備執行其計畫的整整一個月前，她主動地把自殺的想法告訴了一個朋友，並且同意到急診室來求助。

在過去的這幾個月裡，她也有過一些想法像是開著她的車子偏離車道，但是她否認曾經帶著這個意圖開車。她曾經有過短暫的上吊念頭，但是沒有付諸行動過。她否認曾經考慮過跳樓或者一氧化碳中毒的方法。幾個月之前，她確實曾經想過要拿刀割自己的手臂。她已經拿了刮鬍刀片打算這麼做，但就是沒有真的把刀片放在手臂上。她最後做了一個決定不要自殺，她說：「我沒辦法對我的孩子做出這種事情，我不想要讓別人來撫養我的孩子。」目前，她否認有任何自殺想法或意圖。

這個簡潔有力且全面性的摘要為任何一位將來可能在急診室裡遇到 Barbara，且需要對她進行衡鑑的臨床工作者提供了豐富的訊息。無論是自殺計畫的廣泛程度以及所記錄下來的細節，都在對臨床工作者強調她的想法的嚴重性。也就是說當她提供訊息說有特定計畫的時候，每次要詢問她看看是否從上次見面後還有任何更進一步的計畫。注意，它還可以提供作為確認案主之說詞的有效性，因為臨床工作者可以將她現在的報告與她過去的自殺意念做比較。而幸虧有我們的紀錄，則現在的臨床工作者可以有一個確切的影像知道何者為真。它也提供未來的臨床工作者一些要求案主住院的理由，因為在美國的某些州，儲存大量的藥物就代表著有採取自我傷害的行為。

從法律的觀點來看，這樣的周全性將會使指稱這次晤談有所疏漏的攻擊很難達到目的。很清楚地，臨床工作者可藉由他明智地列出相關的否認而更加顯現出其周到，像是「她否認曾經考慮過跳樓或者一氧化碳中毒的方法」。我們也很機警地把 Barbara 個人所擁有的願意活下去的有力原因給包含進來，在我們記得最清楚的時候把她自己說的話記錄下來，像是「我沒辦法對我的孩子做出這種事情，我不想要讓別人來撫養我的孩子。」

那些我們沒有寫進來的訊息幾乎和我們寫在紀錄當中的一樣重要。我們不對客觀基本資料做出任何主觀的評論，像是建議說我們認為 Barbara 目前是安全的還是不安全的。這樣的印象看法應該是放在我們對危險性的判斷部分來加以分享，而非屬於目前疾病史的內容。另一方面，我們很小心地確定所記錄下來的是原始資料，這將用來支持我們最後對於安全性的陳述。

上面這份基本資料並未顯示 Barbara 有很多的自殺意念。有些臨床工作者可能會爭辯說有關她的自殺意念的正確紀錄，在法庭上看起來可能不太妙。就讓它這樣。那就是事實啊。甚至我們的目標就是將 Barbara 所說的話最客觀地記錄成臨床事實（clinical truth），以便將來的臨床工作者可以據此做出明智的決策。到目前為止，我們只記錄了部分的客觀基本資料。當我們完成所有原始資料的紀錄時，報告應該表現出一個完整的論述說她是安全的。如果結果並非如此，則聰明的做法是我們可能得重新考慮我們的決定了。也許我們的危機評估是錯誤的，這就是為什麼在記錄客觀基本資料時它是如此重要。就是單純地把我們知道的事情寫下來，包括暗示可能有危機的因子以及暗示是安全的因子。然後讓資料指引我們走向正確的危機評估結論。

從法庭的觀點來看什麼才是重要的，是要讓我們確定沒有不小心把重要的原始資料給忽略了，而那些是真正支持我們認為案主目前很安全的決定的資料。當時間限制繃得很緊的時候，遺漏的錯誤是很容易犯下的。如果你按照本附錄的原則來操作，你將會記得這個需要。當你繼續練習之後，你在記錄重要的支持性證據方面將會變得驚人地快速。

在這個早期的階段，當在目前疾病史部分記錄自殺相關資訊時，Barbara 看起來是相當危險的。事實上，一位律師正在考慮接下這個案子，儘管他對於晤談中的過失看起來可能沒辦法攻擊感到很失望。但他可能會對臨床工作者當時使用了差勁臨床判斷的可能性感到很興奮，因為到目前為止，Barbara 聽起來是有危險的。從這個觀點看來，Barbara 有大規模的計畫，她有幾個計畫可以執行，而且甚至有強制住院的理由。

但是看看當我們繼續展示正確記錄下來的事實時，律師的滿腔熱情發生什麼事了？確定我們記錄下所有將會支持我們最終評估的事實，而那個判斷就是 Barbara 當時是可以安全離開的。如果你還記得的話，Barbara 是星期五晚上被看見出現在急診室裡的。下面的晤談是發生在接下來的星期一，它被當作衡鑑的一部分，以便看 Barbara 是否可以變成門診病人危機支持團體的一份子。這裡就是在我們的目前疾病史中的下一段：

> Barbara 表現得很合作，且對於之前星期五晚上在急診室裡的會談表達感激。她的先生很負責任也很關心，他當時也有來到急診室。當天晚上諮詢的所有對象包括值班的精神科醫師，還有急診室的護士及內科醫師都覺得 Barbara 是可以安全離開的。她和她的先生很熱切地同意以下計畫，就是 Barbara 要在星期六和星期天各打兩通電話給危機小組以獲得支持性的諮商。今天，危機小組和 Barbara 都向我們報告說這幾次的療程進行得非常順利，而且她的先生也提供證實。Barbara 否認在過去這個週末曾出現任何的自殺意念，這個事實也已經過她先生的證實，因為他在這個週末有詢問過她這個問題好幾次。而那把槍已經按照要求被移出房子了。

任何一個在尋找合適官司的律師都不是在找我們這一個。此外，注意到律師甚至沒有瞧瞧我們對於危險性評估的任何一句話。鋼鐵一般的證據正保護著我們。正確地記錄下我們所知道的事是一個簡單的動作，而那就形成了我們的法庭防護罩了。從進行晤談當時可獲得的訊息來看，這個客觀的資料正指向一個事實，就是做出案主目前是安全的決定。簡言之，這已經滿足了適當的臨床照顧標準。

Barbara 提供我們這樣完美的紀錄可以討論的其中一個原因，

就是她的表達方式是非常複雜的一種，這比許多典型衡鑑情境的危險性都要高出許多。因此，她的案例做到了兩件事：⑴它證明了只要應用一些基本原則，就可以提供強而有力的法庭保護，即使在處理高危險群的案主；還有⑵它提醒了我們，其他大部分的衡鑑情境還有其後續紀錄根本沒有這麼複雜，也沒有那麼花時間。確實，大部分的自殺紀錄可以在幾分鐘之內完成。如果你可以在一個像Barbara這樣複雜的案主身上好好運用這些守則，你將會發現自己在每天的業務當中，很輕易地，而且花最少的時間就完成這樣完整的報告。

現在讓我們來看一下，我們如何從 Barbara 的過往經歷中紀錄她的自殺意念和自殺事件。此處將證明這是相當容易的：

過去精神科病史

……（其他過去精神科病史的訊息）……Barbara從 15 歲開始已經出現一些間歇性的自殺意念，但是都沒有根據這些想法採取任何行動的歷史。她否認過去有過任何自殺的姿態或企圖。

簡單、迅速且精確。讓我們把紀錄移往他的近期自殺意念。這項材料將永遠呈現在精神狀態的紀錄部分：

自殺意念

案主近期有出現自殺意念（請參考目前疾病史的詳細內容）。在目前這個時刻，以及之前的整個週末，她否認有任何的自殺意念。她可以和我簽訂一份生命安全契約，且她以合適的眼神接觸以及堅定的一段握手來證明了。

這就是了！如果你已經清楚地把近期自殺意念記錄在目前疾病史中，在這裡就不需要重複它。否則，這裡就是應該要把它加上去的地方。一般來說，如果案主已經有了明顯的自殺意念，都應該在目前疾病史的部分就已經描述過了。有關生命安全契約的報告有更多的資訊將會提供在附錄 B 中。

我們已經完成記錄客觀基本資料的討論了。剩下來的就是我們針對她的自殺危險性的主觀判斷。再一次地，遵循我們已經略述的一些原則，這將不會是一份太難的工作。

III.記錄對自殺危險性的臨床判斷

我想先特別提出兩點，並以此開始這一節有關自殺危險性之主觀判斷的紀錄。首先，臨床判斷通常也是記錄你向任何一位同事提出諮詢後之結果的最佳位置。如同我們在此附錄中稍早曾經提過的，明智的做法是把和你討論過這個案主的每個人都列出來，並且言明他或她同意你的決定。如此的紀錄看起來可能會像這樣：「我與病人的治療師談過，他目前在家，我也諮詢過值班的精神科醫師，他們兩個人都完全同意這個計畫。」諮詢外界的意見可能是面對醫療疏失的指控時，唯一的一個最佳自我防衛方式。然而，如果沒有記錄下來的話，它的效果就會明顯地減弱。

從臨床的觀點來看，諮詢通常是非常有益處的，即使對最有經驗的臨床工作者來說也是如此。我通常會使用下面的經驗法則（並非根據理論建議），如果我正在想現在去諮詢一下別人的想法是不是一個好點子，那就表示現在正是時候了。所以我就做了。

第二點是有關於避免一個常見的書面記錄習慣。這裡牽涉到初談紀錄格式或急診室病歷摘要本身的設計。說得明白一點，有些機構設計了一些表格，它是希望臨床工作者可以用「核對勾選」

（check off）或圈選一個「數字」的方式，來代表案主目前的自殺危險程度。量表的分數通常從一分到五分。

打從一開始，這種設計表格的想法就應該會讓任何一個熟悉書寫報告原則的人感到相當困擾，因為原則就是不要讓主觀的意見摻雜進客觀的資料中，反之亦然。這裡我們有一個例子，是要藉由給它一個數字，來讓我們的臨床判斷——這是一個本質上很主觀的資料——變成一個可以量化的「事實」。真是傷腦筋！給一個數字就提供了一個比重，而那會在我們上法庭的時候，被對方的律師誇大它的重要性來反咬我們一口。無論你給案主的自殺危險性指定了高分還是低分，一旦案主真的自殺了，這在法庭上將會是一個怎麼算都是輸的局面。讓我們來看看為什麼會這樣。

假設我們看到案主有很多自殺危險因子，而且他也表示了明白的自殺意念與計畫。很自然地，我們會給這個案主一個滿分五分的危險程度評分。但我們也已經安排了一個很棒的支持系統，由家屬和危機處理臨床工作者共同來幫助案主度過週末。就像 Barbara，目標就是讓案主可以平安進到下週一的危機團體。不幸的是，原本看起來很負責可靠的先生最後卻自己去狂飲作樂，而把案主自己一個人留下來。結果案主一時情緒衝動而自殺了。現在來看看我們陷於什麼樣的麻煩裡。因為我們對案主的自殺危險性評了一個高分數，我們就把自己暴露在律師的攻擊火線上，像這樣：

律師：Nathan 醫生，在你的危機量表中最高的分數是幾分？

被告：五分。

律師：是五分嗎？

被告：對，是五分。

律師：那麼請你對著陪審團，唸出你當初給案主的危險分數是幾分？

被告：（嘆氣）是五分。

律師：嗯，那這裡就讓我感到有點奇怪了（轉向陪審團）。你給了這個案主你認為最高的分數，照字面上的意思就是，你在表上沒辦法再給出更高的危險性分數了。一個受苦的人，一個絕望地需要住院的安全保護的人，到底要花上怎樣的代價才能進到你的醫院裡面？

這種詢問方式的路線發展並不樂觀，而如果你給案主的評分是「四分」也不會好到哪裡去。他還是會使用同樣的主張，只是現在那個「最高的分數」被換成「在你的表格中次高的分數」。那樣聽起來一點也沒有比較好。而且一個很厲害的律師會把這個訊息重重地打進陪審團的心底。

如果你給案主一個低的分數，結果幾乎是一樣糟糕的。就說給的是「兩分」好了，而案主仍然去自殺了。讓我們回到我們的法庭上來：

律師：Nathan醫生，是不是如果你的自殺危險性量表上給的是一個低的分數，像是一分或兩分就表示只有很低的危險性？而一個高的分數，像是四分或五分就代表危險性高很多。

被告：是的。

律師：請你為陪審團唸一下，在12月22日當天晚上，你給這個案主的危險程度分數是多少？

被告：「兩分」。

律師：「兩分」？那就是你當時對這個案主所具有的危險程度的臨床評估嗎？

被告：是的。

律師：只是為了澄清一下問題。就在你給案主一個在你的表格上其中一個最低的自殺危險性的分數之後，只過短短八個小時，案主不是就死於自殺了嗎？這樣的臨床判斷實在很難錯得更離譜了，不是嗎？Nathan 醫師？

當然，這個時候你的律師一定會跳上跳下地吼叫著「法官大人，抗議！」好吧，你的律師可以高興怎麼抗議就怎麼抗議。結果是陪審團聽到重點了，而且看來對於主場隊伍不太樂觀。依我的看法，給自殺危險性訂分數實在不是一個明智的做法。對於自殺危險性的判斷在本質上是很主觀的。就讓它保持如此吧。就只要描述一下細節，把你是如何得出對於此案主之自殺危險性的個人看法就好了。

如同稍早提到的，要花點時間一步一步地證實你的臨床邏輯。如果你清楚地記錄下你已經仔細了解了案主的歷史，有需要的話也已經和其他訊息來源接觸過了，也諮詢過有需要的人士，然後使用了良好的臨床判斷，那麼在面對法律訴訟的時候，你就再也找不到有比這個更好的自我防護罩了。

讓我們用 Barbara 的例子，來看看如何把這些原則運用在我們對危險性的臨床判斷紀錄上面。記住，我們不是在寫長篇大論的學術論文，我們只要清楚地記錄我們的理由是如何以及為什麼，這樣對往後的臨床工作者或是陪審團成員來說清楚就夠了。如果這樣的澄清是很困難的，那可能暗示著我們所做的判斷是錯的。那麼仔細地將我們的工作一一記錄的這個動作，就將再一次提供我們一個保險的作用了。要好好利用它。

臨床判斷：

……（有關其他方面之臨床判斷的敘述，像是 DSM-IV-TR 的鑑別診斷，心理議題等等）……有關自殺危險性，Barbara 呈現了一個相當複雜的景像。有好幾個因子都指向了明顯的危險性，包括：一個仔細思量過的計畫、同時要使用槍枝和藥物、藥品的採購、且有接觸槍枝的準備、還選擇偏遠孤立的地方以便自殺，再加上明顯的情緒痛苦。反過來說，當看到遺傳學上的危險因子時，也有非常多的因子指向她的立即安全性。她的年紀、性別，目前並沒有使用藥物或酒精、未曾出現精神症狀、也沒有自殺的家族史、自己本身也沒有自殺的紀錄，而且也沒有任何逐漸衰退的醫學狀況，這些都使她的危險性變得不顯眼。

當我們為她搜尋一些特定的可維持她生命安全的因子時，甚至有更多更有力的因子會出現。在她企圖自殺的一個月之前，她就曾把這個消息洩露給一個朋友知道（這一點很強地暗示著有求助的慾望），而且她充分配合急診室的臨床工作人員，也對他們之間的互動表達感激。然後她對自己生命安全的承諾就在那個週末直接地作了考驗。她反應出很強的生存慾望，其證據就是她像自己保證過的那樣與危機處理團隊保持接觸，且就是在危機處理團隊規定她的那四個特定的時間點上。危機處理團隊報告說，她在電話會談療程中表現得很好，整個週末都沒有出現自殺意念。槍枝就像危機處理團隊所要求的那樣被馬上移走了。她的先生報告說她因為沒有任何自殺的想法而過了一個很不錯的週末。在與我的晤談過程當中，她否認目前有自殺意念，且作出了強烈的承諾要為她的孩子們活著，就像她說的「我沒辦法對我的孩子做出這種事情，我不想要讓別人來撫養我的孩子。」

儘管我相信使用生命安全契約的效果不是很大，但因為這是我們第一次碰面，所以我還是在與 Barbara 討論她對目前生命安全的承諾時，使用生命安全契約來當作一個找出任何矛盾證據的方法，並且最後沒有發現任何和她所說的話有互相矛盾的證據。她在簽訂這個契約時帶著誠懇的心情，良好的眼神接觸，還與我堅定地握過手。而她自然的態度暗示著她對於在我們的支持團體中作出這樣的承諾是感到自在的。參與其中的全部成員包括了 Barbara 本人、她的先生、我們危機支持團體的主管，還有我自己都覺得她在門診病人的照顧服務中會是安全的。

要放在心上的是，從法庭的觀點來看，Barbara 是一個高危險的候選人。她有一些思慮周到的計畫、已經寫下自殺遺書、已經選好不太可能被發現的偏僻區域，而且甚至顯現出有需要被強制住院的理由了。如果她在我衡鑑過後的兩個月內真的自殺了，她就會是一場官司的典型候選對象。但是我想，在我們使用了那些核心的紀錄書寫原則製作出這種形式的自我防護罩之後，這樣的法律訴訟出現的可能性就不太高了。因為在這樣的紀錄當中，可以提供法律攻擊的空間太小了。相反的，站在辯護立場來看，它還會是一座真正的寶藏呢。如果有一個律師想要撿到一個案子，要有很高的可能性不但可以贏得官司還可以談成一筆很大的和解金，那他或她可能就得要轉移陣地了。因為我們這一局棋都已經下好了。

在這節附錄當中，我想要示範的是，當一位臨床心理師已經提供了良好的臨床照顧之後，一份紀錄良好的自殺衡鑑報告有多麼驚人的力量可以預防一場官司。現在我們已經看過這些原則被運用在一個複雜的案主上，而對於這樣的案主，臨床工作者本來就要花上很多的時間來仔細記錄。但我們可以感覺比較輕鬆一點的是，我們所衡鑑的大部分案主，其作紀錄的時間都是要少得多的。大部分的自殺衡鑑在記錄時所需要花的時間都只要Barbara的零頭就可以了。

相當緊迫的時間壓力有時候會讓這些原則變得很困難施行，甚至在某些時候會顯得完全不可行。我希望，在你讀過這些紀錄原則之後，當被放在這樣的情況下時，你現在已經具備了這些必要的知識，明白哪些案主是可以在做紀錄的時候省點功夫，但是在哪些案主上面這樣的偷工減料就會是欠考慮的了。你現在也知道了某些特定的捷徑可能的代價是什麼，因此在你決定要使用這些捷徑的時候應該要能夠做出明智的抉擇了。如果我們把作書面紀錄視為加入一個對抗醫療疏失的保險，那麼這節附錄的目的就是要讓臨床工作者成為一個事先知情的消費者，了解到他所花在完成報告的時間就是保險費用。

結束之前我們要提出兩個警告。第一，因為我已經教授這些技巧好多年了，所以我想要強調的是，那些正在執業的臨床工作者們都在作紀錄的效率上變得驚人地快速。簡單地說，長期來看，我不相信在時間的花費損失上會有多高。其次，我們已經一再重複地見到這些原則可以幫忙一份紀錄文件在法律上看起來比較完善，同時也可以對臨床照顧本身有明顯的改進作用。而各人可以自己想想，在我們的工作當中，比起提供自殺危險性的衡鑑來說，有哪些地方更重要的工作是能夠事先提供更好的服務的。

一旦此節附錄中所提出的原則可以了解了，那麼臨床工作者們就可以輕鬆地嘆一口氣，因為你們將知道：如果我們提供了良好的臨床照顧，且使用這節附錄中的原則來完整地記錄此次照顧的過程，那麼我們就不需要使用防禦性的藥物，因為打官司的可能性就很遙遠了。因此，我們就可以把對律師的擔心放在該放的地方——拋到腦後。而且，我們可以專心把我們的注意放在我們一直希望它該在的地方——關心我們的病人，還有如何照顧我們的病人身上。

我們以 Robert I. Simon 常被人引用的名言來開始這個段落：

> 臨床精神科醫師只有兩種——就是那些已經有病人自殺的，還有那些將來會有病人自殺的。

我想要用上面一段話的結論來結束這一個章節：

> 對於那些提供了良好臨床照顧的精神科醫師來說，沒有犯下任何過失但有一個病人自殺後，也還是會分成兩種，一類是被告的，還有一類是沒被告的。

本附錄的目標是，讓所有已經提供了良好照顧，卻還是很不幸地因為自殺行為而失去一個案主的臨床工作者，都可以確保自己是屬於後面的那一類人。

註　釋

1. Gutheil, T. G.: Liability issues and liability prevention in suicide. ***The Harvard Medical School Guide to Suicide Assessment and Intervention***, edited by D. G. Jacobs. San Francisco: Jossey-Bass, 1999, Chapter 31, 561-578.
2. Simon, R. I.: Taking the "sue" out of suicide: A forensic psychiatrist's perspective. ***Psychiatric Annals*** 30: 399-407, 2000.
3. Comstock, B. S.: Decision to hospitalize and alternatives to hospitalization. ***Suicide Guidelines for Assessment, Management, and Treatment***, edited by Bruce Bongar. New York: Oxford University Press, 1992, Chapter 12, 216.
4. Simon, R. I.: ***Concise Guide to Psychiatry and the Law for Clinicians, 2nd ed.***, Washington, DC: American Psychiatric Press, Inc., 1998, 143.
5. Skip Simpson, J. D.: Practice limited to psychiatric and psychological malpractice, （http://www.skipsimpson.com）, personal communication, 2002.
6. Shea, S. C.: ***Psychiatric Interviewing: The Art of Understanding, 2nd ed.***, Philadelphia: W. B. Saunders, 1998.

譯注

①：一種鎮靜性抗組織胺。

②：一種止痛退熱劑。

③：一種鎮靜性抗組織胺。

附錄 B

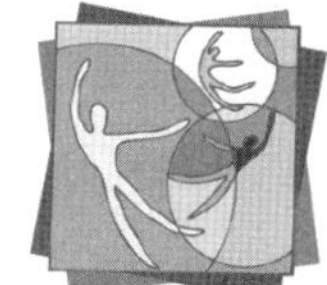

重返生命安全契約：贊成與反對的觀點，及其書面紀錄

打從 1973 年[1]，Drye、Goulding 及 Goulding 在其著述中第一次正式提出「自殺預防契約」的概念起，已經又過了好幾十年了。對於它在制止自殺上面應有的效果，我們現在也沒有比以前做的時候多了解多少。Miller 在一章有關這個主題的精采文章裡中肯地指出，有些臨床工作者過於高估生命安全契約的效力了[2]。除此之外，Miller 還指出即使某位臨床工作者很正確地知道它的潛在優點及限制，但對於該在何時使用、如何使用，以及如何記錄使用的過程都很少有正式的訓練。然而，臨床工作者還是會使用它。

Drew 報告說在她所調查的俄亥俄州精神科住院病人計畫中，有 79%都有使用書面的禁止自殺同意書[3]。在哈佛醫學院的一項調查中，雖然幾乎所有接受調查的精神科醫師和心理學家都曾看過生命安全契約被使用——事實上，有大約 75%的人在工作時也會定期地使用——卻有 60%到 70%的人表示他們從未接受過任何正式的訓練告知該如何使用它[4]。如此缺乏訓練的結果開始帶著一種不祥的氣息，尤其當我們了解到最常見的醫療疏失的官司是有關於因自殺而導致的不當死亡，而這種情形的發生則是因為對於自殺預防契約的過度依賴[5]。

《自殺衡鑑實務：給心理健康專業人員及物質濫用諮商者的指導手冊》（*The Practical Art of Suicide Assessment: A Guide for Mental Health Professionals and Substance Abuse Counselors*）一書，給那些

認為缺乏正式訓練的臨床工作者提供了一項資訊來源。在第六、七章中，我討論了一些生命安全契約的優點及缺點。其中包括一些它可能反而變成是有傷害性的時候，例如：當某些案主正處於邊緣性搖擺不定的歷程（borderline process）時。我在此處就不需要再重複一次了。然而，在本書的精裝版本中，我並未描述如何記錄使用生命安全契約的這個動作，這是一個重要的議題。此附錄就要來談到這個遺漏掉的主題。也同樣重要的是，如同在附錄A中一樣，我不但會努力呈現為什麼（why），以及有哪些（what）是該被記錄的，我也會經由範本實例被公開使用的方式，來精確呈現生命安全契約應該如何（how）被記錄。

打從1999年《自殺衡鑑實務》第一版開始，我就不斷地被圍繞著生命安全契約的爭論感到印象深刻，這項持續不休的爭論來自於自殺研究專家以及一般臨床工作者之間。這個目前仍在進行中且總是非常刺激的，有關於生命安全契約之有效性的爭論，保證值得仔細研究。除此之外，對於該如何使用生命安全契約的了解，自然會帶領我們進到該如何明智地記錄它的討論當中。

關於記錄生命安全契約的議題，我們可以再次回到附錄A中主要指導原則的其中一條，就是「如果記錄完整的話，良好的臨床照顧本身就是絕佳的法律保護。」如果我們採用合理的臨床判斷來決定是否要使用生命安全契約，同時也清楚使用時該如何解釋此契約與情況之關聯性，則我們接下來就是要把這個合適的判斷記錄下來，這樣一來就已經建立了堅固的法律辯護屏障了。

優秀的臨床工作者已經對生命安全契約這個議題提出爭論，有人強烈支持使用它，也有人強烈反對使用它。因此就會出現這樣的問題：這些很有能力的臨床工作者們，究竟怎麼會對這個每天都有好幾萬個臨床工作者使用的臨床工具，採取這麼果斷的反對意見？

如果我們證明了這個贊成或反對意見之連續光譜中的其中一端是對的，那麼就表示有很多站在另外一端的，也很有能力的臨床工作者就犯了明顯的錯誤了。或者，他們真的想錯了嗎？

我並不這麼認為；我相信其實雙方陣營都是對的，只是事情的結果是一種令人感到驚訝，且也很自相矛盾的方式。他們都只是個別注重在整個爭論中的不同角度，端賴他是從哪個角度來看，隨著使用的角度不同，則生命安全契約的效果也很合理地會隨之變化。讓我們更仔細地來看看這個假設性的矛盾狀況。這個令人困惑的問題，看來就是整個爭論已經被兩個基本原則給過度簡化了，這兩個基本原則定義了爭論本身，而且以我個人的看法，也在某種程度上讓整個爭論離題了。讓我們來看看這種脫軌的情形是怎麼發生的。

第一個讓人產生誤解的問題：「生命安全契約是不是一個阻礙自殺的好方法？」

在有關生命安全契約的爭論中，最早出現的問題看起來就會像是這樣，「生命安全契約是不是一個阻礙自殺的好方法？」不幸的是，無論從研究的角度還是臨床的觀點，這個問題都太過簡單化了。一個比較有用處，但是無可避免地會比較複雜的問題會是像下面這樣的：

> 當某個案主有其獨特的心理防衛機制、獨特的人格特質、一組特定的危險因子，且正在接受某個特定臨床工作者的處置，而此臨床工作者有其獨特的技術、有好幾年跟自殺案主一同工作的經驗，而且已經與案主發展出一種獨

特的治療關係。那麼當我們分析一個重要的情境警告，像是是否已經在初次晤談 vs. 治療進行中使用了生命安全契約時，則就使用在此特定案主身上來說，是否使用了生命安全契約就具有防止自殺的作用（例如：幫忙拯救了一條性命）。

以目前研究的階段來看，則答案是很明確的，「我們並不清楚。」甚至，對於很多研究變項來說，我們也不知道對這樣的研究設計來說，哪裡是需要被控制的變項，這的確是很可怕的。

因此，目前對這個生命安全契約是不是個有效的阻礙的問題，答案就是「並不了解得很清楚，但可能視各項因子的狀態而定，像是案主是誰、臨床工作者是哪一位，還有臨床情境為何。」以我們目前的知識水準而言，堅決地捍衛或者攻擊對所有案主使用生命安全契約的做法，就好像打算像使用食譜那樣地使用這個工具，看來都可能會是一種較不成熟的做法。的確，我們有很豐富的機會可以再次開啟這個辯論的話題，就是是否對特定的案主而言，這可能會以某種方式幫助拯救他或她的性命。很自然地，每個臨床工作者必須自己來做最終的決定，而我們則都有權利提供我們的意見。

我個人的傾向是認為，生命安全契約在初次衡鑑時很少有制止的效果，儘管這個地方還是可能會有例外的情形。就像本書正文中所描述的，我同時也相信生命安全契約有時候反過來提示了某些案主，讓他知道哪裡可以使用某些非良好適應的防衛機制，還有操弄式的「自殺言談」。在治療過程中，我懷疑在許多情境裡它會有多大的阻止效果，因為驅使個體走向自殺的各種力量實在是太多了。

從另一方面來說，也就是那些矛盾的力量引起人們有強烈的慾望活著，並且找到一些解決方式來幫助一個人選擇生命。因此，在訓練良好且有經驗的臨床心理師掌握之下，如果他已經和特定案主發展出強而有力的同盟關係，則生命安全契約可能代表了一個加強此案主選擇活下去的因素。對一個擁有很強的超我以及對信任的重要性保有終身信念，且「說話算話」的病人而言，很容易想像生命安全契約儘管不大，卻也是多加了一個因子，讓案主選擇不遵循自殺的想法來行動。如同我們都知道的，在一個考慮自殺的案主腦中，矛盾的想法中滿是複雜的權衡，求生的理由與求死的理由互相對立。此時即使一個小小的理由也可能扮演關鍵性的角色，如果它讓整個平衡倒向求生的那一邊的話。我曾經遇過臨床工作者對我描述這種狀況，他們感覺此時生命安全契約就對這種微妙的權衡，發揮了有利的角色。

另一方面，很重要的是要仔細留意當生命安全契約被誤用時所引起的問題：

1. 除非已經做過像本書所略述的那種仔細且完整的自殺衡鑑，否則不應該使用生命安全契約。（我們已知如果有案主願意擔保他或她自己的生命安全，則有些臨床工作者會自行簡化完整的自殺衡鑑程序。）
2. 在某些特定的臨床情境中，生命安全契約可能是一個輕度至中度有效的自殺阻礙物，但它不應該被視為是生命安全的保證書。
3. 生命安全契約決不應該給臨床工作者提供了有安全感的錯誤感受，因為這樣的錯誤安全感可能會導致對後續的自殺衡鑑追蹤採取不適當的做法。如同本書的正文所描述的，自殺衡鑑並非是一個靜態的事件，而是一個持續性的行動歷程。
4. 生命安全契約可能反而會對某些病人產生反效果，因此使用時必須先審慎考慮。

5. 如果操作時太過拙劣，或紀錄很貧乏，則生命安全契約可能反而會在法庭上對臨床工作者造成傷害，而不是助益（稍後會再多談這個部分）。

所有這些關於生命安全契約當作阻止自殺之工具的問題把我們帶往何處呢？答案其實非常簡單。目前並沒有好的實驗證據支持說，生命安全契約對所有的案主都有普遍的效果。（因此從這個觀點，那些主張反對使用生命安全契約的人，就是很正確地在警告我們一些問題，像是過於草率地接受生命安全契約的效果，還有沒有正當理由卻過度信賴它的有效性。）同樣也很重要而要記住的是，也沒有任何一點點的證據顯示，生命安全契約對於在特定臨床工作者掌握中的特定案主是沒有阻止自殺行為的效果，因為未曾有過這樣的典型研究設計，試圖包括所有我們先前提到的所有變項。（因此從這個角度來看，那些支持使用生命安全契約的人，就是很正確地在警告我們生命安全契約可能會對特定的案主有潛在的效果。）

關於這一點，很有趣的是我們會注意到，一個以 135 名因為自殺危險而住到精神病房的病人為受試者的近期研究顯示，大多數的病人對禁止自殺之書面契約的評分是很正向的。這個研究並非設計要來決定何謂自殺阻止工具，但它的確顯示了這些病人對禁止自殺契約的阻止效果有部分的信心，這個事實有受到重視的權利[6]。

因此，我們發現自己正興奮地處在研究自殺理論的十字路口。爭論的重點現在可以從之前總是不成熟的主張中移開，亦即可以不再人為地對全部案主做出普遍性的宣告，有關生命安全契約是否具有阻止自殺的最終效果。相反的，我們可以把重心轉移到開啟一扇門，開始來設計完善的研究規劃，同時注重質與量的向度，那也許可以提供這個難以理解但卻很重要的，有關生命安全契約對於特定臨床工作者／案主成對關係在特定臨床情境下的效果問題。

在這個對生命安全契約的爭論當中還有第二個基本原則。在實際的臨床執行上，如果想要客觀地看待生命安全契約的正、反意見，則這個基本原則的存在，已經被證明對於想保持客觀是相當不利的了。然而，現在這個有問題的基本原則並非是一個定義不佳的問題，而是一個證據不多的迷信。

一個讓人產生誤解的迷信想法：生命安全契約的基本目標就是阻止自殺

在某些地方，這樣的信念已經變成在爭論有關生命安全契約之議題時的一個基礎了。如果這個迷信是真的，則理所當然地，生命安全契約的價值應該幾乎全部根據它是否有效來判定。而具有阻止自殺的效果也應該是當初為什麼生命安全契約會被發展出來的原因，然而生命安全契約的藝術已經發展多年了。

Miller 曾討論過生命安全契約之藝術所提供的幾項價值，而那是跟阻止自殺行為無關的，包括了可增進治療同盟關係（therapeutic alliance）和增加案主對於臨床結果的責任感[7]。但是 Miller 所重視的因子主要集中在對治療的益處上面，然而我相信生命安全契約的主要角色，可能較少是在阻止自殺行為和增進治療同盟關係方面，反而較多應該是放在蒐集資料的這項精細藝術方面。

的確，Drye、Goulding 和 Goulding 提議說訂定生命安全契約這個動作本身可能提供了很有價值的臨床資料，而它可能可以因此影響案主對自身安全的決定。他們評論了與案主平分下列責任的價值，他們認為訂定生命安全契約可以平分「對病人的評估責任。因為他才是真正決定要自殺的人……，所以他才擁有最佳的資料——不只是知道他的衝動有多強，而且也知道自己的控制能力有多強。」[8]

在最早提出生命安全契約可能在自殺衡鑑時扮演蒐集關鍵性資料的重要角色的人中，其中之一就是 Stanford 和其同事[9]。從在緊急衡鑑自殺潛在危險的角度來看，他們感覺到訂定生命安全契約似乎可以當做一種衡鑑工具，以暴露出案主的自殺想法與企圖的內容及嚴重性。也可以分辨出某些特定會帶來麻煩的議題，因為它們可能會引發案主的自殺想法。此外還可以評估案主當初訂定生命安全契約時的能力如何。

Simon 在他的重要著作《讓「Sue」遠離自殺威脅：一個法庭精神科醫師的觀點》中提示了一種臨床情境，雖然並不是帶有強大的熱忱，但他還是表示在此情境中，生命安全契約提供了某些特定的有用資訊，亦即「當病人拒絕接受這個契約時，則這個抵抗自殺的契約可能才是最有用的工具。因為，至少如此一來，臨床工作者就不會被假意的同意和對安全感的錯誤感受而誤導了。[10]」

在 Kelly 及 Knudson 回顧生命安全契約的角色時，其結論是在提供基本照顧的場所中「使用生命安全契約也許可以提供幾項有用的目的，包括促進臨床工作者和病人之間的治療同盟關係，還有可以對自殺衡鑑有幫助。[11]」

在介紹CASE法的文章中[12,13,14,15]，生命安全契約不只是被當作一個有用的衡鑑工具，對生命安全契約而言，用來評估案主的矛盾以及對生命安全的承諾是一個非常基本的目的。「阻止自殺」則可成為次要目的。打從CASE法被介紹給大家開始，這麼多年來它已經變得相當流行。以下的說法是很安全的，就是很多臨床工作者現在都使用「生命安全契約」當作基本的衡鑑工具，且在次要目的上期待它具有潛在的阻止自殺效果，但並不主要仰賴它這麼做。因為這樣的觀點讓它受到歡迎，因此稍微有點深入地看看生命安全契約如何運作就變得很有用了，也許可以提供臨床工作者一些有用的訊息，而這些訊息是如果不這麼做就無法獲知的。

在 CASE 法中，把使用生命安全契約當做一種衡鑑工具的概念，開始於 1980 年代中期，當時 CASE 法剛剛在賓州匹茲堡的西部精神醫學機構與診所中的診斷與評估中心被發展出來。它的形式被仿用在常見的家庭治療原則上，也就是說如果你想要看看一個家庭是如何運作的，通常最好的做法就是給這個家庭一個作業。例如：如果你想要知道誰在家中是「過度掌權控制的」，臨床工作者可能會問家中的每個成員他或她認為誰是過度掌控的，讓有用的訊息自然呈現出來。然而，家中的成員可能會對公開這樣的訊息感到相當猶豫。從另一方面來看，如果你想要找出誰是真正在家裡過度掌權的，臨床工作者可以給整個家庭一項功課，只要在其中透過簡單的觀察，「究竟誰是這裡的老闆」很快就顯而易見了。這類的家庭治療衡鑑最重要的就是，獲取有效資料的關鍵在於不要那麼注重家庭告訴你的內容，而要多注意整個家庭呈現在臨床工作者面前的樣子。

而在評估一個潛在自殺案主的矛盾心理時也是如此。想要獲得一個案主目前矛盾心理程度的正確看法，最好的方式之一就是給這個案主一個作業——為他的生命安全訂定契約——在此過程中則他的矛盾心理就更容易顯現出來，不只是案主回答的內容，還包括案主傳達他或她自己的回答時的整個歷程，也就是非語言訊息的洩露。

更具體地說，當有意識地使用生命安全契約作為衡鑑工具時，臨床工作者會仔細地尋找任何顯示矛盾心理的非語言線索，像是逐漸升高的焦慮感，或可能出現的隱瞞情形，都暗示著這個案主可能事實上並不覺得自己的生命是安全的。事實上，可能真的會洩露出非語言訊息，顯示案主企圖要自傷。一點輕微的猶豫、眼神轉向別處，或淚光的出現，都可能是給敏感的臨床工作者的訊息。可能因為否認的心態或其他心理動力的防衛，但他或她實際的自傷企圖，都比自己之前在晤談時，被直接問到自殺企圖時所願意承認的或能夠承認的還要來得更強烈。

就我個人而言，在我過去的急診室工作經驗中，至少有兩個情境就是因為我觀察到案主在訂定生命安全契約時的非語言訊息，進而扭轉了我原本的臨床決定。在上述的每一個情況中，在做完如同本書所概述的非常完整的自殺衡鑑後，我原本都已經認定案主可以離開急診室而沒有生命危險了。且上述的每個案主在我要求他們訂定生命安全契約時，他們就表現得猶豫、淚水不斷湧出，然後崩潰了。每個案主都說出了像是「Shea醫師，告訴你實話吧！我就是很想死。」這類意思的話。而在上述的每個情境裡，這個只有從訂定生命安全契約的作業中才能獲得的新訊息，最後都導向了安排住院的決定，而回想起來時，每個案主都好像立刻鬆了一口氣。

在其他的情境中，在訂定生命安全契約時，可能最先出現的是在預期之外的憤怒情緒或不耐煩，警告著臨床工作者「所有的一切可能都不是它看起來的那個樣子。」這樣的憤怒可能指向衝動性或個性的問題，而這都可能暗示著明智之舉是重新考慮案主的生命安全性以及／或某種特定的治療介入的合適性。

就像先前提到的當作家庭治療師的衡鑑工具一樣，我確信提供個別的案主一個作業是有可能揭發他的真實感受。確實，如果我僅僅是依靠直接詢問案主有關其生命安全性時他所給我的答案，那麼我可能會創造出一種情境，在那裡案主只會告訴我，他或她認為我可能會想要聽的。就是要在訂定生命安全契約的作業當中，案主的真實矛盾感受才可能會透過非語言傳遞出來。關於這一點，在過去這二十幾年來，在許多情境中面對許多不同案主時，我都已經發現生命安全契約可以作為一項蒐集證據的很有價值的工具，但並非所有的情境或所有的案主都適用這個發現。我要請讀者們回去參考第六及第七章，回顧一下對哪些案主及在哪些情境使用生命安全契約可能是有問題，或甚至可能是明白指示不要這麼做的。

從法律的觀點來記錄生命安全契約

現在我們已經回顧了為什麼生命安全契約可能在自殺衡鑑時是有用處的，而且可能對某些案主來說是有阻止自殺的效果。下一個問題是，你該如何用法庭上的完整方式，來記錄這個訂定生命安全契約的動作。如果臨床工作者已經使用了良好的邏輯來決定為什麼他要使用生命安全契約，而不是過度地依賴它當為阻止自殺行為的工具，則他在面對法庭辯論攻擊時很合理地就應該是安全的了。是這樣的嗎？大錯特錯！

如同在附錄A中所強調的，這種保護只有在我們看到你有遵守自殺衡鑑紀錄保護原則第三條時才成立——亦即，臨床工作者完整的決策過程有被臨床工作者好好地記錄下來。像我們在附錄A中所說的，要牢記在心的是如果你不把它寫下來，就律師和陪審團而言，他們就可以自由地認定你並沒有做這些事情。有關於生命安全契約的主題，可能代表原告的律師在決定是否接下這案子的時候，會特別找尋是不是有臨床工作者天真地過於重視將生命安全契約當作阻止自殺的工具的證據。

要記住的是，再完整的臨床紀錄都絕對無法彌補差勁的臨床照顧。如果臨床工作者不當地使用生命安全契約，且在初次評估的時候過度依賴其阻止自殺的效用，並且因此縮減他或她的自殺衡鑑過程。則臨床工作者很可能就已經出現醫療疏失——而一場官司訴訟就可能是很合理的了。

從另一個角度來看，如果臨床工作者很恰當地使用生命安全契約，如同本書或其他地方所描述的那樣，則很重要的是臨床工作者應當保護他或她自己避開瑣碎的及／或投機主義者的法律活動。很自然地，絕對沒有什麼方法可以保證不發生法律訴訟。但如果我們堅持下列的原則，則和訂定生命安全契約相關的法律訴訟之危險性就會明顯地減少。

為了證明怎麼會如此，讓我們檢驗其中一種導致不當死亡官司的高風險情境——案主在急診室衡鑑後幾個星期內就自殺的情況。如果我們可以證明這些紀錄原則可以在這種高危險情境下還能幫忙提供我們保障，那麼同樣的這些原則就也可以幫忙降低危險情境了。

我們將來看看那種臨床工作者已經執行了優秀的自殺衡鑑，且已經建立一個同時獲得案主及其重要他人的同意，也經過周詳考慮的自殺防治計畫的情境。簡單地說，完全沒有醫療疏失的情況。如同許多自殺的案例一樣，我們現在想像的自殺情境並非由於差勁的臨床照顧，也不是因為缺乏關心的結果，而只是展現了在臨床業務，以及人生狀況中會出現的其中一種與生俱有的悲劇狀況。

再者，我們應該想像一種情境，此時生命安全契約主要被晤談者用來當做衡鑑工具。案主爽快地答應訂定生命安全契約，且同一時間表現出由衷地投入生活，儘管還出現有破壞性的離婚事件和監護權爭奪戰。因為這是與案主的第一次接觸，因此臨床工作者並不強調把生命安全契約當作阻止自殺的工具。我們的假設性案主在她的急診室衡鑑過程中，沒有出現矛盾的心理而且也想要活下去，她非常感謝臨床工作者的介入處理。

不幸的是，一次完全無法預期的嚴重失落（案主的獨子死於車禍）發生於案主被衡鑑後的幾個星期內。這個過去不曾有過喝酒問題歷史的案主，突然大量飲酒連續超過兩天以上。如此沉重的壓力源再加上酒精的作用，對一個已經要努力掙扎才能生存的個體來說，實在是超出負荷太多了。結果就是，案主一時衝動在一間單獨的旅館房間裡服用了致命的過量藥物。

讓我們先來看看如果不把生命安全契約記錄下來會發生什麼事。更具體地說，讓我們來看看一個優秀的臨床工作者，在完美地正確使用生命安全契約之後，如何還是會因為紀錄不夠完善而在法庭中陷入困境。

第一個紀錄上的錯誤發生在目前疾病史的部分，此處是確實記錄使用生命安全契約的地方。臨床工作者的紀錄內容很簡短而乾淨俐落。就它可能發生的後果來看，是太簡短且太輕鬆了：「案主在急診室裡訂定了禁止自殺契約（no-suicide contract）。」

第二個問題在稍後發生，就在當臨床工作者記錄他為什麼覺得案主可以平安離開的臨床判斷時。臨床工作者寫下，「因為案主有能力訂下禁止自殺的契約，再加上他有相對來說比較低的危險因子，我覺得這個案主可以安全回家，只要有下面所列出的後續照顧即可。」

如同我們已經在附錄A中所發現的，這裡的第一個問題就是，臨床工作者的臨床判斷描述太過簡短，所以一般說來不是很有用處——紀錄中只有「他使用了什麼」來做臨床判斷而沒有「他怎麼使用它」。然而，在這個例子中，這個過於精簡的問題又因為下面的理由而被擴大了。藉由先提出訂定生命安全契約，然後只列出其他一些有關生命安全性的理由，則對任何一個精通於此的讀者來說，很合理地會認為這個臨床工作者顯然對生命安全契約阻止自殺行為的效力有太大的倚重，甚至很可能是不適當地看重了。這正是原告的律師在尋找的目標。儘管，你和我知道這個臨床工作者並沒有這麼做。但是單從書面的紀錄看來，沒有其他人能了解。這就是這裡存在的問題。不幸的是，我們正看著一位優秀的臨床工作者親筆寫下讓自己被提出法律訴訟的邀請函。

如此缺乏說服力的紀錄已經為一個有攻擊性的律師打開大門，讓他可以抓住我們的弱點而大作文章。事實上，一個被邀請來檢視這案例，以告訴律師是否曾經發生醫療疏失的專家證人可能會說，「從這個紀錄當中我無法確定任何事情。他可能是過度信賴生命安全契約了，但是我沒辦法確定。不過，如果他真的是這樣，那麼這裡面可能就真的有醫療上的疏失。你們可能必須讓他來宣誓作證才能知道。對我來說他到底作了什麼真的看不太出來。」因此藉由這麼簡單的一句敘述，就是這名臨床工作者唯一提供給這個專家檢驗者的證據——他的書面紀錄——這場官司就更進一步成形了，儘管事實是確實沒有發生醫療上的疏失。

如果臨床工作者在記錄生命安全契約時，照著我們在附錄A所概述的那些記錄客觀基本資料時應該遵循的基本原則——把發生什麼事情記錄下來，要儘可能完整，如果對你的臨床判斷有高支持性的話，就直接引用案主的話來作紀錄——看看那又會發生什麼事情。在目前疾病史的部分，出現下面的描述：

> 在晤談的尾聲，Johnson 太太和我訂定了一份生命安全契約，表現了良好的眼神接觸，堅定的握了手，還有真

誠的情感。她補充說：「Shea 醫師，雖然我覺得非常沮喪，我還是絕對不會去自殺的。在這整個離婚的過程當中，我必須要為我的兒子活著。他現在比以前還要更需要我。」

現在來看看臨床工作者如何在記錄臨床判斷的主觀材料時，使用這些關鍵性的原則。就像我們在附錄A時討論過的，不要只記錄下你的臨床決定是什麼，而是要記錄下你的決策歷程是怎麼樣的經過以及為什麼作出這樣的決定。在這個例子裡，臨床工作者就展示了他是如何以及為什麼感覺案主可以安全離開，是因為有許多因子共同反應出來的結果，包括了案主如何處理訂定生命安全契約這件事情：

*臨床個案概念形成（**Clinical Formulation**）*

在諮詢過護理長的意見之後，我們都同意案主看起來是可以平安離開的。儘管她最近因為離婚這件事而有中等程度的沮喪，且曾有過一些像是開槍自殺的自殺意念，也有一些潛在的經濟壓力困難，但是還有很多因子都在支持她的生命安全性。她沒有精神疾病的證據、沒有酗酒或藥物濫用的歷史，她的父母和朋友都給她很強的支持，她未曾照著自殺計畫採取任何行動，家裡沒有存放槍枝，她也沒有想過要如何獲取槍枝，而且也沒有其他的自殺計畫。她目前是健康而年輕的，過去也沒有企圖自殺的歷史。她對我的危機處理反應良好。我們訂定了生命安全契約，主要是想用來更完整地評估她對自己的生命安全有沒有任何隱藏的矛盾心理，而在訂定契約時，她並沒有表現出任何搖擺不定的態度。她的語言及非語言溝通看起來都是很真誠而自然的，而且也和真心想要求生的慾望是一致的。我特別印象深刻的是她想要求生的有力原因，那是當她提到需要為她 11 歲的兒子而活著的時候。我們的計畫是讓案主及她的父母來共同參與，而他們也同意她看起來是可以平安回家的。案主表現出感激的模樣，且同意下面所會提到的後續照顧。

現在讓我們來看看，我們的專家證人可能會怎麼跟一個考慮要不要接下這案子的律師說，「John，在我看起來這個醫療照顧是很棒的。這個臨床工作者不可能事先預知這個孩子會死亡，而且老實說，我相信如果沒有這場車禍的話，這個女士現在還會活著。看起來醫療照顧進行得很好，紀錄也很完善。我可能沒辦法很自在地在這案子上當你的證人。因為我沒有看到任何的醫療疏失。」

這案子最後沒有朝向法院前進。而且，它確實也不應該，因為臨床工作者已經提供了良好的臨床照顧。但是之所以它並沒有走向法院，並不只是因為臨床工作者提供了優良的照顧這個事實，還有另一個也很重要的事實是，他針對他優良的臨床照顧提供了很棒的書面紀錄。

這是一個好時機來看看，是否我們可以呈現一些用在上述紀錄中的原則，而那可以幫助我們創造出一份像那樣的有用的衡鑑書面紀錄：

1. 當在目前疾病史的部分，記錄訂定生命安全契約的實際動作時（注意，有些人偏好記錄在心理狀態〔Mental Status〕的段落，這也是很合適的作法），確定一定要把可以強調案主表面上對自

身生命安全性之承諾的任何非語言描述加進去。這項資料可以用來支持臨床工作者的最終判斷，表示案主在衡鑑及處置當時，並沒有顯示出明顯危險的矛盾心理。且如果臨床工作者真的相信如此的話，則這樣的觀察資料也可以用來支持一個想法，也就是在這個特定案主身上，生命安全契約也許可以有一些阻止自殺行為的力量。

2. 也要確定要用案主自己的話來記錄，要用引號括起來，且任何案主說到有關自己有很強的求生理由的談話都要記錄下來。這樣的談話內容有時候會出現在訂定生命安全契約的時候，則這個現象就再一次地支持了訂定生命安全契約可以提供嶄新且重要之衡鑑資訊的這個概念。

3. 在你的臨床判斷紀錄中，用清楚而簡潔的用詞來說明為什麼你要訂定生命安全契約（例如：當作一項衡鑑工具，當作阻止自殺的工具，或同時具有兩種功能）。任何時候只要你表示它扮演了一個阻止自殺的角色，就要說明為什麼（要記得，沒有任何量化的實徵資料支持這樣的結論，而且你可以打包票說，原告的律師一定會嘗試著在這一點上逮住你和你的專家證人的小辮子）。這裡是另一個有效紀錄的範例：

> 儘管沒有任何的實徵資料支持或反對生命安全契約可以扮演一個阻止自殺行為的角色，但是在這個特定的案主身上，我感覺它可能可以扮演一個有效的阻止工具。在作治療的過去這三年多以來，我們已經依靠著對彼此的誠實與信任而形成了一個穩固的治療同盟關係，而這兩項價值觀對案主來說是非常重要的。她擁有非常強的超我（super ego），且在誠實方面相當自豪。從這個方面來看，我覺

得這些因子聯合起來可以增強「訂定生命安全契約」對這個案主的防止自殺效果。因此，儘管並不是個很強而有力的阻擋，但當我們試圖增加一些原因讓案主不會衝動地照著自殺想法行事時，它還是可以扮演一個小小的但是有用的角色。且在這案主例上面，除了它明顯地可以持續使用在自殺衡鑑之外，它顯然確實是一個派得上用場的臨床工具。

完整的病歷紀錄並不只是寫下提供了良好的臨床照顧，而是它們被預期要幫忙確定讓良好的臨床照顧能夠被實踐。上面三項增強法律保護之原則中的每一項，事實上也在幫忙改善我們的臨床照顧。這是如此重要但卻常常不夠強調的一個重點，所以我認為我應該證明一下為什麼它如此重要。

在第一項原則中，我們說案主在訂定生命安全契約時的非語言表現應該被記錄下來。這樣的紀錄將可以以一種很有力的方式幫助往後的臨床工作者。讓我們假定我們是在社區心理健康中心工作的心理治療師，而我們已經處理這個案主有好幾個月的時間了。在過去的幾個情況下，曾經出現過自殺意念。而在每個情境下，案主都沒有企圖自殺，而且對於訂定禁止自殺契約也感到很自在。我們在我們的病歷中註記「案主沒有表現出任何的遲疑，眼神接觸良好，情緒狀態很真誠和臨床工作者握手時也很堅定。」案主的自殺意念最後就消失了。

三個月之後，案主無預警地出現在社區心理健康中心且處於危急狀態。危機處理臨床工作者企圖要聯絡上我們，但是我們出城去了。儘管臨床晤談進行順利，且案主也很適度地合作，但是危機處理臨床工作者對於提升案主的生命安全性還是覺得有一點點困難。

那位臨床工作者已經看過我們的病歷摘要，因此決定要使用生命安全契約當作衡鑑工具。當討論訂定生命安全契約時，案主看向別的地方並且嘆氣，一邊說「我想可以這麼說吧」。

案主這種遲疑的態度和他在過去有關訂定生命安全契約紀錄中的非語言表現有強烈的對比，因此明顯地增加了危機處理臨床工作者對其生命安全性的懷疑。現在他已經獲得新的資訊，而且還不只如此，這個新的資訊因為有我們之前的紀錄作為比較的基準而更為有用。這位危機處理臨床工作者對於原先的處置不再感到完全安心了，因此決定要求值班精神科醫師也直接參與處理這個案主。

更進一步的晤談發現，案主比我們原先所想的還出現更多嚴重的自殺企圖。所有人都認為應該安排住院，包括案主自己也是。不只是危機處理臨床工作者的這個訂定生命安全契約的動作扮演了一個決定性的，甚至可能是拯救生命的角色。而且先前對於訂定生命安全契約的病歷紀錄，在幫忙這位危機處理臨床工作者詮釋案主所傳遞出來的非語言訊息上面，也是非常重要的。

在第二個原則中，我們極力主張臨床工作者應該留意一下，除了案主表達強烈的生存理由之外，還有沒有任何其他特定的言論。在 Jobes 和 Mann 最近的著作中，他們已經簡潔地指出，除了案主所提出的想尋死的關鍵性理由之外，有時候需要把更多的注意力放在他們想求生的理由上面，因為這種個人內在的拉鋸在他們最終的決定上面，可能會扮演著一個主要的角色[16]。如果上述的原則被規律地使用在作紀錄的過程中，則臨床工作者將會發展出一個搜尋這類資訊的習慣。

有時候案主在訂定生命安全契約，或稍早在接受晤談時會自發性地提供這些資訊，但是如果他沒有主動提供這些訊息，通常最有用的方法就是去詢問他。再一次提醒，養成總是記錄「想要求生的理由」的習慣，就容易在一開始晤談時找尋這樣的理由。的確沒有錯，如果當晤談者記錄到生命安全契約的時候還沒有問到這些問題，那麼等到此時他們也會注意到還缺乏這部分的資料，也許就會提醒他們需要作更多的晤談。

而運用上述的第三項紀錄原則——一定要記錄下為什麼你要使用生命安全契約——的時候，臨床工作者在他或她自己腦中必須釐清目前手上的作業內容，包括對這個特定案主而言，使用生命安全契約的正向與負向影響，且對它的限制也應該有清楚的看法。再一次提醒，養成總是寫下記錄歷程中的關鍵性議題的習慣，可以幫忙確認臨床工作者確實有在自己的腦袋裡面思考過這個問題。如此仔細的思考可幫助臨床工作者避開誤用生命安全契約，或是不適當地依賴它作為阻止自殺行為的工具的危險。

在上述所有的三項紀錄原則中，我們看到了記錄的方式雖然表面上是設計來幫助保護我們不發生醫療疏失，但其實它在本質上是有促進更好的臨床照顧的效果，這是我們在附錄A中不斷重複看到的原則。再來多談一個跟紀錄有關的議題，也是同時跟提供法律保護以及確保我們有小心注意臨床照顧品質的主題。如果你沒有使用生命安全契約，那麼這個時候你又應該寫些什麼？

如同我們在本書正文中看到的，確實在某些案主和某些臨床情境上面使用生命安全契約可能是有問題的，或者甚至在某種概念上來說是不應該這麼做的。在這裡我們將不再複習這些情境了，但我發現當我不使用生命安全契約來記錄為什麼時，它就變得很有用。我發現這可以確保我是很仔細地衡量對每一個案主訂定生命安全契約的正面和反面的看法，同時也提供了法律上的保護。這裡有一個例子是我正在持續進行治療的案主，而當我覺得與他訂定生命安全契約是不恰當的做法時，我可能會寫下的紀錄內容：

因為 Farings 先生的個人心理防衛及心理動力狀態，如同他所獲得的邊緣性人格疾患診斷所反映的一樣。我決定與他訂定生命安全契約可能會在後續的照顧上出現問題。他有一長串的過去史顯示，他會一再重複出現看來相當操縱性的行為模式（那其實只反映了他個人的需求，因為這些操縱性行為缺乏更有效的技巧）。而無論是我或負責住院的同仁都認為，這些行為有時候會導致不必要且具破壞性的敵意。更具體地說，在某些情況下，儘管他其實是很安全的，但他會故意回答得模擬兩可或是根本拒絕訂定生命安全契約。而在過去，這個過程就曾經導致幾次最後顯示具有反效果的住院治療了。的確，在我們總是進行完整的自殺衡鑑之後，我會看案主是否熱切盼望並且準備好再次碰面的情況如何，還有他是否期待以及準備好針對我們共同同意的目標來工作。當我一直維持著一貫使用在 Farings 先生身上的治療策略（例如：辯證性行為療法）時，我會把案主表現的狀況視為更能反映案主之生命安全性的訊息。

上面這段摘要只是回到那句格言，就是想要說明「為什麼你正在做你正在做的事情」（why you are doing what you are doing）。基本上就是要把那些企圖「證明」你因為沒有使用生命安全契約當作衡鑑工具，因此所做出來的衡鑑就是虛有其表的律師關在門外。你所寫的病歷摘要就為這個律師和陪審團提供了一個清楚又簡潔有力的答案——也就是你已經審慎地考慮過要訂定生命安全契約了，但最後還是覺得這不是個好點子。

從這一點來看，我們已經到達我們研究訂定生命安全契約及如何記錄的終點了。我們已經看到，訂定生命安全契約並非對所有的案主來說都是個好主意。對於那些可以有用處的人，它作為阻止自殺之工具的功效，可能也得依賴一個特定的案主／臨床工作者組合，還有特定的臨床情境。儘管把它當作阻止自殺的工具有這麼明顯的限制，它看來在幫助我們衡鑑案主的矛盾心理程度，以及評估案主目前對他或她自己的生命安全的承諾等級，還是個很棒的工具。

當我們使用生命安全契約當作衡鑑工具、阻止自殺的工具，或兩者兼具時，很重要的是要仔細地記錄下使用的過程。很矛盾的一件事是，這樣仔細的紀錄不只是可以保護我們不被不當的醫療疏失訴訟騷擾，同時也可以幫忙改善我們的臨床照顧品質。一旦了解到良好的醫療照顧伴隨有良好的臨床紀錄的強大力量能夠明顯地降低醫療疏失的責任，將可以讓臨床工作者把對責任的擔心拋到腦後。確實，藉由發展出有效紀錄生命安全契約的習慣，臨床工作者就可以把注意力集中在提供完善自殺衡鑑的藝術上面，而不再需要害怕那些煩人的官司訴訟了。生命安全契約也就可以站在它正確的位置當作一個工具，且如果能有效使用的話，還可能可以幫助我們拯救一條生命。而這對所有參與其中的人來說，都是一個美好的結局。

註 釋

1. Drye, R.C., Goulding, R.L., and Goulding, M.E.: No-suicide decision: Patient monitoring of suicidal risk. ***American Journal of Psychiatry*** 135: 171-174, 1973.
2. Miller, M.C.: Suicide-prevention contracts: Advantages, Disadvantages, and an alternative approach. In ***The Harvard Medical School Guide to Suicide Assessment and Intervention***, edited by D. G. Douglas. San Francisco, CA, Jossey-Bass, 1999.
3. Drew, B.L.: No-suicide contracts to prevent suicidal behavior in inpatient psychiatric settings. ***Journal of the American Psychiatric Nurses Association*** 5: 23-28, 1999.
4. Miller, M.C., Jacobs, D.G., and Gutheil, T. G.: Talisman or taboo? The controversy of the suicide prevention contract. ***Harvard Review of Psychiatry*** 6: 78-87, 1998.
5. Simon, R.I.: Taking the "sue" out of suicide: A forensic psychiatrist's perspective. ***Psychiatric Annals*** 30: 399-407, 2000.
6. Davis, S.E., Williams, I.S., and Hays, L. W.: Psychiatric inpatient's perceptions of written no-suicide agreements: An exploratory study. ***Suicide and Life-Threatening Behavior*** 32 (1): 51-66, 2002.
7. Miller, M.C.: Suicide-prevention contracts: Advantages, disadvantages, and an alternative approach. In ***The Harvard Medical School Guide to Suicide Assessment and Intervention***, edited by D. G. Douglas. San Francisco, CA, Jossey-Bass, 1999.
8. Drye, R.C., Goulding, R.L., and Goulding, M.E.: No-suicide decisions: Patient monitoring of suicidal risk. ***American Journal of Psychiatry***

135: 171-174, 1973.

9. Stanford, E.J., Goetz, R.R., and Bloom, J.D.: The no-harm contract in the emergency assessment of suicidal risk. ***Journal of Clinical Psychiatry*** 55: 344-348, 1994.

10. Simon, R.I.: Taking the “sue” out of suicide: A Forensic psychiatrist's perspective. ***Psychiatric Annals*** 30: 399-407, 2000.

11. Kelly, K.T., and Knudson, M. P.: Are no-suicide contracts effective in preventing suicide in suicidal patients seen by primary care physicians? ***Archives of Family Medicine*** 9 (10): November/December 2000.

12. Shea, S.C.: The chronological assessment of suicide events: A practical interviewing strategy for eliciting suicidal ideation. ***Journal of Clinical Psychiatry*** (supplement) 59: 58-72, 1998.

13. Shea, S.C.: ***Psychiatric Interviewing: The Art of Understanding, 2nd ed***. Philadelphia, W. B. Saunders Company, 1998.

14. Shea, S.C.: ***The Practical Art of Suicide Assessment: A Guide for Mental Health Professionals and Substance Abuse Counselors***, New York, John Wiley & Sons, Inc., 1999.

15. Shea, S.C.: Practical tips for eliciting suicidal ideation for the substance abuse counselor. ***Counselor, the Magazine for Addiction Professionals*** 2: 14-24, 2001.

16. Jobes, D.A., and Mann, R.E.: Reasons for living versus reasons for dying: Examining the internal debate of suicide. ***Suicide and Life-Threatening Behavior*** 29: 97-104, 1999.

附錄 C
自殺防治網站快速導覽

一個一般性的邀約

讓我先邀請所有的讀者到我位於自殺衡鑑與臨床晤談訓練協會（Training Institute for Suicide Assessment and Clinical Interviewing, TISA）的網站上來看看。我們的網址很容易記，就是www.suicide-assessment.com。

這個網站是專為忙碌的第一線臨床工作者所設計的。臨床工作者通常對於學習更多的自殺衡鑑技術，及處理各種議題之臨床晤談的特定訣竅會有興趣。這個網站提供了「本月晤談秘訣」及每月晤談秘訣的文件檔，還有「自殺事件的時間衡鑑法：探問自殺意念之實務晤談策略（The Chronological Assessment of Suicide Events: A Practical Interviewing Strategy for Eliciting Suicidal Ideation）」的完整期刊文章。如果你比較喜歡的是CASE法，且想要和同業分享案例，你可以寫好寄到我們的網站來。這個期刊的文章對晤談策略提供簡明且有用的介紹。

這個 TISA 網站也特別設計了要提供一些資源，給在學習晤談與諮商技巧核心課程的研究生們。在網路上面，致力於心理衛生工作之網站的數目是起伏不定的。為了幫助你搜尋到這些資源，在 TISA 網站，我已經把我覺得可以取得心理衛生資訊——包括自殺防治資訊——的五十個最佳網站彙整在一起。我的目標是想創造一個對使用者友善的聯繫平台，使有興趣的讀者可以進入心理衛生網站的迷人世界。TISA 網站會經常性地更新，以確保新的網站能被納入。

對那些想知道更多我定期舉辦的工作坊的訊息，或想知道如何安排我到你所任職的中心帶領工作坊的讀者，你也可以在網站上留言。

如果你有任何晤談秘訣或對於自殺衡鑑技巧的問題，請不要客氣，可以直接從 TISA 網站寄封電子郵件給我。我也十分渴望收到對於本書（自殺衡鑑實務）的任何回饋或改進意見。我希望你喜歡 TISA 網站的內容，我們網路上見！

一些可以讓你由此開始瀏覽的很棒的自殺防治網站

這是一份附有評註的清單，列出了一些自殺防治的重要網站。我試著在列清單時做到對以下每一個團體而言，都至少有一個可以立即得到資訊的網站，這些團體包括了：心理健康專業人員、投身自殺防治工作者、自殺存活者，以及目前正有著自殺意念的人。我相信這些網站提供了出色的管道，讓人們得以找到關於自殺防治豐富的資訊。

❖美國自殺學協會（AMERICAN ASSOCIATION OF SUICIDOLOGY；AAS）

www.suicidology.org

這個網站有一系列有用的資訊，其中包括了自殺現象的一些真相、自殺警訊、支持團體、依照不同州別列出的危機處理中心、一組不錯的網站連結、一個提供 AAS 會員使用的很積極的公告欄，還有一個致力於出版有關自殺衡鑑、自殺處置與自殺後續處置之高品質書籍的書店等。這是個很棒的組織，很值得加入。而且它還有一個獨特的、來源廣泛的會員族群分類，成員被分成自殺倖存者、臨床工作部門、危機處理機構、防治機構，以及研究機構。AAS也為危機處理中心提供認證。這個網站也提供了關於 AAS 所舉行的很出色的年會相關訊息。

❖美國自殺防治基金會（AMERICAN FOUNDATION FOR SUICIDE PREVENTION；AFSP）

www.asfp.org

這個網站也有一系列有用的資訊，其資訊包括了關於自殺的統計數據、對自殺倖存者有用的資訊，還有如何對大眾媒體報導自殺事件的要訣。這也是一個很值得加入的很棒的組織，它在籌措資金以供自殺防治研究這個部分作得相當成功。如果你是一個正在尋求補助金的研究者，那麼這個組織就有提供補助金，而網站上就有如何申請的說明。

❖自殺防治支持網絡（SUICIDE PREVENTION ACVOCACY NETWORK；SPAN）

www.spanusa.org

這個網站有各式的說明，其中包括支持信，有關提升自殺防治之重要性的社會意識，從地區性層次到國家性層次的都有。這個網站為社區組織者提供了一個很傑出的資源頁面，它還提供持續更新的全國性事件訊息，以降低對自殺的污名化及提升自殺防治意識。它也是另一個值得加入的團體，因為SPAN已經是「全國性自殺防治策略」的重要支持者。

❖國際自殺防治協會（INTERNATIONAL ASSOCIATION FOR SUICIDE PREVENTION；IASP）

www.med.uio.no/iasp

這個很出色的網站提供了一個國際性的合作場地給所有從事自殺防治的人。它出版一份很有趣的通訊，並且更新來自世界各地的自殺防治新聞。它還提供了許多鼓勵優秀自殺研究之獎項的訊息。這個網站會持續通知你有關 IASP 年度大會的消息，也會在它的期刊上提供訊息。它的期刊是 Crisis: The Journal of Crisis Intervention and Suicide Prevention。

❖終止自殺（ENDINGSUICIDE.COM）

www1.endingsuicide.com/mentalhealth/suicide_preven

這是最新的自殺防治主要網站中的其中之一，這個網站因為和國家心理衛生學會（National Institute for Mental Health）有簽訂契約，所以致力於成為所有可從網路上獲得的自殺防治相關資源的入口網站。它提供的網路資源從聯邦政府、全國性的、州際的，還有部落性（tribal）的。它也針對了廣泛性議題提供有趣的短文，主題從「自殺的神經生物學」到介紹「CASE法」都有。它也有一個公告欄，以及對於一般性自殺防治知識之少見的互動問題模式。

❖自殺覺察／教育之聲（SA\VE—SUICIDE AWARENESS/VOICES OF EDUCATION）

www.save.org

SA\VE提供有關自殺防治的教育課程，而且是自殺倖存者的強力支持者。無論你是自殺的倖存者，還是有家人或朋友正在設法調適自己的自殺想法，這個出色的網站都是一個很好的起點。相關訊息的知識涵蓋了大量的主題，包括對自殺的疑問、對憂鬱症的疑問、當自殺事件發生後的悲傷有什麼特徵、在自殺事件發生過後該告訴孩子們些什麼，還有如果摯愛的人有自殺傾向時該怎麼辦。這個網站也有書單、書評，以及如何為倖存者建立一個支持性團體的訊息。

❖自殺……先看看這個（SUICIDE...READ THIS FIRST）

www.metanoia.org/suicide

這個引人注目的網站是給所有出現自殺想法的人的禮物。它以一種細膩敏銳而富於同情心的方式來提供完善的建議，幫忙讀者們在出現自殺想法的過程中去除污名化，好讓他們可以積極地尋求幫助。它蒐集了相關的讀物，所處理的議題會吸引正在應付自殺意念的人以及想要幫忙他們的人的興趣。書名包括了像是「如何處理想要自殺的人的來電」、「幫助想自殺者的九種方法」，還有「自殺的警訊」。它還有相關網站連結，像是撒馬利亞人協會（the Samaritans，譯註：以救助精神上感到苦惱者為宗旨的團體，1953 年創立於倫敦），以及可以幫助個人處理自殺意念的線上支持團體。還有很棒的憂鬱症網路連結，以及給正在應付自殺意念的人的自助書單與書店連結。

❖公共衛生局長的行動召集令（SURGEON GENERAL'S CALL TO ACTION）

www.surgeongeneral.gov/library/calltoaction/default.htm

1999 年，公共衛生局局長 Davis Satcher 的辦公室發布了「預防自殺行動呼籲」。這份指標性的文件在美國造成了迅速提升的推動力量，改善人們對於自殺防治重要性的認識。它開啟了一扇門，讓研究資金、公共意識，還有國家政策在自殺防治上的發展進度都提升了。這是一份相對來說簡短但寫得恰到好處的文章，不但富有知識性且有歷史性。你也可以發現這個文章被列在公共衛生局局長位於 www.surgeongeneral.gov 網站中的「行動召集令」（Calls to Action）下面。

其他出色的自殺防治網站

在這個章節中，我會按照字母順序列出在自殺防治方面很重要的網站。它們可以提供許多豐富的新觀點還有訊息資源給所有對自殺防治感到興趣的人。

Befrienders International (Parent organization of the Samaritans)

www.befrienders.org/suicide.htm

Canadian Association for Suicide Prevention (CASP)

www.suicideprevention.ca

Crisis Management in Schools Following a Suicide

www.ed.gov/databases/ERIC_Digests/ed315700.html

European Network for Suicidology

www.uke.uni-hamburg.de/ens

National Center for Suicide Prevention Training (NCSPT)

www.ncspt.org

National Organization of People of Color Against Suicide

www.nopcas.com

National Institute of Mental Health (NIMH) Research Consortium

www.nimh.nih.gov/research/suicide.cfm

National Strategy for Suicide Prevention (NSSP)

www.mentalhealth.org/suicideprevention

Preventing Suicide

www.cdc.gov/safeusa/suicide.htm

San Francisco Suicide Prevention

www.sfsuicide.org

State Planning for Suicide Prevention

www.www.edu/~hayden/spsp

Suicide Information & Education Center

www.siec.ca

Suicide Prevention Efforts in Norway

www.med.uio.no/ipsy/ssff

Suicide Prevention Research Center

www.suicideprc.com

Suicide and Suicide Prevention

www.psycom.net/depression.central.suicide.html

The Suicidology Web: Suicide and Parasuicide

www.suicide-parasuicide.rumos.com/en

The Aeschi Working Group

www.aeschiconference.unibe.ch

World Health Organization Suicide Prevention Efforts

www.who.int/mental_health/Topic_Suicide/suicide1.html

Youth Suicide Prevention Programs: A Resource Guide

Aepo-xdv-www.epo.cdc.gov/wonder/prevguid/p0000024/p0000024.asp

其他對自殺防治主題有興趣的網站

Anxiety Disorders Association of America

www.adaa.org

Depression and Related Affective Disorders Association （DRADA）

www.drada.org

CRP's Internet Mental Health Resources

www.uop.edu/cop/psychology/crp/links.html

Mental Health Net

www.mentalhelp.net

National Alliance for the Mentally Ill (NAMI)

www.nami.org

National Depressive and Manic-Depressive Association

www.ndmda.org

National Foundation for Depressive Illness

www.depression.org

National Institute of Mental Health

www.nimh.nih.gov

National Mental Illness Screening Project

www.nmisp.org

Obsessive-Compulsive Foundation, Inc.

www.ocfoundation.org

Psych Central

www.psychcentral.com

國家圖書館出版品預行編目資料

自殺衡鑑實務／Shawn Christopher Shea 著;
陳秀卿, 梁瑞珊,呂嘉寧 譯.-- 二版. -- 臺北市：
五南圖書出版股份有限公司, 2019.09
面； 公分
譯自：The practical art of suicide assessment: aguide for mental health professionals and substance abuse counselors
ISBN 978-957-763-515-0（平裝）
1.自殺 2.自傷防制
548.85 108011120

GPN：1010801499

1BYB

自殺衡鑑實務

出版機關 — 國家教育研究院與五南圖書出版股份有限公司合作翻譯發行
作者 — Shawn Christopher Shea
主譯 — 國家教育研究院
譯者 — 陳秀卿、梁瑞珊、呂嘉寧
著作財產權人 — 國家教育研究院
地址：237 新北市三峽區三樹路 2 號
電話：(02)7740-7890
發行人 — 楊榮川
總經理 — 楊士清
總編輯 — 楊秀麗
副總編輯 — 王俐文
責任編輯 — 金明芬
封面設計 — 姚孝慈
發行者 — 五南圖書出版股份有限公司
地址：106 臺北市大安區和平東路二段 339 號 4 樓
電話：(02)2705-5066 傳真：(02)2706-6100
網址：https://www.wunan.com.tw
電子郵件：wunan@wunan.com.tw
劃撥帳號：01068953
戶名：五南圖書出版股份有限公司

展／銷售處
國家書店松江門市 電話：(02)2518-0207
地址：104 臺北市中山區松江路 209 號 1 樓
國家網路書店：http://www.govbooks.com.tw
五南文化廣場臺中店 電話：(04)2226-0330
地址：400 臺中市台灣大道二段 85 號

法律顧問 林勝安律師

出版日期 2006 年 7 月初版一刷
2019 年 9 月二版一刷
2023 年 3 月二版二刷
定價 新臺幣 550 元